HERÓIS DA NOSSA EXISTÊNCIA

O poder transformador do amor na vida humana

ÉLISON SANTOS

HERÓIS DA NOSSA EXISTÊNCIA

O poder transformador do amor na vida humana

2ª Edição
Revisada e Ampliada
2020

ISBN: 9798664502022

Busca Sentido Editora Ltda.
Av. Cassiano Ricardo, 319 - Jd Aquarius - sl 1006
12246-870 - São José dos Campos SP
contato@buscasentido.com
www.buscasentido.com

Para
João Pedro e Lucas

SUMÁRIO

Prefácio de Martha Iglesia

Muito obrigado ao muito apreciado autor!

É uma honra para mim dedicar-lhe estas palavras de admiração por sua contribuição ao reconhecimento que merecem os heróis da vida.

Desejo de todo coração que este livro, como a semente que cai em terra fértil, prospere em cada leitor e se multiplique nas salas das escolas, nas leituras e conversas familiares e nas dinâmicas de grupo educacionais, clínicas e empresariais, favorecendo a reflexão que desperta a CONSCIÊNCIA.

Em seu conteúdo não há fantasias nem devaneios políticos, há AÇÕES e DOAÇÕES transcendentes e transitivas.

Vão muito além do individualismo autossuficiente e também são Verdadeira Beleza e Alegria para outras pessoas quando descobrem "o calor divino do humano".

Aprender a descobrir os Heróis anônimos na história, seja remota ou primitiva, no trabalho de cada dia, nos diversos ambientes é uma poderosa ferramenta para desenvolver a RESILIÊNCIA pessoal e social.

É a arte de trabalhar pela PAZ sem alardes políticos nem pretensões messiânicas.

Apreciado Leitor, lhe convido a experimentar sua vivência pessoal de alegria e esperança!

Martha Iglesia[1]

---

1 *Martha Elena Giuliano de Iglesia é uma psicóloga argentina. Professora consultora da Universidade Católica Argentina - UCA. Desenvolveu e efetivou, sob orientação de Viktor Frankl, a primeira aplicação de Logoterapia na Antártida Argentina. Tem ministrado aulas em diversos cursos de formação e especialização em Logoterapia e Análise Existencial no Brasil por mais de 20 anos. Designada Mestra pelo Centro de Logoterapia y Análises Existencial Viktor Frankl da UCA - CLAE. A Associação Brasileira de Logoterapia e Análise Existencial Frankliana - SOBRAL - lhe conferiu o título de Mentora Honorária por sua dedicação ao ensino e a prática da Logoterapia e Análise Existencial no Brasil, sendo mestra inspiradora, apoiadora e promotora da continuação e ampliação do pensamento de Viktor Frankl.*

Prefácio de um leitor

Deixei de acreditar no acaso, e um exemplo que ilustra essa afirmação é a chegada da primeira edição do livro "Heróis da nossa existência" em minhas mãos. O encontro desses pensamentos muito bem organizados nas páginas que estariam por vir, me trouxeram a possibilidade de enxergar a vida de uma nova maneira em um momento muito oportuno. Um deleite para a psique e para o coração.

Esse processo de autoconhecimento certamente é constante e a possibilidade de ler passagens inspiradoras não teria outro efeito, senão fazer com que eu desfrutasse de cada capítulo enquanto ia de encontro com questões que me remetiam a situações do passado e outras tantas que se tornariam bastante frutuosas para o momento presente.

A informação de que uma segunda edição estaria a caminho me deixou ainda mais entusiasmado, sabendo que certamente será, para mim e para todos os leitores, uma nova experiência de incursão introspectiva e social.

Ao leitor, fica o convite para essa viagem de heroísmo, amor e descobertas.

Ao autor, meus sinceros agradecimentos e os votos de que a sua mensagem seja propagada cada vez mais. Sucesso!

Vinicius C. Cassarotti[2]

---

2 *Vinicius Camoezi Cassarotti é chef de cozinha e consultor de grandes empresas. Tem o título de Prochef pelo Culinary Institute of America (CIA), é sommelier de vinhos e cervejas, especialista em gestão de negócios em serviços de alimentação. Brasileiro, vive na Suíça.*

Prefácio do autor à segunda edição

Você já encontrou alguém que queria lhe ajudar, lhe dar um conselho, lhe ensinar algo? Alguém que já fez algum tipo de sacrifícios por você, lhe ofereceu oportunidades e ficou feliz com suas conquistas? Então, provavelmente você já encontrou um herói em sua vida. Eles estão em nosso meio. Como reconhecê-los? Seria possível se tornar um deles? Talvez você encontre algumas respostas neste livro.

Cada palavra escrita brota de pensamentos, que por sua vez brotam de experiências vividas, sentidas e experimentadas. A forma que o escritor vê o mundo é codificada em uma linguagem e impressa nas linhas de um livro. No momento em que este é lido por outra pessoa, pode provocar sentimentos, pensamentos e, por fim, transformar-se em comportamentos.

O escritor não tem domínio sobre o efeito que suas palavras podem causar. Muitas vezes, o que ele escreve pode ser simplesmente incompreensível, teorias eloquentemente fundamentadas e expressas em vernáculos cultos e clássicos cujo único efeito é a admiração por sua estética. É quando um livro pode ser belo, mas infecundo; profundo, mas incompreensível.

A ideia de um livro nasce quando percebemos que há algo para ser dito de uma maneira que ainda não foi feita. Na psicologia, temos muitas teorias que nasceram assim.

Eu havia escrito meu primeiro livro ainda na graduação, questionando o determinismo e o reducionismo em algumas abordagens da psicologia, mas antes de publicá-lo eu fui apresentado à Logoterapia[3] e vi que Viktor Frankl[4] já havia levantando essas questões de forma primorosa e muito bem fundamentada. Assim,

---

3 *Terceira escola vienense de psicologia, fundada pelo psiquiatra Viktor Emil Frankl. O termo significa a terapia do sentido da vida.*

4 *Viktor Emil Frankl (1905-1997) foi um neuropsiquiatra austríaco e fundador da Logoterapia e Análise Existencial, terceira escola vienense de psicologia. Foi mundialmente conhecido depois de descrever sua experiência dramática em quatro campos de concentração nazistas como prisioneiro, em seu best-seller internacional: Em busca de Sentido. Frankl criou a primeira ciência especializada em sentido da vida do mundo.*

a publicação do meu primeiro livro, cujo título era "O homem e sua essência", perdeu o sentido.

O tempo passou. Apresentei um trabalho no Congresso Internacional de Psicologia em Berlim, propondo uma desconstrução da psicologia, relacionando as três escolas vienenses de psicologia e falando da necessidade de criarmos um ambiente científico semelhante na atualidade para analisarmos as peculiaridades do ser humano hoje, ante os sofrimentos e transtornos peculiares de nossa época.

Ao longo dos dez anos que levei para escrever "Heróis Da Nossa Existência", busquei na literatura e na experiência clínica respostas para o vazio existencial de nossa época, para o aumento da depressão, dos transtornos de ansiedade, para o alto número de suicídio entre os adolescentes e a grande incidência de problemas de relacionamento familiar que também são geradores de sofrimento. Como se há de imaginar, essas questões são complexas e possuem múltiplas causas, mas há algo em comum em todas elas: subestimamos nossa capacidade de ser felizes.

Esses dez anos representaram um tempo de estudo, pesquisa, revisão de convicções e trabalho árduo. A primeira edição alcançou muitos leitores, pessoas em busca de sentido, e muitos deles generosamente ofereceram seu feedback com comentários do tipo:

— Se eu tivesse lido seu livro quando era jovem, meu casamento teria sido muito diferente! – afirmou uma senhora no alto de seus 74 anos.

— Encontrei em seu livro o que realmente penso sobre a vida, mas não sabia colocar em palavras! – comentou um rapaz de 28 anos.

— Gostei muito da sua obra, você tem uma mensagem poderosa! – disse uma revisora de Nova York que analisava a versão em inglês.

Esses dois anos, entre a primeira e a segunda edição, também foram anos de trabalho, um tempo para amadurecimento e revisão. Tive que fazer perguntas incômodas para colocar novamente o conteúdo à prova. Será que valeria a pena realizar uma segunda edição? A análise não deve ser apenas para ver se as pessoas gostaram, mas também para verificar se o conteúdo realmente se confirma.

Levantei questionamentos, tais como: o amor é uma realidade da estrutura humana, ou apenas uma invenção para suportarmos o niilismo da vida? Heroicidade é uma fantasia resultante de uma fuga da realidade, ou uma possibilidade real almejada por muitos e alcançada por poucos? Realmente buscamos algo mais que o prazer e o poder, como afirma Frankl, ou ele estava errado? A vida realmente tem sentido? Amar não é uma expressão alienada dos fracos? A vida é realmente mais do que podemos compreender, ou a esperança é uma fuga de quem não aceita o materialismo mórbido?

Bem, você pode imaginar que se esta segunda edição está nas suas mãos é porque as respostas foram positivas. Publicar a segunda edição é expressar que, apesar das perguntas difíceis, reforço os pensamentos que escrevi neste livro, confirmando uma vez mais minha convicção de que há algo de belo, de transcendente e de apaixonante na realidade humana e que tudo o que podemos ser, viver e representar no tempo e espaço que compartilhamos é bem mais do que temos compreendido até agora.

Além de revisada, esta segunda edição também está ampliada. Temos alguns capítulos novos que se fizeram necessários para tornar ainda mais abrangente o tema dos aspectos psicológicos da heroicidade.

Aqui, ousei trilhar caminhos pantanosos ao tocar temas como política, conflitos sociais e violência. A história da existência, que começa em uma família, se desenvolve na dinâmica imensurável da relação com os pais e se desabrocha em diferentes contextos da adolescência, culminando em uma vida adulta repleta de possibilidades e, também, de responsabilidades.

Apesar de não ortodoxo para um psicólogo, não fui apenas observador do outro, mas também de mim mesmo. Convidei o leitor a ver com os meus olhos e sentir por meio das minhas memórias os momentos da minha própria experiência que se entrelaçavam com fatos do mundo que eu desbravei até então.

Não tenho outro objetivo senão que minhas palavras aqui escritas sirvam para que você, leitor, seja qual for a sua formação, origem, gênero, crença ou idade, possa compreender da melhor forma possível a profundidade, a extensão e a grandeza imensurável, por assim dizer, de suas capacidades e do sentido de sua própria existência.

Sempre haverá os que não creem na potência do amor, na força humana de superação, na possibilidade de que as coisas sejam melhores, de que o mundo seja melhor e de que a vida seja repleta de sentido. Podemos viver em tempos de pessimismo, quando as ideias que valem são as que podem ser medidas, comprovadas estatisticamente e abalizadas por autoridades que elegemos pelos mais diferentes motivos. Contudo, o pessimismo também tem sua face decomposta, decadente e revestida de medo em uma alma insegura que prefere não esperar para não se frustrar.

Com o medo da frustração, muitos deixam de amar, não é verdade? Deixamos de fazer coisas maravilhosas como, por exemplo, apostar em nossas habilidades, em nossas capacidades, nas qualidades das pessoas que amamos e nos desejos que sempre nutrimos dentro de nós mesmos. Por medo do amanhã, deixamos de viver o hoje e essa deve ser a coisa mais insana que as próximas gerações poderão ler sobre nós nos livros de história.

Falar de uma realidade que transcende o material, a busca pelo poder e pelo prazer e a visão individualista de teorias que fundamentam muitos dos costumes modernos pode certamente parecer desafiador, mas não quando suas afirmações são tão profundamente fundamentadas em critérios científicos, empíricos e existenciais. Viktor Frankl conseguiu ir além em sua visão do ser humano e, como ele mesmo afirmava em relação à Freud[5], "até um anão pode ver mais longe se estiver nos ombros de um gigante".

O cínico pode dizer que a vida não tem sentido, enquanto ocultamente busca um sentido para sua própria existência. O insensato pode dizer que o amor não existe, enquanto remói dentro de si o abraço desejado que lhe foi negado, a atenção que lhe foi omitida e agora seu desejo de amor se manifesta, ainda que de forma infame, por meio do comportamento opositor que apresenta, em busca de atenção.

Heróis! Eles existem? Precisam existir? Acuados nos cantos das universidades, aquietados nos debates das redes sociais, silenciosos ante as calúnias e fake news, inquietos nos sofás ante as notícias, indignados ante a injustiça, questionando-se ante a possibilidade ou não de um futuro para si e para os seus... Heróis da nossa existência. Quando irão despertar?

Bem-vindos a esta segunda edição revisada e reorganizada, agora em uma nova diagramação, sob os cuidados da Editora Busca Sentido!

---

5 Sigmund Freud (1856-1939) foi um neurologista austríaco e fundador da psicanálise, o método clínico para tratar psicopatologia através do diálogo entre um paciente e um psicanalista. A psicanálise é a primeira escola vienense de psicologia.

"O heroísmo não é privilégio apenas daqueles que realizam façanhas extraordinárias, ou que assumem riscos para proteger a si mesmos e aos outros. Mais que isso, o heroísmo é uma mentalidade, ou o acúmulo de nossos hábitos pessoais e sociais. É um jeito de ser. Um jeito especial de ver a si mesmo. Ser herói pressupõe agir decisivamente nos momentos críticos da vida, tentar resolver as injustiças ou criar uma mudança positiva no mundo. Ser herói também exige grande coragem moral. Cada um de nós tem um herói interior esperando para ser revelado. Somos todos 'heróis em desenvolvimento'. Nosso treinamento para o heroísmo é a vida, as circunstâncias cotidianas que nos convidam a cultivar os seguintes hábitos: realizar ações de bondade diariamente, demonstrar compaixão, começando com autocompaixão, revelar o melhor dos outros e de nós mesmos, conservar o amor inclusive nos relacionamentos mais desafiadores e celebrar e exercitar o poder de nossa liberdade mental"

Philip Zimbardo[6].

---

6 *Philip George Zimbardo (1933) é um psicólogo americano e professor emérito da Universidade de Stanford. Ele é autor de vários livros introdutórios de psicologia, entre eles 'O efeito Lúcifer - entendendo como pessoas boas se tornam más' e é presidente do Projeto Imaginação Heróica, uma organização sem fins lucrativos que recolhe dados de ex membros de gangues e indivíduos que tiveram vínculos com o terrorismo para comparação, em uma tentativa de compreender melhor como os indivíduos mudam seu comportamento violento.*

CAPÍTULO 01

UM SENTIDO PARA A VIDA

Era por volta de 22h do dia 20 de dezembro de 1996. Eu estava sozinho na sala de espera do aeroporto de Confins, em Belo Horizonte, ansioso por minha primeira viagem internacional e por conta do que a vida me reservaria para os próximos meses longe de minha família e amigos. Partiria dali alguns minutos para Washington DC a convite de um amigo para passar algum tempo em sua casa com sua família.

Embora pareça que hoje em dia a maioria dos garotos sonhem em viajar o mundo, eu confesso que sair do meu país naquela época, com 18 anos, parecia uma possibilidade muito remota, distante da minha realidade, e receber aquele convite abriu-me a possibilidade para contemplar o que outrora era imperceptível e inimaginável.

De certa forma, o gesto amigo de Thomas Anderson de me convidar foi a possibilidade de abrir portas e janelas em minha mente, me proporcionou ampliar a visão do mundo à minha volta e, por conseguinte, a visão de mim mesmo. 12 horas depois eu estava pousando na capital dos EUA em um frio de 12 graus negativos.

O Natal daquele ano foi diferente, longe de minha família, mas foi um Natal inesquecível. Não porque me deram presentes, ou porque me levaram para lugares maravilhosos, ou mesmo porque recebi a visita do Papai Noel que fez barulhos no sótão no meio da noite, mas pelo simples fato de ter sido recebido como se fosse um membro da família, como se minha presença não fosse estranha. Aquele era um espaço marcado pela liberdade da amizade, havia uma segurança oferecida não pela lei dos bons costumes, ou por uma expectativa proveniente dos vínculos familiares, mas simplesmente pela amizade, pela força desse amor solidário que se pode ter entre pessoas que não são membros da mesma família.

Hoje, escrevendo este livro, me remonto àquele momento no aeroporto de Belo Horizonte, 20 anos depois, oferecendo a mim mesmo a resposta para aquela pergunta. O que a vida reservaria para mim? Um gesto de amor muda toda uma história e um convite amigo me trouxe até estas linhas que, durante anos, tentei escrever da melhor forma possível para lhe fazer também um convite, um convite a despertar a maior força do universo que habita em você, um convite ao amor.

A CAPACIDADE DE AMAR

"O amor constitui a única maneira de apreender a outro ser humano no mais profundo de sua personalidade. Ninguém pode ser totalmente conhecedor da essência de outro ser humano se não o amar. Pelo ato do amor se é capaz de ver os traços e marcas essenciais da pessoa amada; e mais ainda, ver também seus potenciais: o que ainda não se revelou, o que há de mostrar-se. Ainda mais, mediante seu amor, a pessoa que ama possibilita ao amado a que manifeste suas potencialidades. Ao fazer-lhe consciente do que pode ser e do que pode chegar a ser, consegue que essas potencialidades se convertam em realidade" — Viktor Emil Frankl.

Importar-se com o bem-estar de outra pessoa, sentir-se impelido a realizar algo por alguém, amar. Que papel o amor pode exercer na cura de uma doença psíquica ou em sua prevenção, na mudança de comportamento, na superação de limites pessoais e até profissionais, no enfrentamento de problemas no casamento, nos relacionamentos afetivos, no desenvolvimento de uma empresa ou até mesmo na transformação de uma sociedade?

Pode-se dizer que o amor é a maior força que um ser humano é capaz de experimentar? E se isso for verdade, e por meio do amor as pessoas se mobilizem mais do que o fariam em sua ausência, então o amor é a mola propulsora do desenvolvimento humano? Por que não? O que é o amor?

Um programa de TV apresentou uma experiência para ver quanto tempo as pessoas conseguiam segurar o fôlego mergulhando a cabeça em um tanque de água. Depois da primeira tentativa, foi proposto que as pessoas imaginassem que o filho delas estava no fundo do tanque aguardando para ser resgatado. O resultado foi que elas conseguiram segurar o fôlego por muito mais tempo do que na primeira vez.

Outro caso, também curioso, se refere à chamada "força sobre-humana". Há relatos, por exemplo, de um homem que conseguiu erguer sozinho uma caminhonete para salvar seu filho que estava preso embaixo dela após um acidente, além de tantos outros casos semelhantes em que uma pessoa exerceu uma força muito superior à sua capacidade para salvar a vida de outra.

Viktor Frankl, em sua obra mais famosa, "Em busca de sentido", relata como a lembrança da pessoa amada, no caso sua esposa, se fazia presente em sua mente em momentos em que o sofrimento extremo lhe visitava no campo de concentração. Os demais prisioneiros, companheiros dele, também relatavam experiências semelhantes recordando suas esposas.

Essas lembranças davam forças para que eles suportassem o sofrimento e não desistissem da vida, lhes traziam alento, renovavam a esperança, faziam despertar neles uma força que para qualquer pessoa poderia parecer, de fato, sobre-humana.

"O amor é a quintessência da sabedoria" — Viktor Frankl.

De alguma forma, esse vínculo profundo é capaz de potencializar a força, a paciência, a tolerância, a capacidade física e psíquica diante de tudo e de todos.

Em minhas palestras ou em meu consultório atendendo casais, ouço relatos de como os homens têm dificuldades de lidar com as manifestações emocionais de suas esposas. Não apenas com os momentos de TPM, mas também pela forma diferente com a qual as mulheres veem a vida e lidam com os problemas.

As mulheres representam para o homem um inquietante desafio de grandezas magistrais. É interessante perceber a perplexidade daqueles mais jovens diante das tentativas falhas de responder ao que a mulher diz, enquanto ela se aborrece por ele não entender o que ela espera dele.

Na maioria dos casos a mulher quer expor seus pensamentos e sentimentos e não espera que o marido dê soluções, mas apenas que escute e concorde. Eles reclamam: "Se eu não falo nada e apenas escuto, ela diz que não dou atenção; se falo algo e expresso minha opinião, ela diz que eu não a entendo e que talvez não esteja me importando com seus sentimentos!". O homem segue perplexo e, ao mesmo tempo, fascinado com um mundo feminino cheio de constantes surpresas.

Por outro lado, ao ver aqueles casais mais experimentados pela vida, marcados por tantas situações de encontros e desencontros, mas que puderam submeter suas diferenças ao amor, podemos compreender a definição oferecida por Frankl, pois para que um homem permaneça por muitos anos devoto de uma única mulher e para que ela permaneça durante tantos anos devota de um único homem, ambos certamente encontraram a "quintessência da sabedoria".

Mas, como encontrar a quintessência da sabedoria em meio ao caos da pós-modernidade? Os monges que meditam nos terraços dos arranha-céus de São Paulo talvez possam nos ajudar a compreender as raízes de nossa capacidade de amar. Em meio ao caos da cidade grande, eles revelam que para encontrar o caminho da meditação não se deve passar pela tentativa de se desligar do mundo ao seu redor, mas, ao contrário, deve-se passar pela busca de harmonização com o mundo, tentando se conectar com o barulho e fazer parte dele, encontrando aí uma paz interior.

Muitos dos distúrbios psicológicos de nossos dias estão relacionados a um estilo de vida no qual não estamos dispostos a nos conectar com o mundo a nossa volta. Para muitos, o mundo parece tão ruidoso que é melhor buscar esconder-se e proteger-se dele; para outros, o mundo parece tão hostil que é melhor preparar-se para estar sempre disposto a lutar contra ele.

Contudo, o mundo é o nosso mundo e não temos outro para onde ir. A fuga nos deprime e nos afugenta em nossas casas, nos convencendo diariamente de que não somos aptos a sobreviver, não somos bons o bastante para encontrar nosso lugar, não somos dignos de celebrar a vida e, por isso, nosso lugar é o de vítimas e estamos sempre fadados à lamúria eterna, à espera do fim que certamente virá.

O ódio cria um monstro interior que precisa estar sempre preparado para a guerra contra tudo e contra todos; alimenta os sentimentos mais sórdidos; faz com que estejamos sempre ligados, arquitetando todas as possibilidades de cenários negativos para um futuro próximo ou distante; acelera nosso pensamento; nos priva do encontro pacífico e agradável com os outros, proibindo-nos de considerar ou aceitar qualquer possibilidade de afeto; nos impele ao desenvolvimento de projetos de segurança; nos impede de aproveitar a vida e de celebrá-la com alegria; e provoca em nós um estresse tamanho cuja consequência também é a depressão.

Quão distantes podemos ir em nossa existência, ou quão grandes podemos nos tornar? Como se mede o tamanho de uma alma? O que, de fato, buscamos em nossa vida e como concentramos nossas forças para conseguir atingir o que buscamos? De fato, para concentrar a força e a atenção é necessário saber responder à questão do "para quê", para onde vamos e o que queremos de fato.

O que é deveras importante para esta vida? Poderia passar toda a minha existência construindo uma ponte para lugar nenhum e ter a ilusão de que teria um lugar de destaque no mundo pelo simples fato de que minha ponte era bonita e grandiosa, e que nela coloquei muitos investimentos, ornando-a com pedras preciosas e uma arquitetura invejável. Contudo, se ela não leva ninguém a lugar nenhum, para que serviu toda a beleza de sua construção?

O amor pode não ser algo fácil de compreender e muito menos de viver, mas nos dá uma perspectiva sobre o "para quê" da vida, sobre como se parece o caminho que pode nos levar a ser grandes de fato.

Seja para o marido ou a esposa que encontraram a "quintessência da sabedoria", seja para o presidente de um país que encontrou o caminho da tolerância e da honradez, para o clérigo que encontrou a paz para ouvir os que o procuram, para o empresário que encontrou o caminho do sucesso de mãos dadas com seus colaboradores, para o artista que encontrou a paz no olhar emocionado dos que apreciavam sua arte, ou para o pedreiro que admirado testemunhava tantas famílias felizes vivendo nas casas que construiu, o "para quê" da vida, regado pelo amor, é o caminho seguro e certo da realização pessoal.

Como compreender o amor à luz do que é cientificamente possível? Como compreender o amor sem cair no risco de defini-lo apenas como uma simples emoção ou sentimento, ou como algo totalmente subjetivo e alheio à realidade, ou ainda como uma simples necessidade orgânica relacionada aos impulsos, instintos ou pulsões sexuais?

Do ponto de vista freudiano, o amor está relacionado à pulsão sexual, à busca pelo prazer na excitação encontrada, por exemplo, no seio da mãe. Tal definição do amor está relacionada de alguma forma à definição grega do amor eros[7] e poderia, à primeira vista, assemelhar-se ao que é relatado por Frankl sobre sua

---

7 Na mitologia grega, era o deus do amor e do erotismo. Platão, por meio de Sócrates em seus diálogos, aborda o conceito de amor definindo-o de forma abrangente sob o termo de Eros (em grego antigo ἔρως).

experiência no campo de concentração, de que a lembrança de sua esposa lhe traria algum prazer para suportar o sofrimento.

Contudo, a memória relatada revela não um desejo sexual, mas um diálogo interior com sua esposa sem saber se ela estaria ainda viva ou não. Dessa forma, veremos que o amor entre um casal pode transcender a definição de amor eros, podendo manifestar-se também como o amor philos[8] e até mesmo o amor ágape[9].

Quando uma pessoa ajuda alguém, é bem provável que ela se sinta realizada e a pessoa que é ajudada se sinta no dever de retribuir a ajuda. O que faz com que nos importemos com outras pessoas que não fazem parte de nossa família? Por que ajudar alguém que não está dentro de nossa tendência natural de procriação e preservação de nossa prole?

Se por um lado somos estruturados psiquicamente para proteger nossos filhos e cônjuges, quais estruturas psíquicas são responsáveis pelo amor fraternal ou philos? Em um primeiro momento podemos pensar nos interesses em comum, nas similaridades, nos gostos em comum, assim como acontece com os amigos, com os colegas de escola e de trabalho e até mesmo com os vizinhos.

Há também a concepção de autoproteção, no sentido de que não é bom ter inimigos próximos, pois isso gera a necessidade de se defender e exige investimento de energia e tempo. Aí estamos dizendo também que o amor fraternal é uma necessidade biopsicossocial[10]. Mas, quando nos sentimos tocados ao ver no telejornal um menino morto em uma praia há milhares de quilômetros de nosso país, do outro lado do oceano, filho de uma família que tentava fugir da guerra em seu país, por que razão

---

8 *É o amor sobre a forma de amizade.* Philia, *do grego φιλία. Retirado do tratado de 'Ética à Nicômaco', de Aristóteles.*
9 *Platão e outros autores antigos usaram o termo para denotar o amor pelos membros da família. Em grego, αγάπη.*
10 *De origem biológica, psicológica e social.*

experimentamos um sentimento de comoção por alguém que nunca vimos antes e cujos parentes e conterrâneos talvez nunca veremos?

O amor pode ter muitos aspectos de uma necessidade biopsicossocial em cada um de nós, mas também é uma capacidade humana que está submetida à nossa vontade e à nossa liberdade.

O sofrimento alheio pode ou não tocar uma pessoa, mas será a sua consciência, em sua profunda liberdade, que definirá se sua capacidade de amar poderá ser acessada e colocada em prática. Talvez seja por isso que alguns homens e mulheres de diferentes partes do mundo se apresentam como voluntários dos Médicos Sem Fronteiras, ou da Cruz Vermelha, ou de outras entidades de ajuda social, impelidos por uma consciência livre e munidos por uma capacidade transformadora: a capacidade de amar.

Uma paciente, enfrentando os desafios de uma separação, relatava como havia se sentido bem quando decidiu iniciar um projeto em seu estabelecimento em que todo mês pedia a suas clientes que trouxessem algum mantimento para que ela pudesse levar para as famílias pobres.

Ela não apenas se sentiu realizada com sua atitude de poder fazer algo por alguém, como também se sentiu surpreendida pela reação de suas clientes que muito lhe elogiaram e se sentiram felizes por ela ter lhes proporcionado a possibilidade de também realizar algo por alguém, levando algum mantimento uma vez por mês.

A mãe que, se sentindo solitária em sua casa depois de um longo período de depressão profunda em que nem conseguia sair do próprio quarto, decide começar a visitar os filhos e procura oferecer-lhes alguma forma de ajuda tem em sua experiência de sair de dentro de si para ir ao encontro de uma realidade externa a representação de um caminho seguro não apenas para a realização pessoal, mas também para a superação da própria depressão.

A depressão também é caracterizada por um ostracismo, um movimento de fechamento interior em que a pessoa se vê constantemente preocupada consigo mesma, com sua fraqueza e suas limitações, fazendo com que a pessoa olhe para as possibilidades negativas com uma lente de aumento.

Decidir olhar para fora é o primeiro passo para superar a depressão, mas essa decisão não é simples, uma vez que a pessoa se vê enferma de fato, ou seja, condicionada a vivenciar um sofrer que lhe foge do controle. Contudo, quando o terapeuta auxilia a pessoa a pensar nas pessoas que ela ama, a encontrar dentro de si a sua capacidade de amar, e não apenas a encontrar e sim a provocar essa capacidade de amar, então torna-se mais fácil o caminho para a decisão de sair de dentro de si e ir ao encontro do outro.

Se compreendermos a ajuda como uma expressão do amor, podemos pensar que o homem tem em si a necessidade de ser amado, ou seja, todos nós precisamos de ajuda, desde os primeiros anos de nossa existência até os últimos instantes de nossa vida. Para cada pessoa que precisa de ajuda há ao menos uma pessoa disposta a ajudar. Quem se realiza mais em uma relação entre a mãe e o bebê?

É certo que o bebê não tem uma estrutura mental para assimilar toda a felicidade de se ter uma mãe, de forma que, neste caso, a mãe certamente pode experimentar maior satisfação ou realização pessoal por ter um filho e poder cuidar dele. A condicionante lógica de que todos precisamos de alguém e nos favorecemos em ter alguém para nos ajudar não faz mais sentido que a condicionante de que podemos nos realizar mais quando ajudamos do que quando somos ajudados.

Se todos buscamos a felicidade e quando encontramos alguém para amar nos tornamos felizes, poderíamos dizer que, em última instância, temos a necessidade de amar? Há realização plena na vida humana sem o amor?

Frankl considerava que a Psicanálise[11] de Freud afirmava que a busca primordial do ser humano seria pelo prazer, e que a psicologia individual de Adler[12] afirmava que essa busca seria pelo poder. A Logoterapia, por sua vez, defendia a visão de que a busca primordial e vital do ser humano seria por sentido. Frankl também afirmava que a forma mais sublime de encontrar o sentido da vida é por meio da vivência do amor, quando se encontra alguém para amar.

As linhas que se seguem convidam a refletir sobre o sentido do amor, concordando com a afirmação de Frankl de que o ser humano busca o sentido da vida, mas acrescentando que nossa busca primordial está na possibilidade de realização da nossa capacidade de amar, ainda que no final ambas as afirmações se mostrem interdependentes, pois quando a pessoa encontra a possibilidade de amar ela necessariamente encontra o sentido da vida; e quando a pessoa encontra o sentido da vida ele necessariamente estará relacionado a alguma possibilidade de amar.

DECIFRANDO OS CÓDIGOS DO AMOR

Por meio da experiência clínica e da análise das relações sociais é possível observar uma confusão a respeito das diferentes visões sobre o sentido do amor nos diferentes setores da sociedade, resultando em um enfraquecimento dos vínculos sociais.

Digamos que um pai não tenha plena consciência da importância de seu papel na vida de sua esposa e de seus filhos. Sua visão de mundo e sua experiência lhe dizem que se seus filhos

---

11 Primeira escola vienense de psicologia, fundada pelo psiquiatra Sigmund Freud.
12 Alfred Adler (1870-1937), médico, psicoterapeuta e fundador da segunda escola vienense de psicologia, a Psicologia Individual. Seu trabalho enfatiza o sentimento de inferioridade, o complexo de inferioridade, como um elemento isolado que desempenha um papel fundamental no desenvolvimento da personalidade.

têm casa e comida, seu papel já está desempenhado e ele pode se ocupar de realizar seus desejos pessoais em detrimento do que pensam e sentem os outros membros de sua família. Dessa forma, a ausência do diálogo, da troca de experiências e até mesmo do afeto, do carinho e da relação sexual com sua esposa poderão trazer marcas profundas na estrutura dessa família e no desenvolvimento dos filhos.

"O que é o amor?", perguntam os pais. Ao longo desses anos atendendo casais e adultos casados individualmente, me dou conta de que uma das afirmações que mais ouvi foi "não sei se eu ainda o/a amo" ou "não sei se ele/ela ainda me ama". Essas pequenas afirmações, embora aparentemente pouco relevantes, revelam-nos o quanto a palavra amor é importante para as pessoas e o quão pouco elas conhecem o seu significado, apesar da sua importância.

É comum que um homem se queixe de sua esposa por ela não estar se entregando tanto à vida sexual quanto se entregava no início do casamento e, por isso, ele acha que ela não o ama mais, ou que uma mulher se queixe de seu marido por ele estar se dedicando mais ao trabalho do que à família. Embora essas e outras atitudes possam revelar muito do que está acontecendo dentro dessas pessoas, na maioria das vezes o marido não sabe que ela está passando por um momento difícil, experimentando sinais da menopausa, ou até mesmo uma depressão por consequência de um estresse muito grande no trabalho.

Muitas vezes, ela não sabe que ele está vivendo uma das crises comuns à sua idade, está estressado com o seu trabalho, que ele se sente pressionado pela família e pelo chefe, pelo tempo e pelos sonhos que não conseguiu realizar e que talvez não venha a conseguir mais.

Tantas e tantas realidades que afetam homens e mulheres e que nada ou muito pouco tem a ver com amar ou não amar. Mas falta diálogo, falta investimento de energia e tempo nas relações, falta investimento na formação pessoal, nas leituras e nos estudos. Por isso há tantos desencontros. Mas, e o amor, ainda existe? Por que não existiria?

Proponho aos casais algumas reflexões sobre o tempo de relacionamento. Pergunto como ele pôde decidir ter filhos com ela se não a amasse; como, mesmo com tantos erros e com tantas outras mulheres disponíveis pelo mundo, ele decidiu ficar e permanecer ao lado dela; e se, ainda que com tantos problemas, estas não seriam expressões convincentes de que o amor ainda existe. Certamente, muitos casais experimentam o limite dos problemas de relacionamento e, para eles, a separação parece ser o melhor caminho, mas, ainda assim, pode-se afirmar que o amor não necessariamente tenha acabado.

Não é difícil encontrar aquela mulher ou aquele homem que se separou e que faz questão de se referir ao ex-marido ou à ex--mulher como "meu" ou "minha". De certa forma, mesmo estando separados, o distanciamento não apaga o que um dia foram capazes de construir juntos.

Abra Os Olhos

Quando o sol nascer, abra os olhos,
feche-os novamente e volte a abri-los.
Quando o sol nascer, lembre-se das dores,
das lágrimas, da noite... sim, aquela noite.

O aperto no peito, o medo que chegou e
parecia ser eterno. A noite da alma, a
noite interminável. Quando o sol nascer,
abra os olhos, feche-os novamente e volte a abri-los.

Há homens que não sonham, há homens
que não abrem os olhos, há homens que
não choram, há homens que não abrem os olhos,

A noite vem para o forte e para o fraco,
A noite visita o enfermo e o sóbrio, o ébrio e o saudável.
Mas, quando o sol nascer, sóbrio ou não,
saudável ou não... abra os olhos!

Quando abrir olhos... ah, quando abrir os olhos!
o ar do amanhecer vai penetrar seus pulmões,
o brilho da luz vai penetrar sua alma,
o calor do amor vai esquentar seu coração.

Quando o sol nascer.
Abra seus olhos, feche-nos novamente...
Respire profundamente...
E volte, volte a abri-los novamente.

A VIDA NOS CHAMA DIARIAMENTE

São 6h05 da manhã. O alarme soa para o despertar de uma curta noite de sono; está frio e o corpo pede para permanecer sob as cobertas e repousar um pouco mais. Contudo, há um sentido de responsabilidade, algo que obriga a levantar. O sono ainda está presente, a companhia na cama é agradável, para que levantar?

Por volta do meio-dia, na porta do colégio, ao lado de vários pais e mães, um pai espera pela saída dos filhos. Vestindo seus uniformes azuis, carregando suas mochilas, sorriem e brincam com os amigos enquanto se dirigem para o carro com uma alegria inconfundível, carregada de uma sensação de que a vida está acontecendo, cheia de sentido, cheia de novas e boas experiências.

Ao vê-los, o pai se recorda de quando estavam em seus braços, totalmente indefesos e dependentes de sua atenção, se lembra daquelas primeiras noites em que acordavam de duas em duas horas para a amamentação e de como esse e outros tempos de sacrifícios valeram a pena. Durante o almoço, fazem questão de contar sobre as novidades do colégio, falam da professora, dos amigos, dos deveres, das tarefas e das provas.

Durante a tarde estão debruçados sobre algum livro aprendendo e criando. Brincam, se divertem, por vezes brigam, mas sempre aprendem alguma lição que servirá para o agora e para o amanhã. Muitos homens e mulheres ao redor do globo se despertam logo cedo para cumprir com algum compromisso.

Se lhes perguntarmos os motivos pelos quais deixam a cama depois de uma noite curta de sono e em uma manhã fria, certamente ouviremos muitos discursos sobre o trabalho, a busca pelo poder, a necessidade de dinheiro, o medo do chefe ou da cobrança da própria família.

Há momentos em que muitas pessoas pensam assim, quando a segunda-feira representa o pior dia da semana, o trabalho é uma carga que parece sempre maior do que se pode suportar, as atividades representam um desconforto, uma afronta às necessidades pessoais, um constante incômodo para a vida, o trabalho parece nunca valer a pena e o salário recebido no final do mês nunca é suficiente para todo o sacrifício.

A sensação no final do dia é de sofrimento e de vitimização. As pessoas se tornam vítimas de tudo que lhes ocorre e, por isso, acabam por experimentar uma sensação de angústia, tristeza e descontentamento, algo que pode ser interpretado como infelicidade.

Será que, de fato, pode haver um sentido verdadeiramente saudável em todas essas pessoas, ainda que muitas vezes elas não se deem conta disso, uma motivação que está além das recompensas e justamente por isso não os coloca em uma situação de vítima diante do mundo? Não haveria aí um sentido de responsabilidade que se dirige para o outro? O fato é que nossa liberdade nos permite escolher os motivos pelos quais acordamos cedo, enfrentamos grandes desafios e aceitamos de bom grado muitos sacrifícios.

Dependendo da escolha que se faz, a manhã pode ser cinza e entediante, ou então colorida e cheia de motivações. Proponho a seguinte reflexão: como seria se sua opção fundamental fosse a de acordar cedo todos os dias para ver os seus filhos sorrirem, para construir pontes de amizade, para ajudar a empresa onde trabalha a ser melhor, para trazer o pão para casa, para oferecer seus dons para que o mundo seja melhor?

Daniel Goleman chama essas capacidades de Inteligência Emocional. Podemos também pensar que, além de um aspecto da inteligência, esta atitude representa a possibilidade de abrir as portas para a capacidade de amar, contemplando o mundo fora de si mesmo com uma atitude de disponibilidade, em outras palavras, uma "inteligência do amor", ou tomando emprestada as palavras de Viktor Frankl, "a quintessência da sabedoria".

Lembra-se do pai que estava esperando os filhos na escola? Sou eu. Muitas vezes acordei cedo pelos motivos errados. Hoje, compreendendo que minha vida é repleta de sentido quando estou amando, posso acordar cedo por meus filhos, por minha esposa, por meus pacientes e por meus amigos e talvez por isso eu tenha decidido escrever este livro, porque a felicidade em oferecer algo de mim a alguém é indescritível e, ao contrário do que se possa pensar, não é um sacrifício, pois me realiza. Amar só nos faz pessoas mais felizes.

HERÓIS DE NOSSA EXISTÊNCIA

"Todos os homens podem ser criminosos, se tentados; todos os homens podem ser heróis, se inspirados" — Gilbert Kieth Chesterton.

O dicionário apresenta o significado de Herói como uma figura arquetípica, personagem modelo, que reúne em si os atributos necessários para superar de forma excepcional um determinado problema de dimensão épica. Do grego ἥρως, pelo latim heros, o termo herói designa originalmente o protagonista de uma obra narrativa ou dramática.

Há alguns anos tive a iniciativa de convidar alguns amigos e iniciar uma ONG com o objetivo de promover a formação humana no mundo corporativo e nas instituições públicas. Demos a ela o nome de Humanae World, uma mistura de latim com inglês que significa Mundo Humano. A visão dessa iniciativa era promover um movimento de valorização do ser humano em meio a um movimento contrário de supervalorização do produto, dos pro-cessos, da propriedade e do lucro em detrimento da qualidade de vida das pessoas envolvidas. Lembro-me de ouvir de algumas pessoas enquanto conversávamos sobre essas ideias a seguinte afirmação: "ninguém pode mudar o mundo".

É fato que querer mudar o mundo parece uma pretensão idealista que está distante de nossas possibilidades, mas, ao mesmo tempo, essa vontade se faz profundamente presente especialmente na cabeça dos adolescentes. De alguma forma, o ser humano anseia mudar o mundo e talvez na adolescência essa vontade se manifeste com ainda mais força por significar uma etapa da vida em que a pessoa se depara com os limites dos pais, da família e do ambiente em que está inserida, vislumbrando possibilidades, pessoas, culturas e costumes diferentes.

Estamos sempre ansiando por algo novo e melhor. Esse movimento interior evidentemente é responsável também pelos avanços das ciências e de nosso modo de vida.

Diante daquelas afirmações que ouvia de tantas pessoas, perguntei-me o que poderia representar essa negação das possibilidades. A uma primeira vista, pode parecer que as pessoas buscam uma forma de se consolar abafando seus desejos e dizendo para si mesmas que elas não são capazes e que ninguém mais é capaz. É quando diante de uma tarefa difícil, um desafio grandioso, a pessoa prefere ceder às justificativas para nem sequer se permitir tentar.

É nesses momentos que o ser humano se pega dizendo frases como: "a expectativa é a mãe das frustrações". Isso parece muito verdadeiro, mas, por outro lado, também diz para o nosso cérebro que não ele deve esperar, que não deve criar expectativas, que deve buscar o conforto da acomodação que, segudo Nietzsche[13], representaria a própria morte.

Nietzsche não estava errado. O conforto, de fato, é morte, pois o ser humano nasceu para se mover, para explorar o mundo ao seu redor, para se expandir, expandir sua visão do mundo e ir ao encontro do diferente, e não seriam todos esses movimentos aspectos de uma capacidade mais potente presente na essência de cada um?

Por amor, somos capazes de sair do conforto; por amor, somos capazes de ir à lua, e literalmente fomos à lua. Roger D. Launius, o curador sênior do Museu Nacional Aero Espacial Smithsonia, nos EUA, disse que fomos à lua justamente por causa da Guerra Fria, por causa da disputa dos EUA com a União Soviética. Poderíamos pensar que não há nada de amor no movimento de uma guerra, mas aí é que nos enganamos.

O movimento de buscar explorar as possibilidades do mundo, deixando nossa zona de conforto, já é por si só um movimento de amor. Quando esse movimento acontece em meio a uma guerra, ele tem ainda mais significado e sentido de amor, pois esses dois países preferiram uma competição para expandir seus conhecimentos do que uma guerra factual de lançamentos de mísseis e bombas atômicas. Ir à lua foi a forma mais inteligente e humana de se viver uma batalha, pois ao final, toda a humanidade saiu vencendo com essa decisão.

Crescemos como civilização, desenvolvemo-nos como família humana, ampliamos a visão das futuras gerações a respeito de quem somos e do universo em que vivemos, descobrimos que o passo gigante para a humanidade possibilitou-nos acreditar ainda mais em nosso potencial, ampliou ainda mais o alvo para o qual podemos direcionar nossos sonhos e desejos e possibilitou ainda mais a nossa vontade de liberar os heróis que existem dentro de nós.

---

13 *Friedrich Wilhelm Nietzsche (1844-1900), filósofo e filólogo do século XIX, nascido na atual Alemanha.*

UMA PESSOA PODE MUDAR O MUNDO?

A respeito da possibilidade de uma pessoa mudar o mundo, proponho a seguinte reflexão: quando uma mulher desconfia que está grávida, automaticamente uma complexa gama de reações começam a acontecer em sua mente. Rapidamente ela já está pensando em muitas possibilidades para o futuro, em como o seu corpo vai mudar, em como serão os seus dias futuros, em como os seus pais, familiares e amigos vão reagir à notícia e em como o seu marido vai reagir e como isso afetará o seu relacionamento. Ela pensará em momentos felizes e, dependendo de seu estado de espírito, pensará também nas possibilidades de momentos difíceis. Pela simples desconfiança de uma possível gravidez, seu mundo interior já muda.

Quando então se confirma que está grávida, ela e o pai da criança já têm suas vidas completamente redirecionadas. Ambos já começam a repensar o futuro, a planejar as mudanças na casa, no quarto da criança, no carro, no plano de saúde, na reação da família, para quando será então o próximo filho; já sonham em como será a família quando aquela criança que nem nasceu ainda estiver adolescente, jovem, adulta... todo o processo de nove meses é um processo de mudança para todas as pessoas envolvidas, especialmente os pais.

Quando uma criança nasce, aquele núcleo familiar que era formado apenas por dois seres humanos passa a ser um núcleo de três pessoas, isso quando é o primeiro filho ou filha. A família vai à maternidade ver o recém-chegado, os avós brincam felizes, gabando-se do neto que parece mais com esta ou com aquela família. Os vizinhos, os amigos, os colegas de trabalho, todos se alegram e parabenizam o casal. O mundo fica mais colorido com a chegada de um novo ser humano.

Na Embraer existe uma tradição em que quando um novo modelo de avião é lançado, todos os membros da empresa vão para a beira da pista para assistir à primeira decolagem. É um momento de muita emoção e celebração entre os projetistas, os desenhistas, os engenheiros e os técnicos de diferentes áreas, milhares de pessoas que participaram direta e indiretamente para que aquele modelo se tornasse realidade. Há uma festa para celebrar esse momento de um avião que irá voar por muitos e muitos anos, fará história, participará da história de tantas pessoas e viajará por tantos lugares diferentes. É um momento de transformação.

Um novo modelo de avião representa um passo de desenvolvimento tecnológico e cada um tem um papel nesse processo de transformação do mundo. Assim também acontece com os seres humanos. Não são todos os cidadãos de São José dos Campos que vão para a beira da pista, mas a família Embraer vai ver o fruto do seu trabalho nascer.

Em casa também é assim, os pais, os avós, os irmãos, os amigos e os parentes vão celebrar a chegada de uma nova pessoa, uma pessoa pequenina, que não sabe falar, nem andar, que não consegue demonstrar sentimentos a não ser manifestar suas sensações por meio do choro, de movimentos pequenos e simples e de sons limitados. Porém, todos sabem que ali há um ser humano que vai crescer e que em breve vai falar, caminhar, interagir com todos, construir a sua própria história e participar da história de tantas e tantas pessoas, que poderá viajar para tantos lugares do mundo e talvez realizar coisas que nenhum membro daquela família realizou ou sequer imaginou realizar.

O nascimento de um ser humano é, por si só, um momento de mudança de mundo. Você já nasceu mudando o mundo! Quer você queira, quer não, você está mudando o mundo ao seu redor, constantemente. O que teria sido da história mundial se não fossem as atitudes pessoais? Talvez, outras pessoas tivessem chegado nas

Américas de diferentes formas, mas não da forma como chegou Cristovam Colombo, ou como Pedro Álvares Cabral chegou ao Brasil.

Talvez o Brasil tivesse sido tricampeão em 70 com outro time, mas teria sido de outra forma se não fosse Pelé. Talvez a Guerra Fria tivesse acabado de diferentes formas, mas como teria sido sem as ações de João Paulo II? Como teriam sobrevivido milhares de pessoas que receberam os cuidados e a atenção de Madre Teresa de Calcutá na Índia, ou até mesmo as tantas jovens que se entregaram à sua congregação? Como teria sido o futuro dos negros nos EUA se não fosse Martin Luther King Jr?

O que teria sido de sua vida se não fosse por seu pai ou sua mãe? Quantas pessoas mais teriam morrido durante a Segunda Guerra se não fosse por Alan Turing, ou por Schindler, ou tantos outros que foram lembrados nos livros de história por desempenharem um papel essencial para proteger outras pessoas durante a guerra?

E aquelas tantas e tantas pessoas que não foram para os livros, mas que se tornaram essenciais para a vida de alguém ou de algumas famílias? Quando você pergunta para alguém sobre quem é seu maior herói, você poderá ouvir os nomes de alguns ídolos do rock, algum historiador, cientista, político, líder social ou religioso, mas com frequência você ouvirá as pessoas se referirem a seu pai, sua mãe, avô, avó, um tio, um amigo, alguém que não foi herói nos livros de história, mas se tornou para aquela pessoa um verdadeiro HERÓI.

Poderíamos escrever não apenas um livro, mas uma grande biblioteca citando heróis de diferentes lugares e diferentes épocas e suas características. O que nos cabe aqui é compreender que existem alguns aspectos que estão presentes em todas essas pessoas que se tornaram heróis, há uma receita para ser herói e muitos provaram que isso é possível. Se, a princípio, já mudamos o mundo ao nascermos, o que é necessário para seguirmos mudando o mundo?

CARACTERÍSTICAS DE UM HERÓI

1 - Estar disponível

Primeiramente, um movimento característico do herói é estar à disposição, estar voltado e aberto para o mundo externo, para os outros. O herói está disponível para colocar seus dons e qualidades à serviço das pessoas ao seu redor;

2 - Importar-se

O herói não apenas está aberto para ver o mundo ao seu redor, mas também se importa com esse mundo. Ele se importa e tenta se colocar no lugar das pessoas, desenvolve uma empatia para com os outros e não se incomoda em sentir-se responsável por realizar algo que está ao seu alcance para ajudar alguém;

3 - Ser generoso

O herói está aberto e se importa, tem consciência de suas possibilidades e não guarda suas habilidades só para si, pois sabe que as qualidades que tem podem estar disponíveis para as pessoas ao seu redor. Ele está sempre disposto e é solícito;

4 - Ser humilde

Dificilmente você verá um herói dizer que ele sabe que é bom. Na verdade, a pessoa heroica faz tudo com tanta generosidade e se importa tanto com o bem-estar das pessoas ao seu redor, que ela não mede esforços, não mede capacidades ou qualidades, não se importa com o quão grande é o trabalho dela, ou com o quão precioso é o que ela faz. Ela se realiza e se sente feliz simplesmente porque está sendo ela mesma, acessando e dando espaço para sua capacidade de amar. Geralmente, os heróis dizem que estão fazendo o que acham certo fazer, que não fazem mais que a sua obrigação;

5 - Ser corajoso

O nascimento do ser humano é um momento singular, marca a ocupação de um espaço no tempo, na história e no mundo. O nascimento é também um momento de dor e, apesar da dor causada para a mãe durante o parto e também para a criança que é empurrada para fora, nascer é necessário, determinantemente necessário e, caso não haja o nascimento, haverá a morte. O herói é aquele que se lembra que há um espaço no tempo e no mundo a ser ocupado por ele. De fato, há um lugar a ser ocupado, que deve ser por mim e que deve ser agora. Para colocar isso em prática e para transformar isso em uma atitude constante de vida é preciso coragem.

LAMPEJOS DE HEROICIDADE

O pai que pula dentro de um rio bravo para salvar o filho que acaba de cair não tem como esquivar-se desse desígnio se está saudável existencialmente. Ele sabe que se não o fizer, ninguém mais o fará; que se não fizer naquele momento, não mais poderá fazê-lo; e, se pensar apenas em si mesmo, ele não será digno de ser chamado de pai, mas nenhuma dessas reflexões passa pela cabeça dele, porque ele simplesmente é movido por aquela capacidade especificamente humana chamada amor.

Embora o herói possua diferentes qualidades, ele não se preocupa com elas, ele não está voltado para uma autoapreciação, ele está concentrado em realizar aquilo que lhe cabe, em ser quem ele é, em ajudar o mundo ao seu redor, pois ele é movido pelo amor. O herói é o oposto do narcisista, nele não cabem o egoísmo ou o egocentrismo.

Um comportamento vaidoso é o oposto do comportamento de um herói, e por isso a vida dele é leve, pois ele não olha para o espelho procurando seus defeitos ou admirando suas qualidades. Se ele chega a olhar no espelho é para se preparar para ser ainda melhor para o mundo que o rodeia. O herói não se auto admira, ou fica preocupado em satisfazer os padrões dos outros, ele é autêntico e está sempre pronto a fazer uma autoanálise, um exame de sua própria consciência, pois seu maior pesar será não ter feito o melhor que poderia fazer, não ter sido o melhor que poderia ser.

O arquétipo do herói está expresso em muitas histórias e em diferentes épocas. Se na antiguidade clássica havia os semideuses, na atualidade há os super-heróis. Os contos revelam personagens e personalidades que demonstram o que há de melhor no ser humano. Essas criações são vistas por muitos como uma fuga da realidade, ou uma tentativa do ser humano criar um ser idealizado justamente para manifestar sua frustração de não ser capaz de grandes feitos.

É evidente que os superpoderes estão além de nossas capacidades, mas nas histórias dos super-heróis o que nos toca não são os superpoderes, mas as razões pelas quais eles se sacrificam para salvar alguém, a capacidade de abrir mão do próprio bem-estar para se colocarem no lugar do outro, são as histórias de amor e os dramas vividos que são constituídos pelos vínculos entre os diversos atores em diferentes circunstâncias.

Dessa forma, os heróis não representam uma fuga de nossa limitação ou a construção neurótica de nossa frustração, mas o desejo genuíno de podermos construir, de fato, uma personalidade não com superpoderes, mas grandiosa ao ponto de nos entregarmos a grandes feitos pelos motivos mais sublimes: pelo amor, pela vida, pelo bem comum.

Viktor Frankl faz uma analogia com o que na aviação se dá o nome de crabbing[14], um tipo de manobra em que o piloto é obrigado e direcionar o avião para um determinado ponto que não a pista de pouso para poder compensar a força do vento. Dessa forma, se está vindo um vento do oeste, o piloto tem que direcionar o avião mais à oeste da pista para que possa ao final atingir seu objetivo. Frankl diz que o ser humano precisa estar direcionado para o alto, para aquilo que está além, pois acabará por atingir um ponto abaixo do qual se direcionou.

A heroicidade é este ponto superior ao qual o homem deve estar direcionado, este lugar que não se apresenta como impossível, mas que é de difícil alcance. Ao buscarmos ser tão caridosos quanto um Francisco de Assis, talvez possamos ser mais caridosos do que éramos ontem; ao buscarmos ser tão corajosos quanto o Homem de Ferro, talvez nos tornemos mais corajosos do que éramos ontem.

Nossa própria mente está estruturada para buscar esse tipo de caminho para superação de problemas. Os sonhos são um exemplo disso, tanto Freud quanto Jung veem nos sonhos uma forma de manifestação dos desejos, ou uma busca de resolução dos problemas. Nos sonhos, muitas vezes estão presentes aspirações superiores e, em alguns casos, aspirações de superpoderes.

É quando um jovem tem o sonho de que está voando dentro da Casa Branca, ou que está lutando contra os inimigos que perseguem sua família, ou participando de uma missão de salvamento no território inimigo ou em alto mar, ou até mesmo está conquistando a mulher mais linda do colégio.

Inconscientemente, criamos situações em que nos vemos realizando grandes coisas, muito provavelmente porque de fato a busca pelo que há de superior nos auxilia para que sejamos melhores a cada dia, para que possamos evoluir como seres humanos.

---

14 *Em aeronáutica, significa a manobra de se dirigir parcialmente contra o vento para compensar a deriva.*

THE SHOW MUST GO ON – (BANDA QUEEN)

O SHOW DEVE CONTINUAR

Espaços vazios
Pelo que nós estamos vivendo?
Lugares abandonados
Eu acho que nós sabemos o resultado
De novo e de novo
Alguém sabe o que nós estamos procurando?
Outro herói
Outro crime impensável
Atrás da cortina, na escuridão
Segure a linha
Alguém quer segurar um pouco mais?
O show deve continuar
O show deve continuar, sim

Por dentro, meu coração está se partindo
Minha maquiagem pode estar dissolvendo
Mas meu sorriso ainda permanece
O que quer que aconteça
Eu deixarei tudo à sorte
Uma outra melancolia
Um outro romance fracassado
De novo e de novo

Alguém sabe pelo que nós estamos vivendo?
Eu acho que estou aprendendo
Eu preciso ser mais forte agora
Em breve estarei virando a esquina
Lá fora está amanhecendo

Mas, aqui dentro no escuro, eu estou esperando
para ser livre
O show deve continuar
O show deve continuar, sim, sim

Por dentro meu coração está se partindo
Minha maquiagem pode estar dissolvendo
Mas meu sorriso ainda permanece
Minha alma é pintada como as asas das borboletas
Contos de fada de ontem vão crescer, mas nunca morrer
Eu posso voar, meus amigos
O show deve continuar, sim
O show deve continuar

Eu irei enfrentar tudo com um grande sorriso
Eu nunca irei desistir
Avante - com o show
Vou superar a conta, vou exagerar
Eu tenho que achar vontade para continuar
Continuar com o show
Continuar com o show
O show
O show deve continuar

Essa música foi escrita por Brian May, o guitarrista da banda britânica Queen, enquanto o líder da banda estava morrendo. Fred Mercury, uma das maiores vozes da história do rock, tinha AIDS e já estava muito fraco, os membros da banda tinham dúvidas se ele conseguiria gravar essa canção. Para a surpresa de todos, ele a gravou de uma só vez, em apenas um take, e sugiro que você ouça a gravação original que foi lançada um mês antes de sua morte, em novembro de 1991, no álbum Innuendo. Sua performance é admirável.

Quando você ouve a música é difícil imaginar que tenha sido gravada por um homem que estava seriamente doente e fisicamente debilitado, mas com uma força vital que teria sido testemunhada anos depois por seu amigo Brian May no documentário Days Of Our Lives. Ele disse que era impressionante como Fred não reclamava de sua vida, como "ele tinha uma paz e uma força incríveis". Em 2005, o canal de TV Music Choice fez uma pesquisa perguntando a 45 mil europeus adultos qual música eles gostariam que tocasse em seus funerais e essa foi a favorita, como também é a minha. O show deve continuar!

Nesse cenário de enfermidade, sofrimento e morte, algo nos chama a atenção. O amor transformado em arte que se reproduz e toca milhões de pessoas ao redor do mundo pelos anos que virão. Um homem jovem que fez escolhas ruins, mas não abriu mão de fazer também escolhas boas e, a partir de suas escolhas boas, fez o melhor de si, ofereceu o melhor que tinha e tocou o mundo.

A letra de Brian May revela também o amor que ele tinha por seu amigo, a empatia que o colocou no lugar do que sofria e o fez capaz de escrever uma letra de despedida e uma tradução fiel de como seu amigo enfrentava com coragem e paz a dor da doença, do preconceito, do limite entre seu desejo de continuar fazendo o que amava e o fim que se aproximava.

A pergunta que todos fazemos um dia ou outro de nossa vida também ressoa na música e parece que em seu idioma original tem ainda mais significado: "Does anybody know what we are living for?" – Alguém sabe pelo que estamos vivendo? Na primeira estrofe a pergunta é semelhante, mas com uma diferença, no lugar de "vivendo" está a palavra "buscando", "Does anybody know what we are looking for?" – Alguém sabe o que estamos buscando?

Antes de morrer, Fred Mercury disse: "Você pode ter tudo no mundo e ainda ser um homem solitário, e este é o tipo mais amargo de solidão. O sucesso me trouxe a idolatria do mundo e milhões de libras, mas me impediu de ter a única coisa que todos nós precisamos, um relacionamento amoroso contínuo".

Alguém sabe o que estamos buscando? Ao que parece, o próprio Fred sabia. Buscamos o amor. Buscamos um sentido para nossas vidas por meio da possibilidade de amar.

Viktor Frankl defendia a ideia de que os outros, como nós, estão tentando encontrar o sentido desta coisa chamada vida, mesmo que pareça que não estão tentando. Isso também é uma questão de escolher a confiança acima do pessimismo. Quantas pessoas sofreram e sofrem o peso do preconceito social por fazerem escolhas diferentes, por terem estilos de vida diferentes. Contudo, todos estamos buscando a melhor forma de encontrar o sentido de nossas vidas, todos estamos tentando encontrar o melhor caminho para viver essa coisa chamada vida.

Nestes dias em que estou escrevendo as linhas deste livro, recebi a notícia de que um jovem de 18 anos que participava de vários movimentos voluntários em minha cidade faleceu, tirou a sua própria vida. Uma triste notícia que acusa uma realidade ainda mais grave, a de que a sua família, os seus amigos e a sociedade em que vivia não aceitavam a sua orientação sexual.

Quantos são os jovens que tiram a própria vida porque se veem no lugar mais escuro em que uma pessoa pode estar? Aquele lugar em que as pessoas que você mais ama, lhe negam a aceitação e o amor que tanto você precisa. Se o Distúrbio de Privação Emocional fala da falta do amor incondicional no início da vida, o suicídio denuncia a falta do amor incondicional em qualquer fase da vida.

As pessoas morrem de desamor! Mas, o que é amar? As pessoas próximas de alguém que comete suicídio podem dizer que o amavam muito, apesar do fato de não aceitarem sua orientação sexual, mas isso seria, de fato, possível? Podemos dizer que amamos alguém em partes? É possível separar a pessoa de sua própria sexualidade? Fragmentá-la? Evidentemente que não.

Nossa sexualidade está relacionada a toda a nossa energia vital, a forma com que nos relacionamos com as pessoas e com o nosso próprio corpo. Nossa personalidade está mergulhada em nossa sexualidade, pois sexo não significa apenas o ato sexual ou a genitalidade e, ainda que significasse, estes também não estão separados da pessoa. O sexo está ligado à nossa identidade, não apenas no que se diz respeito ao gênero, mas ao sexo em sua complexa relação com a energia vital e os relacionamentos interpessoais em geral.

Quando se prega a ideia de que se deve "amar" as pessoas homossexuais, mas que não se deve aceitar os seus possíveis relacionamentos, prega-se uma ideia equivocada, impossível, pois não é possível definir como erro o movimento do amor. Se uma pessoa é homossexual, ela obviamente não deixa de ser uma pessoa, pois sua energia vital está presente e, assim como sua capacidade de amar, seus desejos humanos de buscar um relacionamento afetivo e seus desejos sexuais também estão presentes, como em todos seres humanos.

Nesse sentido, vale novamente a argumentação de Frankl no que diz respeito a acreditar que todas as pessoas estão buscando o sentido da vida, ainda que não pareça. Aceitar as pessoas como elas são é acreditar que elas estão buscando o sentido da vida como nós, e isso deveria nos bastar para acessarmos nossa capacidade de amar também aqueles que menos compreendemos.

A história de Mercury relata que ele escondeu sua doença até um dia antes de sua morte, provavelmente porque tinha medo do preconceito. Mas a condição em que se encontrava e as más escolhas feitas por ele não nos privaram de sua voz, de sua performance e de sua arte. De algum modo, o preconceito também representa um lado incoerente do ser humano.

O PRECONCEITO

Alguns podiam odiar os negros nos anos 40, mas experimentaram o sabor da vitória e o orgulho de um negro ter vencido as provas de velocidade nas Olimpíadas da Alemanha nazista. Se nos atemos às pessoas, respeitando sua essência, crendo que, como nós, elas também buscam o sentido da vida e a melhor forma de vivê-la, superamos nossos preconceitos primitivos e nos tornamos pessoas melhores. Compreender o outro é um sinal de inteligência e o preconceito é o oposto disso.

A Phd Susan Fiske[15], da Universidade de Princeton, realizou uma pesquisa sobre o preconceito na qual aponta quatro emoções que influenciam no comportamento preconceituoso. Depois de analisar 57 estudos realizados ao longo de 50 anos sobre atitude comportamental e preconceito racial, ela realizou uma pesquisa para determinar como as pessoas classificavam os grupos sociais em categorias e quais emoções aqueles grupos suscitavam.

O estudo realizado com estudantes e não estudantes descobriu também que as pessoas tendem a avaliar o grupo a partir de duas dimensões primárias: cordialidade, se o grupo é amigável, confiável e sincero; e competência, se o grupo é habilidoso e capaz. Por sua vez, essas avaliações são associadas a uma das quatro emoções: aversão, compaixão, orgulho e inveja.

Por exemplo, as pessoas avaliam grupos de pessoas sem-teto, dependentes de drogas e pessoas pobres como baixas em cordialidade e competência, induzindo-as a sentimentos de aversão. Em contraste, elas avaliam pessoas mais velhas, juntamente com pessoas deficientes e com dificuldades de desenvolvimento,

---

15 *Professora de Psicologia e Assuntos Públicos no Departamento de Psicologia da Universidade de Princeton. Psicóloga social, conhecida por seu trabalho sobre cognição social, estereótipos e preconceito.*

como altas em cordialidade e baixas em competência, induzin-do-as a sentimentos de compaixão.

As pessoas tendem a avaliar as pessoas de classe-média, bran-cas e americanas, como altas em cordialidade e competência, induzindo-as ao sentimento de orgulho, ou o que Fiske chama de "grupo de referência". E finalmente, as pessoas tendem a avaliar aqueles que são ricos, judeus ou asiáticos, como baixos em cor-dialidade e altos em competência, induzindo-as ao sentimento de inveja[16].

Essa pesquisa foi desenvolvida nos EUA. Se fosse realizada no Brasil, os dados, principalmente da última questão, provavel-mente seriam diferentes. Mas o importante é que a pesquisa nos ajuda a compreender que o preconceito não é apenas uma falha moral sobre as sociedades e culturas, mas também tem sua raiz em como vemos o mundo ao nosso redor e que emoções essa visão suscita em nós, gerando comportamentos preconceituosos.

As emoções são suscitadas por meio de experiências anterio-res. O estilo de vida de algumas pessoas não suscita em nós a vontade de estar perto delas e, por isso, as evitamos. Os estilos de vida de outras pessoas nos parecem agradáveis, apresen-tam algumas características da forma com que queremos viver nossas vidas e, por isso, buscamos nos aproximar delas. O que sentimos está muito mais relacionado com a visão que temos de nós mesmos em nossa perspectiva de futuro do que a visão que temos do outro.

Contudo, como Fiske mesmo explanou em sua conferência na Convenção Anual da Associação Americana de Psicologia em Honolulu:

---

16 Fonte: *Monitor Staff, vol. 35, n.9, pag 34 – out/2004.*

"não é ilegal ter pensamentos ou sentimentos maus em sua cabeça, o que realmente importa é o comportamento". A forma como tratamos as pessoas é o que realmente importa.

Podemos não concordar, podemos ter sentimentos de inveja, aversão e compaixão, mas precisamos respeitar as pessoas como elas são e no estágio de vida em que se encontram, e essa atitude está baseada não nas emoções, pois as emoções são mutáveis, como vimos, mas naquilo que não é mutável, que é a nossa capacidade de amar.

CAPÍTULO 02

A EVOLUÇÃO DO AMOR

NO PRINCÍPIO DA
HISTÓRIA HUMANA

Há milhares de anos o ser humano busca estruturar os relacionamentos para procriar, encontrar proteção para si mesmo e para seus filhos. A sobrevivência e a preservação da espécie constituem as bases mais primitivas do comportamento humano. Também em vistas de encontrar proteção, desde os primórdios os humanos formavam grupos cooperativos para que se ajudassem mutuamente a se proteger dos fenômenos naturais, dos animais ferozes e de outros grupos de humanos.

Do ponto de vista biológico, sabemos que há em nossa estrutura genética essas mesmas bases de sobrevivência, autopreservação e preservação de nossa espécie. Contudo, passados os séculos, evoluímos de tal forma como sociedade e também como indivíduos que já nos sentimos seguros em relação aos ataques dos animais selvagens, já criamos muitos mecanismos de proteção contra os fenômenos da natureza e estamos constantemente evoluindo no conhecimento intercultural, o que faz com que nos sintamos também mais seguros diante dos outros grupos sociais, embora para este último tópico haja variáveis sobre as quais falaremos mais tarde, tais como o subdesenvolvimento moral de alguns grupos.

NO PRINCÍPIO DA
VIDA HUMANA

Há também os aspectos práticos que envolvem o surgimento da vida humana. Primeiramente, uma pessoa recém-concebida necessita de total atenção de seus progenitores. Um bebê humano, caso não receba a atenção dos adultos para lhe proteger do frio e o alimentar, morrerá em pouquíssimo tempo. Essa necessidade de cuidados se estende por muitos meses – até anos

– e, à medida que vamos compreendendo o desenvolvimento psicossocial, vamos nos dando conta de que este ser humano dependerá da presença de outros mais velhos e mais experientes que ele por muitos anos até atingir a sua maturidade.

Essa condição sine qua non[17] à qual o ser humano é submetido em seus primeiros anos de vida infundem uma base fundamental para a existência da capacidade de amar nos seres humanos.

Ainda que as bases biológicas tragam condicionamentos para a interdependência, nossa estrutura psíquica apresenta também uma de suas realidades mais sublimes: a liberdade. Uma mãe que acaba de ter seu filho naturalmente lhe dedicará sua atenção e seus cuidados, mas ela também é "capaz" de o abandonar, de se negar a lhe oferecer cuidados, de se opor ao papel materno natural.

Essa decisão pode ser sinal de algum problema psicológico que essa mãe enfrenta, mas ainda que seja este o caso, não nos impede de perceber que a liberdade se faz presente e, portanto, o amor não é apenas fruto de um mecanismo biológico. Em outras palavras, não se pode afirmar com toda a convicção que o amor é uma necessidade puramente biológica, nem mesmo uma necessidade puramente psicológica, pois em todos os casos ele estará submetido à liberdade da pessoa.

A respeito do aborto, por exemplo, minha reflexão repousa não no fato de a mulher ter ou não o direito de abortar, mas no fato de ela ter o direito de amar. Se uma mulher chega ao ponto de pensar em tirar a vida de seu filho dentro de seu ventre, ou ela não tem clareza de que há, de fato, uma vida dentro dela, ou se a tem certamente enfrenta dificuldades para vivenciar profundamente sua capacidade de amar. Nesse caso, ela pode estar mergulhada nas consequências de um trauma, como o abuso sexual ou moral, da falta de apoio do pai da criança, da família, do

____

17 Ou *conditio si ne qua non* é uma expressão que se originou do termo legal em latim que pode ser traduzido como 'sem a/o qual não pode ser'.

ambiente ao redor, ou ainda estar diante de um enfraquecimento de sua personalidade por conta de algum distúrbio psíquico ou dificuldades sociais.

Por outro lado, uma mulher em plena saúde física, psíquica e social dificilmente decidirá pelo aborto, digo dificilmente pois, ainda que esteja em perfeitas condições, ela é livre para decidir não amar. E é exatamente aí que repousa a beleza do amor. Se não há liberdade para amar, então o amor não é sublime, não tem valor. Se sou obrigado a estar com alguém, a sentir algo por alguém, dificilmente o sentirei, já que o amor é fruto da liberdade.

O amor é uma capacidade especificamente humana, pois depende da razão e da liberdade para se manifestar. Como sabemos, as uniões matrimoniais de séculos passados eram arranjadas e na maioria dos lugares elas visavam a manutenção do patrimônio material ou do poder das famílias. Aos noivos não cabia a possibilidade de dizer sim ou não, eles não eram livres para escolher e, por isso, não podemos dizer que as pessoas se casavam por amor, pois de fato não era.

Não podemos também, por outro lado, afirmar que, ao longo dos anos, esses noivos obedientes não puderam desenvolver um pelo outro um amor genuíno, pois, uma vez juntos, a liberdade recobrava seu valor diante das condições que se apresentavam. Não haviam sido livres para escolher com quem se casar, mas eram livres para, ao longo do tempo, decidir amar ou não a pessoa com quem compartilhavam a vida e os filhos.

Embora o amor seja uma capacidade especificamente humana e esteja presente em todos os seres humanos, ela pode ou não se desenvolver com mais ou menos intensidade. Dessa forma, quanto mais uma criança é amada, mais internamente sente-se provocada pela necessidade de amar e, inversamente, quanto menos uma criança é amada, mais dificilmente conseguirá desenvolver sua capacidade de amar.

Ainda que o amor esteja um pouco desconfigurado e difícil de ser identificado, ele se faz presente da forma que é possível, pois é mais forte que as próprias designações do conhecimento e do processo de aprendizagem do comportamento, ou seja, o amor está presente como expressão da essência da pessoa e, por mais difícil que seja demonstrá-lo, ele de alguma forma está lá.

O bebê que experimenta o desconforto da fome não tem outra forma de ter acesso ao alimento que provém do seio da mãe a não ser pela manifestação "escandalosa" de seu sofrimento, pois é apenas quando chora que pode dizer para a mãe que precisa dela. À medida que expressa esse sofrimento, ele constantemente é respondido com a presença do seio, o que além de matar a sua fome e tirar o seu desconforto, é um presente na forma de uma experiência profundamente prazerosa.

Esse movimento presente nos seres humanos obviamente não passa desapercebido para o cérebro que está gravando, à medida que se desenvolve, todos os padrões de possibilidades.

Durante muitos meses, aprendemos que se manifestarmos o sofrimento de nosso desconforto vamos obter o prazer. Com o passar dos anos, é esperado que os pais tenham a boa ideia de ir proporcionando ao filho a possibilidade de amadurecer essa relação de dependência. "Amadurecer para onde?" – você pode se perguntar.

E aí está talvez uma das grandes perguntas que todos nós devemos fazer a respeito do desenvolvimento humano e sempre que nos dispusermos a estudar e construir conhecimento sobre o desenvolvimento humano. Amadurecer para sermos sempre vítimas e dependentes do prazer oferecido pelos outros? Amadurecer para sermos nós mesmos artífices do que pode ser construído ao nosso redor? O que significa amadurecer?

Lembremo-nos de que para que o bebê obtivesse o prazer da saciedade e do conforto após a manifestação de seu sofrimento foi necessário a presença singular de sua mãe, essa mulher que foi capaz de deixar o conforto de sua cama, no meio da noite, para saciar a fome de seu filho repetidas vezes durante muito tempo.

Se por um lado há um ser humano recém-chegado ao mundo que tem 100% de necessidade de receber atenção, do outro há um ser humano disposto a oferecer 100% de sua atenção. Por quê? Seria essa mãe o ideal de maturidade que buscamos? Mas as mães geralmente não são mulheres tão experientes, pois a própria natureza reservou-lhes um período de fertilidade que não alcança o ápice de sua vida adulta.

Em outras palavras, a maturidade para ser mãe e doar-se corajosamente ao seu filho, abrindo mão de seu próprio conforto, não tem a ver com a idade cronológica, pois mesmo as mulheres muito jovens são capazes de ser ótimas mães para os filhos delas.

Dessa forma, podemos pensar que a maturidade na possibilidade de amar depende de fatores diversos à cronologia. É também fato que há muitos casos de mães que não oferecem ao filho a atenção que ele precisa, o que nos remete a outra constatação, a de que a realidade da maternidade não determina a capacidade de amar. A maturidade para o amor não é determinada pela maternidade, nem pela cronologia.

EM UM PROCESSO DE AMADURECIMENTO

A pré-adolescência é um momento de grande importância para a pessoa. Nesse momento se inicia um processo ainda mais elaborado da construção de uma identidade social, quando a pessoa já é capaz de se questionar sobre o sentido da vida com mais elaboração do que antes e busca encontrar respostas para saber quem ela é e qual o seu papel no mundo em que está inserida e quem são as pessoas ao seu redor e como elas a veem. A pessoa começa também a olhar para fora de sua casa com maior curiosidade e já não tem apenas o pai e a mãe como modelos, mas busca formas diferentes de se construir a sua própria vida.

Na pré-adolescência e na adolescência, a pessoa não deixa o modelo de vida dos pais, mas sobre ele se impulsiona, buscando maiores desafios e, ao mesmo tempo, oferecer uma maior contribuição para o mundo. Ela deve construir um projeto mais evoluído a partir de suas experiências na infância e dos ensinamentos que ainda se fazem presentes de seus pais, juntamente com suas próprias percepções da vida e com aquilo que lhe é propriamente peculiar e único.

Já, desde a infância, o ser humano expressa suas capacidades, não apenas no que diz respeito à sua unicidade, mas também no que diz respeito ao seu potencial cognitivo e emocional, de modo que, ainda que esteja em desenvolvimento biopsíquico, ele tem condições de analisar, refletir e criar suas próprias concepções acerca do que a vida lhe propõe.

Também nesse sentido, o papel do pai e da mãe se mostra desafiador, pois a criança com quem estão constantemente lidando está em constante processo de desenvolvimento, não podendo ser tratada da mesma forma quando tem 1 ano e quando tem 3 anos, nem quando tem 5 anos e quando tem 7, 8, ou 10 anos. Há uma constante evolução no campo biopsíquico, nas possibilidades cognitivas e emocionais, na capacidade de apreender e assimilar o que é visto e ouvido do mundo dos pais e do mundo em geral.

Nessa idade, a pessoa começa uma caminhada com o objetivo de deixar a casa familiar, o ninho de amor onde foi amada para amar. Ela busca grupos diferentes para descobrir de que forma poderá viver, de que forma seu amor será aceito e, mais do que tudo, de que forma seu amor será necessário e eficaz.

É na adolescência que surgem os desejos de mudar o mundo. O adolescente se incomoda com as incoerências e quer dedicar toda a sua força para provocar uma gigantesca revolução, ao menos em seus pensamentos, e os ideais se tornam um combustível para superar os seus próprios limites, os limites dos pais, da família, dos amigos e do mundo ao seu redor.

Na verdade, toda essa força do adolescente é positiva e necessária, principalmente quando está direcionada pelo amor, pois é ela que o dirigirá e o motivará na preparação para uma carreira que seja coerente com os seus mais profundos ideais. É, portanto, a capacidade de amar, carregada de sentido, que faz com que o jovem visualize sua missão no mundo, missão esta que será o verdadeiro orientador vocacional para a sua vida.

O amor é o sinal sutil que indica a direção a ser tomada por uma vida. Esse sinal se dá de forma mais autêntica na adolescência, quando tudo parece possível. Contudo, o adolescente ainda está em formação e precisará de orientação para seguir adiante.

É nesse momento que a educação recobra ainda mais sua importância por meio dos pais, como os portadores desse amor incondicional para com o filho; dos professores, comprometidos com a missão de oferecer luz aos "alunos"; e dos líderes religiosos, sociais e políticos, que exercem seus respectivos papéis nessa dinâmica.

Todos, de uma forma mais presente ou não, servem como um suporte para que o adolescente perceba que é possível realizar seus ideais e que, para isso, é preciso dar passos concretos, passos estes que exigirão uma atitude madura diante dos desafios que a vida sempre lhe proporcionará.

Infelizmente, o que se vislumbra no cenário social é uma negação do sentimento do adolescente, uma não compreensão da manifestação de suas inquietações e, o que é pior, uma demonstração mesmo que inconsciente de que os sonhos não são possíveis de serem realizados, os ideais não devem ser perseguidos com tanta paixão e tudo o que é uma manifestação de amor e esperança pode ser um sinal de utopia, de fraqueza e até mesmo de uma doença psíquica.

Muitos pais reclamam do comportamento agressivo e rebelde de seus filhos. Em muitos casos, o que o adolescente está tentando dizer, mas não consegue, é que ele possui inquietações e que quer desbravar uma possibilidade de vida diferente da que vivem os pais. Muitos deles chegam a estar fartos da vida que levam e das referências que possuem em casa, na escola ou no meio em que vivem.

Estigmatizá-los de rebeldes, "aborrescentes", revolucionários e outros adjetivos não resolve nada, ao contrário, lhes tira a esperança de mudança. É preciso compreendê-los, conversar com eles, ouvi-los, ajudá-los a comunicar o que pensam, o que esperam, sem, contudo, lhes privar da segurança que é a experiência que só os adultos podem oferecer.

Certa vez uma mãe me procurou para atender seu filho de 13 anos com a queixa de que ele só ouvia músicas agressivas com volume alto em seu quarto e que era muito agressivo com ela, com o pai e com a irmã.

Quando recebi esse jovem adolescente em meu consultório, deixei que falasse o que sentia. Ele não falou com facilidade, mas aos poucos revelava um pouco de seu mundo e dos seus costumes, então perguntei-lhe sobre o interesse que tinha pelas músicas e pedi que me trouxesse as letras daquelas que ele mais costumava ouvir, e perguntei ainda se ele sabia a tradução de algumas músicas que eram internacionais e o que sabia sobre a história dos cantores. Ele não sabia muito.

Junto com ele, li algumas traduções e mostrei para ele a realidade que estava por trás daquelas canções, que alguns dos compositores estavam envolvidos no mundo das drogas e também do crime. Perguntei se a realidade em que ele vivia também era aquela e a resposta foi não. Aos poucos, ele foi se abrindo, manifestando a sua não aceitação da realidade de sua casa, onde seus pais viviam em pé de guerra, eram infelizes e deixavam o ambiente também infeliz.

Ao receber novamente os pais, pude conhecer toda a realidade de desamor que havia entre eles, tantas incompreensões, desencontros e feridas que não recebiam cuidado por um longo tempo. Não diferente da realidade de muitos casais nos dias atuais.

O que esperar de um adolescente que é totalmente dependente de seus pais, que não tem condições de viver sozinho, que não tem experiência de vida, nem formação acadêmica ou profissional, e está em uma fase de descobrir o mundo e as possibilidades de seu futuro, vivendo em um ambiente totalmente instável emocionalmente e carregado por tanta agressividade?

Embora a maravilhosa condição humana seja capaz de responder positivamente aos desafios mais agressivos nas circunstâncias mais negativas da vida, um adolescente carrega em relação a seus pais muitas expectativas positivas. Todo filho espera sempre o melhor de seus pais e lidar com suas imperfeições, embora seja parte de seu processo de desenvolvimento, nunca é um movimento agradável e muito menos fácil para muitos.

Certamente, diante de uma realidade de desamor, discussões e brigas, o adolescente será afetado negativamente por suas duas principais referências de vida que só lhe mostram que a vida é ruim, que os problemas não possuem soluções e que a convivência com o outro é impossível. Não era por acaso que quando lhe perguntei sobre o que esperava do futuro, se gostaria de se casar um dia, ele afirmou veementemente que nunca se casaria ou teria filhos.

Que referência de amor recebeu esse menino? Certamente recebeu amor de seus pais, mas no momento em que iniciou sua vida social fora da segurança do lar, o que passou a lhe trazer sentido foram as músicas agressivas, cheias de sentimentos de revolta. Talvez a realidade dele não fosse das drogas, ou do crime, como a dos cantores que ouvia, mas certamente o desamor contido naquelas canções falava das verdades contidas em seu coração.

A vida humana é dependente. Diferentemente de alguns animais que ao nascerem já começam a andar, um bebê é totalmente dependente de seus pais. Se não há alguém que se dedique a cuidar de um recém-nascido, em pouquíssimo tempo ele morrerá. O ser humano não é uma ilha.

Ainda que algumas pessoas desejem se dedicar a uma vida de eremita distante da convivência com outras pessoas, a sua autorrealização só será possível por saber que há alguém por quem poderão oferecer orações e sacrifícios. Precisamos do outro para sobreviver e para viver. E também, para que possamos nos desenvolver.

Um homem que experimenta dificuldades de se socializar tende a desenvolver problemas de relacionamento, uma vez que a sua necessidade de amar é frustrada, e até mesmo a sua capacidade cognitiva pode se ver prejudicada. O encontro com o outro é uma experiência de autoconhecimento, mas também uma experiência de conhecimento do mundo.

Quanto mais se interage, mais possibilidade de ampliar o repertório de conhecimento se experimenta, mais se aprende, mais se cresce e mais se desenvolve. É no acontecimento das inter-relações humanas que a vida recobra sentido, constrói sentido, cresce e se desenvolve.

"Aquele que tem um porquê viver, pode suportar praticamente qualquer como" — Friedrich Nietzsche.

Cada ser humano é único, irrepetível, singular. Cada ser humano tem sua única impressão digital, seu único DNA e, o mais importante, sua única essência, sua identidade espiritual, única história, únicas experiências, único e singular ponto de vista. Ainda que dois gêmeos univitelinos nasçam e sejam criados e educados da mesma forma, ainda assim o beijo da mãe, o cheiro do leite, as cores da roupa e todo o ambiente que os cerca serão lidos e experimentados de formas diferentes.

O caráter de unicidade da vida humana representa um marco fundamental para a compreensão do amor. É também aqui que percebemos que cada pessoa tem sua forma de amar, visando o bem do outro, mas não somente isso, cada pessoa é amada de forma diferente. Embora para uma mãe seja difícil admitir que ama a cada filho de forma diferente, porque sempre quer agradar a todos, no fundo ela é a primeira a reconhecer a diferença de cada um deles, diferenças que realçam ainda mais a importância de cada filho.

Sendo, portanto, único, diferente e irrepetível, cada ser humano tem então uma missão específica, um propósito diferente de todos os outros, pois se não há em todo o mundo alguém com as mesmas características, certamente o que uma pessoa representa no mundo é também algo único. Dessa forma, seja um grande líder político ou um simples varredor de rua, a simples existência de ambos gera uma transformação no mundo ao seu redor.

EM UM PROPÓSITO PARA A VIDA

A missão de cada um é única. Ainda que seja a missão de ser pai, o será de forma diferente dos outros, de ser um empresário, o será de forma diferente, um presidente de um país, uma mãe, uma bailarina, sempre, sempre o será de forma única e diferente. A missão não está diretamente ligada à profissão ou à função social, mas sim ao significado que a pessoa traz ao mundo, o sentido que sua vida representa para a história da humanidade.

Ao trazer à memória a imagem de pessoas que faleceram, não as recordamos simplesmente pelas funções que exerceram na sociedade. Quando nos recordamos de grandes personalidades, as lembramos pelo sentido que elas imprimiram na sociedade em seu tempo.

Não podemos negar que quando as pessoas vivem no ápice de suas potencialidades, ou no ápice de sua missão, realizam mudanças no mundo, não de forma estratégica como que realizando obras, mas de forma existencial, ou seja, pelo que representam para as outras pessoas.

O que podemos destacar das pessoas que deixaram sua marca na história da humanidade é também a capacidade que tiveram de salientar aspectos essencialmente humanos em momentos da história em que tais aspectos se viam ameaçados.

O que dizer, por exemplo, da figura do jovem Francisco de Assis, que vivia em uma sociedade marcada por guerras e por legalismos que denegriam a dignidade humana, um ambiente profundamente desumanizado. Francisco não fez mais que dar espaço à sua humanidade. Ele buscou nas sagradas escrituras e em sua fé o sentido mais profundo da existência humana, buscou viver o extremo do amor, desafiando e até frustrando as expectativas de sua própria família, amigos e até mesmo da congregação que fundou.

Saber que milhares de jovens de diferentes partes do mundo acorreram a Assis para segui-lo e o fazem até os dias atuais, mesmo depois de tantos séculos, é reconhecer o quanto aquela sociedade estava sedenta por uma solução mais humana, uma forma de vida mais humana, ou seja, em suma, que encontrasse e demonstrasse o espaço para se viver o amor.

O que dizer de Madre Teresa de Calcutá[18], uma simples mulher que só se interessava por ajudar os pobres mais pobres, dar aos mais miseráveis entre os miseráveis da Índia, um consolo, um cuidado, o amor? Uma mulher que desafiou a lógica do capitalismo sem realizar uma revolução política ou econômica,

18 Agnes Gonxha Bojaxhiu (1910-1997), religiosa católica de etnia albanesa, naturalizada indiana. Fundadora da Congregação das Missionárias da Caridade. Canonizada em 2016.

que demonstrou com a sua própria vida o que para ela deveria ser o principal sistema de convívio entre os seres humanos, um sistema de solidariedade.

Testemunhar que ela recebeu o Nobel da Paz[19] e foi aclamada nos principais meios de comunicação de nossos tempos é constatar que a sociedade, embora nem sempre compreenda o amor, também é sedenta de humanização, de atitudes que convençam de que a vida é mais, de que há espaço para a essência humana, ou seja, há espaço para o amor.

Tais exemplos nos mostram o quanto amar está diretamente relacionado a responsabilizar-se, a chamar para si a responsabilidade. Se não sei de meus potenciais, como poderei assumir minhas responsabilidades? Se não me sinto livre, como poderei encontrar um caminho para expressar as minhas potencialidades? Se não acredito em mim mesmo e em meu potencial, como terei coragem para tomar iniciativas em minha vida?

Quando assistimos a uma partida de futebol, e confesso que sempre fui um amante desse esporte, percebemos o quanto alguns jogadores são capazes de suscitar fortes emoções nos torcedores de seu time e até mesmo do time adversário. São aqueles jogadores que, sabendo de suas potencialidades, são capazes de chamar para si a responsabilidade, de assumir riscos, de buscar fazer o improvável, o inesperado, aqueles que não têm medo de arriscar e sabem que, mesmo diante da dificuldade, são capazes de realizar uma jogada que levará ao grande momento, que levará a mais um gol para a sua equipe.

Ouvindo diferentes relatos de grandes estrelas do futebol, todos são unânimes em testemunhar que não há emoção maior que fazer um gol e ouvir a torcida vibrar e, por vezes, gritar o seu nome.

No fundo, é para esse grupo de pessoas que o gol recobra sentido, é para esse grupo que partilha os mesmos sonhos que o gol

____

19 Recebeu o Nobel da Paz em 1979.

significa algo mais. Imagine quantos gols Messi, Neymar, Ronaldinho e outros grandes jogadores fizeram durante seus treinos, durante suas brincadeiras quando ninguém estava assistindo!

Podemos imaginar que somos grandes pessoas e que possuímos grandes capacidades, mas se as utilizamos apenas para nós mesmos, quem somos nós? Essa pergunta pode interpelar nossas consciências, mas não representa apenas uma chamada de atenção para um apelo moral, e sim uma chamada de atenção para a nossa saúde existencial.

Viver só para si mesmo pode causar vazio existencial! Essa frase deveria estar nas revistas e sites de notícias, promovida pelo Ministério da Saúde.

O amor é tão forte que todo o ser o expressa. O olhar, a voz, os gestos, até a própria intuição. A pessoa quando se abre ao amor, quando ama, é a mais pura imagem da verdadeira vida plena, da mais sublime autorrealização. Uma mãe que aceitou de bom grado e com amor sua gravidez é a imagem do amor. Uma mãe que ama em sua plenitude e conhece o filho profundamente é capaz de detalhar seu comportamento, sentimentos e até seus pensamentos. O amor materno é o alimento que um ser humano precisa para viver dignamente a plenitude de uma vida humana.

Há quem diga que o amor materno é instintivo. Talvez a necessidade de cuidar e proteger de fato o seja, para a proteção da espécie, mas o amor é algo que vai além. Uma criança que foi bem cuidada e sempre teve de tudo na vida, mas não teve amor, é bem diferente de uma criança que nas mesmas condições teve amor, ou mesmo das crianças que, ainda sem muitas condições materiais, tiveram amor.

O amor é condição para um bom desenvolvimento psíquico do ser humano. A necessidade de amor da pessoa vai muito além do que poderia nos explicar as fases do desenvolvimento e o complexo de Édipo[20]. Vai além da busca pelo prazer, é uma necessidade essencial que parte da própria matriz do ser humano.

---

20 O termo criado por Freud e inspirado na tragédia grega 'Édipo Rei' designa o conjunto de desejos amorosos e hostis que o menino, enquanto criança, experimenta em relação à sua mãe, o que o leva a se rivalizar com a figura paterna.

Seus Sonhos

— Onde estão os seus sonhos?
Perguntou o menino.
— Estão aqui dentro.
Respondeu o homem receoso, tentando imaginar
o que o menino queria com aquela pergunta.
— Por que não os liberta?
Perguntou o menino ao se afastar lentamente,
despreocupado se poderia ou não ouvir a
resposta daquele homem.
— "Por que não os liberta?"...
...e essa pergunta perdurou-se e repetiu-se todas
as vezes em que ele estava receoso, preocupado,
todas as vezes que ele pensava em guardar os
pensamentos, em esconder seus sentimentos.
Os sonhos são aves de rapina cujo único
alimento é a sua própria realização.
Guardados, os sonhos morrem, libertos eles
o levam para perto da felicidade.
Onde estão os seus sonhos?

CAPÍTULO 03

DO EGOCENTRISMO À REALIDADE

EU SOU UM BERLINENSE

Era o verão de 2008. Em uma tarde ensolarada do mês de julho, eu desembarcava naquela cidade da qual tudo que conhecia se remetia continuamente à cenários da Segunda Guerra ou da Guerra Fria. Um casal, amigos de amigos meus, foram muito gentis em me esperar no aeroporto para me levar ao hotel e também para alguns passeios turísticos durante os dias que lá estive.

O objetivo de minha visita a Berlim era participar do XXIX Congresso Internacional de Psicologia que aconteceria no International Congress Centrum e no qual eu apresentaria um trabalho intitulado "A Desconstrução da Psicologia", abordando uma reflexão acerca das principais diferenças das três escolas vienenses de psicologia e da necessidade de um olhar mais profundo para o ser humano dos dias atuais.

Penso que qualquer pessoa que deseja entender o ser humano do século XX deveria visitar Berlim, lugar do início e do fim da maior guerra da história da humanidade. Ver algumas de suas construções que não foram totalmente reformadas, onde os berlinenses resolveram deixar as marcas da guerra para que nunca fossem esquecidas, é uma experiência marcante. A Kaiser-Wilhelm Memorial Church[21], conhecida como Gedächtniskirche, é o melhor exemplo de como Berlim se manteve de pé, apesar da guerra.

Era o dia 24 de julho de 2008, uma tarde de quinta-feira. Deixei meu hotel na Kurfürstenstraße com o objetivo de fazer uma caminhada pelos arredores do bairro e conhecer um pouco do estilo de vida berlinense. Percebi que havia muitas pessoas saindo de várias ruas e caminhando em uma única direção e resolvi seguir aquele fluxo para ver onde estavam indo. À medida

---

21 A igreja original foi construída em 1890. Foi gravemente danificada durante a Segunda Guerra, em 1943. Embora tenha sido reconstruída, a torre danificada com as marcas do bombardeio foi mantida e seu térreo foi transformado em um salão memorial.

que andava, me dei conta que chegava próximo ao Tiergarten[22] e que havia uma gigantesca multidão naquele local.

Como eu estava concentrado em meu trabalho e nos tópicos do congresso de psicologia, não estava acompanhando as notícias e o que acontecia. Para a minha indescritível surpresa, o candidato à presidência dos Estados Unidos, o senador Barack Obama, estava visitando Berlim e faria um discurso exatamente naquele momento.

Sou psicólogo, e nós psicólogos somos muitas vezes conhecidos por interpretar situações e encontrar o sentido por trás dos acontecimentos. Estamos sempre com um olhar analítico sobre as possibilidades de nosso inconsciente influenciar nossas atitudes e tomadas de decisões sem que saibamos explicar conscientemente sobre a lógica de tais atitudes.

Não sabia o que aconteceria naquela tarde, não tinha a mínima ideia de que o futuro presidente dos Estados Unidos estaria ali, jamais imaginei viver uma situação como aquela em minha vida, muito menos em Berlim. Saí do hotel com um simples objetivo de conhecer as redondezas e, de repente, estava ali, presenciando um momento histórico, significativo para aquela cidade, significativo para o então candidato e certamente significativo para mim.

Só depois, pude ver nos jornais que havia cerca de 200 mil pessoas presentes naquele local. Tentei ficar o mais próximo possível do palco, me espreitando em meio à grande multidão e, se meu objetivo naquela tarde era conhecer um pouco sobre os berlinenses, ali estava uma gigantesca parcela deles, muito à vontade naquela tarde de verão, sendo simplesmente berlinenses. Havia carros de polícia por toda parte ao redor do parque e também um cerco com barreiras móveis de metal, espalhadas ao

---

22 *Enorme parque em Berlim, localizado no distrito com o mesmo nome. Conhecido ponto turístico que abriga o zoológico, o Obelisco da Vitória e está cercado por galerias de arte e outros pontos importantes de visitação.*

longo da rua que ligava o Portal de Brandemburgo e o Obelisco da Vitória.

As palavras de Obama revelariam de forma contundente o que significava aquele momento histórico para o mundo e qual era o sentimento de todos ali presentes. Certamente, o senador fazia também sua campanha presidencial e, ainda que seu discurso demonstrasse suas intenções políticas, ele não se furtou da possibilidade de se conectar com o sentimento dos que estavam ali presentes, com o devido respeito ante a preciosidade de um marco histórico que foi construído a partir da dor e do sofrimento dos que ali viveram e vivem.

Embora o grande vilão da história tenha perpetrado as maiores atrocidades a partir de seu Bunker em Berlim, tendo transformado a cidade em um lugar odiado pelo mundo, ele também, no auge de sua prepotência, quando havia percebido que perderia a guerra, ordenara que Berlim fosse destruída.

Depois do fim da guerra, em 8 de maio de 1945, cerca de 600 mil apartamentos haviam sido destruídos em Berlim. De uma população de mais de 4,3 milhões de pessoas, apenas 2,8 milhões permaneciam na cidade. Uma grande parte das construções estava simplesmente em ruínas e tudo o que se via eram destroços.

A cidade foi dividida em quatro setores e administrada conjuntamente por pelas forças de ocupação, os Estados Unidos, a Grã-Bretanha, a França e a União Soviética. Ao longo de vários anos de sua reconstrução, Berlim foi centro de uma disputa de poder, até ser definitivamente dividida por um muro que começou a ser construído no dia 13 de agosto de 1961. Milhares de famílias foram divididas; o sofrimento da guerra não havia cessado e se estenderia ainda por muitos anos até a queda do muro, em 1989.

O escritor berlinense Peter Schneider descreve suas impressões ao caminhar pela Potsdamer Platz:

"Quem fosse familiarizado com a Berlim anterior à queda do Muro e ainda levasse na mente a antiga imagem da cidade não poderia deixar de sentir certa vertigem. Era como se os efeitos do abalo sísmico que a sacudiu em novembro de 1989 só agora se tornassem visíveis. Em questão de semanas – em questão de dias, até – novos prédios brotaram no terreno baldio antes dominado pelo Muro. Uma nova cidade surgia dos andaimes no meio da antiga e só se podia imaginar que sons e reflexos estariam reservados, que vida um dia acabaria por existir contra esse pano de fundo" – Peter Schneider[23].

Quando estava ali, sem ser convidado, sem ser berlinense, nem americano, sem nem ao menos ter sabido com antecedência da realização de tal evento, sem ter me preparado ou nem sequer ter tido tempo de ter desejado estar ali, tendo esbarrado subitamente com aquela multidão... ao encontrar meu lugar no meio da massa de 200 mil pessoas, olhar para em direção ao palco e ouvir Obama dizer:

"ich bin ein berliner".

Me senti também como um berlinense.
Uma cidade cosmopolita, cheia de pessoas do mundo todo, turistas, trabalhadores, artistas, estudantes, é o melhor exemplo de como a humanidade pode se reconstruir, superar suas diferenças e, tal como a fênix, renascer das cinzas.

"Sei que não me pareço com os americanos que já falaram nessa grande cidade. A viagem que me levou aqui é improvável. Minha mãe nasceu no coração da América, mas meu pai cresceu pastoreando cabras no Quênia. Seu pai - meu avô - era cozinheiro, servo doméstico dos britânicos.

---

23 Trecho retirado do livro 'Berlim, agora', de Peter Schneider - Editora Rocco

No auge da Guerra Fria, meu pai decidiu, como tantos outros nos cantos esquecidos do mundo, que seu anseio - seu sonho - exigia a liberdade e a oportunidade prometidas pelo Ocidente. E assim ele escreveu carta após carta para universidades em toda a América até que alguém, em algum lugar respondeu sua oração por uma vida melhor.

É por isso que estou aqui. E você está aqui porque você também conhece esse anseio. Esta cidade, de todas as cidades, conhece o sonho da liberdade" — Barack Obama.

Quando um homem negro, em um palanque diante de 200 mil pessoas que vieram para ouvi-lo falar no ponto turístico mais importante de Berlim, diz que sua presença é improvável, não há quem em sã consciência possa contradizê-lo. Assim como é improvável a história da própria cidade de Berlim. Mas, o que faz com que coisas boas e improváveis aconteçam?

HERÓIS E VILÕES DO PÓS GUERRA

Antes de seguir com as palavras de Obama, quero partilhar outra incrível experiência que vivi em Berlim. Em uma tarde, o casal que havia me buscado no aeroporto me disse que havia um lugar que eu precisava conhecer e foram muito gentis, pois se dispuseram a me levar para visitar uma prisão desativada que servia como museu. Fomos para a Hohenschönhausen.

Ao visitar aquela prisão na Berlim Oriental, pude fazer um tour tendo como guia um de seus ex-prisioneiros, Mike Froehnel. Ele havia sido preso uma primeira vez simplesmente porque tinha um remendo costurado no bolso de sua jaqueta, sentenciado a seis meses na prisão juvenil Bright Future (Futuro Brilhante). Em 1974, ele distribuía panfletos criticando o muro de Berlim

e foi preso e sentenciado a passar 11 meses na prisão de Berlin-
-Hohenschönhausen. Contudo, ele passou muito mais anos preso
e foi solto apenas em 30 de novembro de 1989, sem saber que
o muro já havia caído!

Os relatos de Mike durante nosso tour foram marcantes. Ele
revelava como se sentia antes de ser preso, como ele e seus amigos se reuniam de forma secreta apenas para poder ouvir o rádio
com as músicas populares do Ocidente, pois até isso era proibido.
Falava de como foi difícil ter sido separado de familiares que
viviam no lado ocidental, de amigos, colegas e de como todos
ali sofriam muito pela falta de liberdade.

Não se podia fazer comentários sobre a vida social, não se
podia contar piadas sobre qualquer assunto que pudesse vir a
ser entendido como uma afronta ao regime comunista. Preso,
como muitos outros apenas por não concordar com um muro
que lhes separava do resto de seus compatriotas, familiares e
amigos, Mike revelava como eram as torturas na prisão, como
que obsessivamente os soldados da Stasi buscavam qualquer tipo
de informação sobre outras pessoas que podiam não concordar
com o regime.

Havia uma parte da prisão que era como um pequeno buraco
de cerca de um metro de largura e, talvez, pouco mais de um
metro de altura em que o prisioneiro ficava de castigo. Ele tinha
que ficar curvado e não tinha como se apoiar, pois a profundidade do buraco era bem pequena. Outro método de tortura era o
prisioneiro ficar sentado, com a cabeça raspada, amarrado a uma
cadeira em uma sala fria com a água pingando lentamente em
um só lugar de sua cabeça por muitas horas, ou até mesmo dias.

Os prisioneiros eram tratados como animais, tudo porque
havia um ideal político que comandava toda a ideologia socialista
e que conseguia manipular uma geração de soldados e cidadãos
que defendiam o regime.

Foram inúmeras as pessoas assassinadas ao tentar atravessar o Muro de Berlim. Em 9 de novembro de 1989, uma enorme multidão de pessoas da Berlim Oriental ultrapassou o muro se, unindo a uma enorme multidão que a esperava na Berlim Ocidental. A força propulsora da gigantesca sede de liberdade de todo um povo foi maior que as ideologias controladoras de um grupo político.

Hoje, é possível observar as marcas deixadas pela II Guerra e também as marcas deixadas pela divisão da cidade. Há diferenças marcantes na arquitetura entre os dois lados da cidade, mas Berlim reluz uma forte expressão de liberdade e de superação.

A realidade da prisão Berlin-Hohenschönhausen e da perseguição que a Stasi fazia a todos que a criticavam e estavam em desacordo com os planos socialistas da União Soviética é registrada também em um filme ganhador do Oscar, "A vida dos outros". O filme também relata como os documentos das investigações foram disponibilizados para o público depois da queda do muro e a reunificação da Alemanha. Milhares e milhares de dados sobre pessoas que nem imaginavam que estavam sendo investigadas. Muitos artistas foram perseguidos, muitas famílias destruídas e muitas pessoas foram assassinadas.

"Não é de todo fácil explicar por que, já há algum tempo, Berlim vem sendo uma das cidades mais populares do mundo. Não se deve à sua beleza, posto que Berlim não é bonita; Berlim é a Cinderela das capitais europeias" — Peter Schneider.

E eu seguia ouvindo atentamente ao que Obama tinha a dizer naquele final de dia:

"Pessoas do mundo - olhem para Berlim!

Olhem para Berlim, onde os alemães e os americanos aprenderam a trabalhar juntos e confiar uns nos outros menos de três anos depois de enfrentar um ao outro no campo de batalha.

(...) Olhem para Berlim, onde os buracos de bala nos edifícios e as sombrias pedras e pilares perto da Porta de Brandenburgo insistem em que nunca esqueceremos nossa humanidade comum.

Pessoas do mundo - olhem para Berlim, onde um muro caiu, um continente se uniu, e a história provou que não há nenhum desafio muito grande para um mundo que se mantém como um".

Ao fim do discurso, a multidão se dispersou e rapidamente todos fomos ajudando a tirar as barras de proteção ao redor da rua, porque a polícia não conseguia removê-las sozinha, e um cara ao meu lado gritou em tom alegre: "yes, lets tear down the wall!" (Sim, vamos derrubar o muro). Imaginei, em poucos instantes, como teria sido a alegria incontida daquela multidão na noite de 9 de novembro 1989. Aos poucos, as pessoas voltavam para as suas vidas e para as suas casas, para encontrar os seus amigos, a sua família e os seus vizinhos.

EU SOU UM NOVAIORQUINO

Aqueles que viajam para os EUA podem ter a experiência de encontrar na nota fiscal do bilhete de voo um imposto chamado 9/11 (onze de setembro). Todos os que voam para os EUA ou nos EUA têm que pagar esse imposto, como uma forma de nos lembrarmos sempre das coisas terríveis que aconteceram naquele dia em 2001.

A maldade de alguns jovens mudou o curso da história. Estima-se que mais de 2 bilhões de pessoas viram esse ataque terrorista na televisão naquele dia e, à medida que os anos passam, nunca o esqueceremos.

Assim como algumas pessoas podem mudar o mundo em uma perspectiva negativa, também é possível que poucas pessoas possam mudar o mundo de forma positiva.

Na manhã de 26 de agosto de 2017, visitei o Museu e o Memorial do 11 de setembro. Minha esposa e eu ficamos tocados com os vídeos, as fotos, as partes das torres e, especialmente, com os testemunhos das pessoas que sobreviveram ou com as gravações das ligações feitas por aqueles que não sobreviveram.

Alguns dos fatos que me chamaram a atenção foram os relatos de algumas pessoas que puderam escapar pela escada. Elas disseram que viram alguns bombeiros subir e eles pareciam firmes e decididos, eles sabiam o que estavam fazendo.

"Eles estavam subindo para a morte, enquanto eu estava descendo para viver" – disse um dos sobreviventes.

Esses homens estavam indo na direção oposta, eles não estavam tentando salvar as próprias vidas, mas as vidas dos outros. Eles puderam salvar muitas pessoas naquele dia e fizeram a diferença, eles mudaram o mundo em uma perspectiva positiva.

Os terroristas destruíram e mataram movidos por uma longa lista de fundamentos equivocados sobre o sentido da vida, da existência humana e da sociedade como um todo. Os heróis se sacrificaram movidos pelo amor à vida, às pessoas conhecidas e desconhecidas, por fundamentos de solidariedade e fraternidade que elevam e mantêm a humanidade ao longo de toda a sua história.

Andar nas ruas de Nova York é uma experiência existencial. Você sempre ouve línguas diferentes: italiano, francês, português, espanhol, chinês, japonês, coreano, alemão, árabe, inglês, e muitas outras que não tenho ideia de quais são, nem de onde são. Nova York é, sem dúvida, a capital do mundo.

É interessante como as pessoas podem administrar o convívio e sobreviver, respeitando-se mutuamente nos limites das linhas de metrô, do trânsito de carros, nos edifícios gigantes e, quando você chega ao Central Park, na tarde de domingo de verão, você pode ver que os novaiorquinos, como todos os seres humanos do mundo, podem descansar e se divertir com a família e os amigos.

Nova York é um exemplo de quantas culturas, raças, crenças e nações podem viver juntas, podem coexistir em um ambiente pacífico e progressivo. Não é por acaso que a sede da ONU esteja lá, reunindo líderes e voluntários de todas as partes do globo, tentando ajudar a humanidade a evoluir em paz. Nova Iorque é outro símbolo do que as pessoas podem fazer para mudar o mundo numa perspectiva positiva.

HUMANOS ENTRELAÇADOS

O ser humano nasceu dependente do outro, segue dependente e amadurece dependente, ainda que o grau e o tipo de dependência mudem à medida que se amadurece, ou seja, o ser humano passa da realidade de dependente de receber amor, quando recém-nascido, para a realidade na qual é dependente de ter alguém para amar.

Contudo, a dependência de ter alguém para amar não é imperativa para a sobrevivência, mas para a felicidade. Todo ser humano pode não amar e continuar vivo, mas não encontrará realização. São muitos os casos, por exemplo, de casais idosos que, diante da morte de um dos dois, pouco tempo depois o outro também encontra o fim de sua vida.

O processo do amar vai se dando ao longo da vida e, quanto mais independente do outro no sentido de receber amor, mais dependente de ter alguém para amar a pessoa se torna, pois mais próxima da plenitude da vivência de sua essência ela se aproxima. Dar amor é o ápice da autorrealização. Quem é capaz de amar atinge o mais alto grau da felicidade, da satisfação e do sentido na vida.

No conceito de amor concupiscente, a pessoa ama esperando reciprocidade; no conceito de amor benevolente, a pessoa ama sem esperar reciprocidade.

Há uma larga documentação de relatos de pessoas que vivenciaram em diversas culturas a experiência do amor benevolente, como por exemplo o testemunho de pessoas que foram consideradas santas e que deixaram documentadas as suas experiências de sentirem de tal forma o amor de Deus a ponto de entregarem as suas próprias vidas por amor ao outro, um amor sem interesse, de extrema doação. Um exemplo do amor benevolente é o amor cristão, aquele que é capaz de dar a vida por seus amigos.

O sentimento de que a sua vida é capaz de salvar outra vida, ou dar sentido a outra vida, é certamente o maior de todos os sentimentos que o ser humano pode experimentar, e isso é o amor em sua mais alta potência. A este amor pode-se dar o nome de amor benevolente, ou o que os gregos chamavam de ágape.

A mãe que, sabendo que poderá perder a sua vida se deixar levar a cabo a gravidez, decide dar à luz seu filho, mesmo sabendo que ela poderá morrer durante o processo, está cumulada de amor. Ela encontrou o maior sentido de sua vida, tem uma convicção de que está fazendo o que para ela é certo e, mesmo que o mundo tente a convencer do contrário, ela entrega a vida pelo simples fato de que ama. Ou, ainda, o exemplo de um homem que se lança na frente de uma bala para salvar a vida de um amigo. A vivência do amor é o que dá sentido à vida.

Podemos, ainda, tomar o relato de Viktor Frankl para exemplificar a busca do homem por sentido, quando ele relata o momento em que uma senhora queria tirar a própria vida no campo de concentração e ele pergunta se não teria algum motivo pelo qual ela pudesse conservar a vida e, ao final, ela acaba decidindo não cometer suicídio porque tinha uma sobrinha que havia prometido esperá-la em outro país.

Certamente, Frankl consegue ilustrar a falta de sentido que essa mulher estava vivendo a ponto de encontrar-se no fatalismo do suicídio e, ainda assim, ela encontrou o sentido para não se entregar à morte, e esse sentido foi o amor por sua sobrinha.

O encontro é, por excelência, o caminho mais seguro para se viver o amor. E o que é o encontro?

Encontrar-se com alguém não é simplesmente estar próximo, mas sim abrir-se ao outro, permitir ser conhecido e querer conhecer os sentimentos, pensamentos e experiências do outro. O encontro é o momento em que o ser humano dá passos de desenvolvimento.

Se no processo do desenvolvimento psíquico a criança precisa dos referenciais parentais para crescer, o adulto necessita do encontro com o outro para seguir desenvolvendo-se como pessoa. Por outro lado, o encontro não é algo fácil e, assim como o crescimento, é um processo exigente e requer abertura para o diferente.

É preciso deixar a zona de conforto, arriscarmo-nos, aventurarmo-nos no maior desafio que a vida nos propõe, que é penetrar o ambiente desconhecido e surpreendente do outro e permitir que o outro caminhe por nossas vidas.

Costumo dizer que as pessoas não passam por nossas vidas, mas sim entram e nunca mais saem. Sejam aqueles amigos de infância que nunca mais encontramos e que desempenharam um papel de destaque em nossa história, sejam os professores que tivemos, sejam as imagens que assistimos na televisão, todos entraram em nossas vidas e, ainda que não lembremos com clareza de suas feições, não será possível apagá-los de nossa história, da história que constituiu o desenvolvimento de nossa personalidade.

Somente por meio do encontro é possível viver a experiência do amor. Quando um casal evita o encontro, por mais estranha que possa parecer essa afirmação, está na verdade evitando a possibilidade do amor. Digo estranha porque o casamento deveria ser o encontro por excelência, mas em muitos casos não é, pois, pelo temor das diferenças, homem e mulher podem preferir afastar-se, proteger-se um do outro.

Certa vez, estava na varanda do meu prédio com meu filho, apreciando a vista, e ele, com seus 12 anos, me dizia que sempre quando olhava para as pessoas imaginava como cada uma delas tem uma história diferente e como era maravilhoso imaginar que no mundo há mais de 7 bilhões de histórias diferentes.

Essa percepção deve nos levar sempre à constatação de que todos nós, em todas as partes do mundo, temos uma história diferente, uma forma diferente de perceber a vida, com estruturas biopsíquicas diferentes uns dos outros e com percepções também diferentes a respeito de temas da vida. O que, por um lado, pode fazer de nós um grupo de seres que vive se estranhando ou, por outro lado, pode ser de fato o que nos faz verdadeiramente fortes.

Em uma equipe de futebol americano, por exemplo, você tem pessoas muito diferentes, tanto anatomicamente quanto emocionalmente, com personalidades e habilidades diferentes.

Você tem o Quarterback, que é o cérebro do time. Ele é o lançador, precisa ter habilidades de estratégia, mira, boa inteligência espacial e noções de profundidade; os Running backs, que são os jogadores menores, fortes e muito ágeis que precisam ter muita velocidade e muita astúcia para driblar os adversários; e temos, ainda, os Defensive Tackles, que são os jogadores da defesa, os maiores do jogo: são fortes, corajosos e também ágeis, com o sentido de dar proteção.

Cada um, muito diferente do outro, exerce um papel diferente, mas todos contribuem para um único fim: ajudar o time a vencer o jogo e o campeonato. O exemplo do futebol americano é muito bom, pois os jogadores são visivelmente muito diferentes uns dos outros e podemos perceber com clareza a necessidade dessas diferenças para se vencer.

Na vida também é visível as diferenças entre as pessoas, mesmo pessoas do mesmo grupo social, da mesma nacionalidade, do mesmo povoado, da mesma família e da mesma linhagem. Somos diferentes! E quanto mais diferentes, mais possibilidades de vencer, mas para isso é preciso conhecer um ao outro. Que papel desempenhamos no mundo? Estamos fazendo nossa parte para que esse time chamado humanidade vença os desafios que a história nos propõe? Ou, por outro lado, estamos vivendo nossa vida como se não fizéssemos parte desse time, como se não fôssemos responsáveis por exercer um papel nessa equipe?

Uma das experiências mais fantásticas que tive no mundo do cinema foi assistir ao filme Hubble 3D em IMAX. No cinema IMAX você tem aquela tela gigante e sente que está lá no espaço, ao vivo, presenciando as descobertas que o telescópio Hubble fez do universo. É uma experiência indescritível quando você se dá conta de que está presenciando provas incontestáveis de que existem muitas outras galáxias, muito, muito distante de nós. Algo incrível, o qual é difícil colocar em proporções dentro de nossa mente.

Estamos no meio de uma realidade universal indescritível. Estamos sendo capazes de captar as imagens de uma parte gigantesca dessa realidade e ainda pensamos de forma pequena, ainda achamos que os nossos problemas com as dívidas do final do mês são os maiores problemas de nossa existência, ou que a forma com que o vizinho ou um parente próximo leva a vida nos chateia porque não concordamos com a forma como vivem.

Quanta força de nossa existência desperdiçamos com coisas que não deveriam exigir tanto desgaste.

Por outro lado, o encontro nos possibilita abrir os olhos para as possibilidades da vida, pois é justamente quando eu vou ao cinema com os amigos e vejo Hubble 3D que minha vida tem a oportunidade de ver o universo com mais amplitude; é justamente quando eu visito um grupo diferente do meu que eu consigo entender como é possível lidar de forma diferente com os problemas da vida.

Cada pessoa, cada família, aprendeu a lidar de forma diferente com as questões da vida e, quanto mais acesso eu tenho a essa gama infinita de conhecimentos e experiências, mais eu me enriqueço. Esta é a força do encontro.

Meu primo, Mayke Moraes, lançou um livro chamado "Viajar: eu preciso!". Desde sua adolescência, Mayke decidiu viajar o mundo. Foi para o Alaska trabalhar como Au pair[24] e decidiu se mudar para a Irlanda e conhecer o mundo. Ele costumava trabalhar por seis meses, juntar dinheiro e passar os outros seis meses do ano viajando.

Conheceu diversos países e continua a sua jornada. Em seu blog e em seu livro é possível entender um pouco de uma realidade rica em experiências que ele pôde conhecer, pessoas diferentes, culturas diferentes, comidas diferentes e lugares diferentes. Mayke está conhecendo o ser humano e quem o conhece sabe que ele é um ser humano fantástico.

O que o mundo pode fazer com quem o conhece é mais do que muitos milhões de dólares podem fazer nas mãos de quem não conhece o mundo. Se o conhecimento é capaz de nos trazer humildade, o encontro com outras pessoas é capaz de nos trazer sabedoria e, com ela, também a humildade, a gratidão, a

---

24 *Expressão francesa que significa 'ao par', ou seja, em termos iguais, intercâmbio em igualdade de condições. Hoje, refere-se a programas de intercâmbio com remuneração, para jovens de 18 a 26 anos.*

tolerância, a empatia e a compaixão, todos aspectos sensíveis de nossa capacidade de amar.

A opção de Mayke, vale dizer, não foi a de fazer turismo nos melhores hotéis do mundo, ao contrário, foi o de conhecer as pessoas simples de cada país, ficar hospedado nos hostels ou em casas de pessoas comuns, experimentando a cultura de cada lugar.

Uma das características mais importantes do encontro é a simplicidade, uma atitude interior de humildade que permite que nos apresentemos ao outro, abertos a ouvir e a receber o que o outro tem a nos oferecer, uma atitude curiosa e desejosa que parte do princípio de que eu reconheço que o outro tem muito a me oferecer e que eu tenho muito a aprender com ele.

Quando vamos ao encontro de alguém partindo do princípio oposto, de que temos muito a oferecer, de que sabemos muito e de que o outro precisa nos aceitar e se abrir a nós, não realizamos um encontro verdadeiro e a atitude é de arrogância.

Como vimos nos estudos da Dra. Fiske, as emoções despertadas diante de determinados grupos de pessoas são relativas à imagem que se tem de cada uma delas, ou seja, ante uma visão de vida funcionalista, em que a competência tem primazia sobre a sabedoria. As pessoas mais idosas, por exemplo, despertam compaixão ou aversão, mas se a visão a respeito da vida é a de que quanto mais velhos, mais conteúdo histórico temos para compartilhar, nossas emoções podem ser transformadas. Em um ambiente em que os idosos são mais sábios e a sabedoria é mais importante que a competência, nossa emoção na presença de um idoso poderá ser a de orgulho.

O desenvolvimento de um comportamento preconceituoso passa pela manutenção de uma atitude individualista. Esta, por sua vez, encontra suas bases na necessidade de autopreservação, ou seja, para nos proteger das ameaças do mundo, nos protegemos também dos outros e, assim, criamos formas de nos defender daqueles grupos que podem nos representar algum mal.

Por outro lado, a psicologia nos ajuda a compreender que o contato com o diferente amplia o nosso conhecimento a seu respeito e, quanto mais conhecemos, mais estamos preparados para lidar com os perigos.

Aqui, cabe também a máxima de guerra que diz que quanto maior é o inimigo, mais você deve conhecê-lo. A máxima de guerra tem como objetivo final derrotar o inimigo. Contudo, poderíamos afirmar o oposto sobre a dinâmica da vida: quanto mais você conhece seu inimigo, mais propenso você está a transformá-lo em um amigo. Uma vez que você esteja aberto e se apresenta de forma simples, com atitude humilde e sem preconceitos para conhecer uma pessoa, você poderá entender a história de vida dela, a real razão de suas escolhas e como ela chegou àquele estilo de vida.

Certamente, jamais poderá se tornar sua amiga aquela pessoa que deseja tirar a sua vida ou lhe fazer sofrer diretamente, mas se a máxima serve para você, também servirá para o outro, ou seja, enquanto você conhece o seu inimigo e pode transformá-lo em seu amigo, ele também deve ter a oportunidade de conhecer você e as suas razões para ser quem você é, viver da forma que você vive e acreditar nas coisas que você acredita. É nessa dinâmica do Encontro que a paz é viável e se torna factualmente possível. É sobre essas possibilidades especificamente humanas que se constrói, por exemplo, a diplomacia.

CAPÍTULO 04

UM HERÓI EM CADA UM DE NÓS

A PSICOLOGIA
DO AMOR

O amor pode ser compreendido de diversas formas. Já na antiguidade, os gregos tinham diferentes termos para definir as expressões do amor: o amor philos, o amor ágape e o amor eros.

AMOR
PHILOS

O amor philos, do grego philia, significa um amor virtuoso e desapaixonado. Ele parte de um conceito desenvolvido por Aristóteles e inclui a lealdade aos amigos, à família e à comunidade, requerendo a virtude, a igualdade e a familiaridade. Nos textos antigos, a philia denota um tipo de amor global, usado como amor entre a família, entre amigos e entre amantes, bem como um desejo ou a apreciação de uma atividade. Essa é a única outra palavra usada nos textos antigos do Novo Testamento além de ágape.

Segundo Epicuro (300 a.C.), "a necessidade de não ser agredido determina um contrato que instaura uma segurança calculada; isto é o direito, que rege a não-agressão recíproca entre pessoas que, precisamente, não são amigas. A amizade é outra coisa completamente diferente: ela não é contratada, sendo mais essencial do que o cálculo. Ela também proporciona segurança, naturalmente, e bem maior do que aquela que é proporcionada pelo pacto social. Entre amigos, a noção do justo não tem mais lugar; não por irrupção da injustiça, é claro, mas pela superação do cálculo sobre o qual se fundam os contratos. A amizade está além do acordo contratado. Ela é uma lei do ser-sábio. Ela implica que cada um encontre nela o desabrochar de sua própria sabedoria, na companhia de vários indivíduos, iguais, tornados homogêneos por uma felicidade comum".

AMOR
ÁGAPE

O amor ágape, também do grego, significa o amor de Deus. Nos textos bíblicos é usado por Jesus quando diz:

"Amai (ágape) ao senhor vosso Deus com todo vosso coração e com toda vossa alma e com toda vossa mente. Este é o primeiro e maior de todos os mandamentos. E o segundo é: Amai (ágape) vosso próximo como a vós mesmos. Toda a lei e os Profetas residem nestes dois mandamentos" (Mt 22, 3741).

Ele também é usado no Sermão da Montanha: "Ouvistes dizer: 'amarás (ágape) teu irmão e odiarás teu inimigo', mas eu vos digo: 'amai (ágape) vossos inimigos, fazei o bem aos que vos odeiam, e orai por aqueles que vos perseguem e maltratam, pois deste modo sereis filhos de vosso Pai nos céus, aquele que faz com que o sol se levante sobre o mau e sobre o bom, e faz chover sobre o justo e sobre o injusto'. Se amais apenas aqueles que vos amam, que recompensa tereis?".

AMOR
EROS

Eros é o deus grego do amor, belo e irresistível a ponto de desconsiderar o bom senso. O amor eros é o amor apaixonado, com desejo e atração sensual. Para Platão, eros significa também a capacidade de reconhecer a beleza da alma e de recordar a pessoa amada, mesmo que esteja ausente, daí a expressão "amor platônico".

Além dos três tipos de amor citados, há também a visão biológica a respeito do amor. Para Kenrick[25] o amor é um conjunto de decisões tendenciosas que evoluiu para servir a interesses genéticos. Essas predisposições influenciam a atenção das pessoas, a memória e tomada de decisões. Por exemplo, quando se interage com um estranho, o comportamento altruísta é menos comum do que quando se interage com os parentes com quem se partilha os genes.

Mas, de que se trata o amor que está na essência do ser humano?

Não é o amor romântico, nem tampouco o amor fanático que se tem pelas ideologias; não é o amor nostálgico das canções sertanejas, nem o amor possessivo dos jovens casais, ainda que todos estes possam ser considerados como fragmentos ou sinais do amor.

Pode-se dizer, a princípio, que o amor é uma capacidade essencialmente humana que tem seu núcleo na pessoa espiritual.

"O amor é um fenômeno humano no sentido exato da palavra. É um fenômeno especificamente humano, quer dizer: não se pode reduzir, sem mais, a um fenômeno sub-humano, nem de um fenômeno sub-humano se pode deduzir. Enquanto 'fenômeno originário' que, como tal, é impossível reduzir a alguma coisa que 'a rigor' esteja por trás dele, o amor é um ato que caracteriza a existência humana no que ela tem de humano; por outras palavras, um ato existencial. Mais ainda: é o ato coexistencial por excelência" — *Viktor Frankl.*

---

25 *Douglas T. Kenrick, professor de psicologia na Universidade Estadual do Arizona, nos EUA. Seus estudos integram as três sínteses científicas das últimas décadas: psicologia evolucionária, ciência cognitiva e teoria dos sistemas dinâmicos.*

Viktor Frankl, no desenvolvimento dos conceitos da Logo-terapia, apresenta o conceito de autotranscendência[26] como a essência da existência e assegura que a existência não é apenas intencional, mas também transcendente. O ser humano está direcionado a algo além de si mesmo e tem uma capacidade de alcançar além de si, especialmente ao outro, no amor e no serviço.

"A essência da existência humana, diria eu, radica na sua autotranscendência. Ser homem significa, de per si e sempre, dirigir-se a ordenar-se a algo ou a alguém: entregar-se o homem a uma obra a que se dedica, a um homem a quem ama, ou a Deus a quem serve" — *Viktor Frankl.*

Nessa visão de Frankl, pode-se fundamentar a existência da pessoa espiritual que é capaz de autotranscendência e de viver o amor.

O amor pode ser mais compreendido à medida que se aceita a constituição da estrutura humana que não se limita ao biopsíquico, mas se estende ao espiritual.

Essa autotranscendência quebra os quadros de todas as imagens do homem que, no sentido de algum monadologismo[27], representem o homem como um ser que não atinge o sentido e os valores para além de si mesmo, orientando-se, assim, para o mundo e interessando-se exclusivamente por si mesmo, como se lhe importasse a conservação ou o restabelecimento da homeostase[28].

---

26 *Capacidade humana de sair de si mesmo, se superar e se ultrapassar. Percebe-se que a autotranscendência está na essência do ser humano. Segundo Viktor Frankl, ser homem significa ir ao encontro de alguma coisa ou de alguém.*

27 *Procede de mónada ou mônada. É o conceito chave na filosofia de Leibniz. Significa substância 'simples'. Leibniz escreveu 'Princípios da Filosofia - Monadologia' em 1714, para sustentar uma metafísica das substâncias simples.*

28 *É um termo criado por Walter Cannon, utilizado para indicar um estado de equilíbrio do meio interno, independente das alterações que acontecem no meio externo. O meio interno pode ser definido como o líquido que circula nas nossas células (líquido intersticial).*

"O monadologismo ignora que, como demonstraram von Bertalanfey[29], Goldstein[30], Allport[31] e Charlotte Buhler[32], o princípio da homeostase não vale geralmente na biologia, e muito menos na psicologia" — Viktor Frankl.

Dessa forma, Frankl traça uma diferença entre a visão mecanicista de diferentes abordagens da psicologia e a visão existencial da Logoterapia. Uma vez que o ser humano busca a homeostase, ele não está aberto ao outro e, portanto, não é capaz de amar. Sua realização, por outro lado, está na autotranscendência, na possibilidade de ir além de si, ao encontro do outro, atingindo o sentido e os valores, orientando-se para o mundo, para as pessoas, e amando.

A vida humana é dependente. Diferentemente de um bezerro que nasce e já aprende a andar, o ser humano é totalmente dependente. Se não há alguém que se dedique a cuidar de um recém-nascido, em pouquíssimo tempo este morrerá. O ser humano não é uma ilha.

Ainda que algumas pessoas desejem se dedicar a uma vida de eremita, distante da convivência com outras pessoas, ainda assim a sua vida só terá sentido por saber que há pessoas por quem poderá oferecer orações e sacrifícios. O ser humano precisa do outro para sobreviver e para viver. E, ainda mais, para se desenvolver.

Viktor Frankl utiliza o termo monantropismo para definir o

---

29 *Karl Ludwig von Bertalanffy (1901-1972) foi um biólogo austríaco conhecido como um dos fundadores da Teoria Geral de Sistemas (TGI).*
30 *Kurt Goldstein (1878-1965) foi um neurologista alemão e psiquiatra que criou a teoria holística do organismo. Foi forçado a deixar a Alemanha por ser judeu. Escreveu The Organism (1934).*
31 *Gordon Willard Allport (1897-1967) foi um psicólogo americano. Allport foi um dos primeiros psicólogos a focar no estudo da personalidade, e é reconhecido como um dos fundadores da psicologia da personalidade.*
32 *Charlotte Bühler (1893-1974) foi uma psicóloga do desenvolvimento. Alemã, com cidadania americana, foi professora na Universidade de Viena, tendo lecionado também na Universidade de Oslo e Saint Paul, em Minnesota e na Universidade de Southern California.*

"saber em torno da unidade da humanidade, uma unidade que ultrapassa todas as diversidades, quer as da cor da pele, quer as da cor dos partidos".

A defesa de Frankl da unidade da humanidade pode também servir de fundamento para a definição de amor que envolve a ligação que o ser humano é capaz de estabelecer com outras pessoas, mesmo que não sejam da mesma família, ou com quem se estabeleça uma relação de amor para construir uma família. Frankl, repetidas vezes, defende o tema da responsabilidade para com os outros.

O conceito de amor philia, que para os gregos significava o amor fraternal, serve para fundamentar a ideia de que essa unidade defendida por Frankl e essa responsabilidade a qual todo ser humano é chamado a ter pelo outro é, de fato, o amor. Este amor, contudo, não é um determinismo biológico como afirma Kenrick, mas um amor presente no núcleo espiritual da pessoa, ou seja, está totalmente submetido à vontade e à liberdade. Amar é de fato um ato de liberdade.

Quem ama não apenas tem consciência de que faz parte de uma unidade com as outras pessoas, mas também de que é corresponsável pelo bem de todos. Amando, o ser humano encontra o sentido para a vida, exercita a liberdade, a responsabilidade e encontra a felicidade.

Se para Freud o amor era concebido como um epifenômeno, para Frankl (1946) o amor

"é um fenômeno originário da existência humana e não precisamente um mero epifenômeno, quer no sentido das chamadas tendências inibidas, quer no sentido da sublimação".

Freud dizia que "onde está o Id, tornar-me-ei Ego". Frankl, por outro lado, vê na capacidade do ser humano de amar um pressuposto para a sublimação, e não um resultado da sublimação. Assim, só o Ego que tende para o Tu pode integrar o Id verdadeiro e próprio.

A frase de Santo Agostinho também pode encontrar sentido nas afirmações de Frankl, ao dizer: "Ame e faça o que queres". Ao amar, o Ego está diretamente voltado para o Tu. Dessa forma, a vivência do Id torna-se totalmente possível, aceita e compatível com as exigências da vida.

O suprassentido concebido na teoria frankliana como um sentido que está acima da realidade humana, tal qual o mundo inferior dos animais é superado pelo mundo dos seres humanos, fundamenta-se no amor.

"A entrada na dimensão supra-humana, efetivada na fé, funda-se no amor" — Viktor Frankl.

O amor e a fé parecem estar unidos na teoria frankliana. Em ambos os casos, Frankl afirma que a vivência faz o homem mais forte.

Em uma crítica a concepção de Freud sobre os processos de ajustamento, Charlotte Buhler[33] afirma que "no seu impulso para o equilíbrio, quem se ajusta toma a realidade negativamente", ao passo que "quem cria coloca o seu produto e obra numa realidade concebida positivamente".

Frankl, tomando essa passagem de Buhler, amplia a crítica ao princípio do prazer como sendo uma tendência a manter ou reestabelecer o mais baixo nível de tensão possível.

---

33 *Charlotte Bühler (1893-1974), psicóloga do desenvolvimento e cidadã americana de origem germânica. Conhecida por seus trabalhos nos campos da psicologia infantil, psicologia adolescente e psicogerontologia.*

"Scheler[34] define o amor como um movimento espiritual em direção ao mais alto valor da pessoa amada, um ato espiritual em que esse valor - o que ele chama de "salvação" do homem - é captado. Não anda longe disso o que diz Spranger[35]: o amor, para este autor, reconhece as possibilidades de valor do ser amado. É o que Hattingberg[36] exprime por outras palavras: o amor vê o homem tal como Deus o 'pensou'" — Viktor Frankl.

No trecho acima, Viktor Frankl (1946) nos permite entrar em contato com três diferentes autores. A definição de Max Scheler nos possibilita compreender que o amor é um movimento. O amor não é algo estagnado no homem, mas como tudo o que caracteriza a vida, o amor é um movimento, e não está dirigido para qualquer lugar ou para qualquer objetivo, como que ao acaso. Ele se move para o alto, dirigido ao "alto valor" da pessoa amada. Scheler também fala de um movimento que não é material, mas sim espiritual.

Utilizando a ontologia dimensional de Frankl, que afirma que o núcleo da pessoa é espiritual, podemos pensar que esse movimento do qual fala Scheler tem as suas raízes no núcleo da pessoa, em sua própria essência. Assim, podemos afirmar que para poder captar o alto valor da outra pessoa é preciso que primeiramente eu capte esse alto valor em mim mesmo.

Spranger e Hattingberg parecem seguir a mesma linha de pensamento. O amor reconhece as possibilidades de valor, o amor vê a pessoa tal como Deus a pensou. E é justamente essa imaterialidade do amor que o torna ilógico se analisado pelo

---

34 *Max Ferdinand Scheler (1874-1928), filósofo alemão, conhecido por seu trabalho sobre fenomenologia, ética e antropologia filosófica, bem como por sua contribuição à filosofia dos valores.*
35 *Eduard Spranger (1882-1963), filósofo e psicólogo alemão. Considerado um humanista que desenvolveu uma pedagogia filosófica como um ato de 'auto defesa' contra a teoria experimental orientada à psicologia.*
36 *Hans Von Hattingberg (1879-1944), neurologista e psicanalista em Munique e Berlim. foi diretor do Departamento de Pesquisa do 'Reichsinstitut'.*

viés das ciências exatas, por exemplo, ou até mesmo pode ser incompreendido e reconhecido como nocivo se analisado pelo viés das ciências humanas.

São incontáveis os casos de amor nos quais o sofrimento esteve profundamente presente e, para os que analisaram tais casos, a resposta seria muito simples: negar o amor.

Não seria, talvez, esse um dos pontos em que muitas abordagens psicológicas se apoiam para orientar as pessoas a deixarem o ser amado quando confrontadas com possibilidades de sofrimento?

Contudo, se abrirmos mão do amor que temos pela outra pessoa, abriremos mão do movimento espiritual que é capaz de "salvar" o homem, mas não porque abrimos mão da possibilidade de receber amor, mas porque abrimos mão da possibilidade de amar!

> *"O amor, diríamos, faz-nos contemplar a imagem de valor de um ser humano. Assim, leva a cabo uma realização francamente metafísica. Com efeito, a imagem de valor de que nos apercebemos na execução do ato espiritual do amor, em cada caso, é essencialmente a 'imagem' de algo invisível, irreal e não realizado. No ato espiritual do amor, portanto, não captamos apenas o que a pessoa 'é' no seu 'caráter de algo único' e na sua irrepetibilidade, isto é, a 'haecceitas'[37] da terminologia escolástica; mas também e simultaneamente o que ela pode vir a ser, precisamente nesse seu 'caráter de algo único' e irrepetível, ou seja, a 'enteléquia'[38]" — Viktor Frankl.*

---

37 *Termo em latim da filosofia escolástica medieval, primeiramente cunhado por Duns Scotus, que denota as características, propriedades ou qualidades distintas de uma coisa que a torna uma coisa particular. É a 'qualidade de ser isso'.*
38 *No aristotelismo, a realização plena e completa de uma tendência, potencialidade ou finalidade natural, com a conclusão de um processo transformativo até então em curso em qualquer um dos seres animados e inanimados do universo.*

Dizem que o amor é cego, mas com os fundamentos de Scheler, Harttingberg, Spranger, Viktor Frankl e muitos outros, pode-se afirmar sem medo que o amor enxerga mais longe e que sua visão não tem limites.

A visão frankliana também vai em linha oposta à visão mecanicista tão fortemente presente na sociedade pós-moderna em que o homem é visto e valorizado por sua capacidade de trabalho e produção. Tal visão fundamenta as ideologias abortistas, a eugenia e o preconceito racial e de gênero tão amplamente disseminado no seio da sociedade, que também caracterizam o campo infértil do amor.

No trabalho clínico é possível perceber o quanto as pessoas enfrentam problemas existenciais muito devido a uma visão equivocada da vida. É inegável que a sociedade vive em um momento histórico em que o princípio do prazer parece nortear as relações humanas, negando-se o essencial espiritual e, por consequência, negando-se o próprio amor. Uma vez que o amor é uma característica humana originária em seu núcleo espiritual, quando a pessoa o nega ela tende a uma vivência superficial fundamentada apenas em seus aspectos materiais, a dizer o campo psíquico e biológico.

Constatar o avanço dos transtornos de ansiedade e da depressão e o surgimento e o crescimento de novas doenças, como a própria vigorexia[39], é constatar que a sociedade moderna, mais do que nunca, necessita de luz para compreender as exigências da vida, compreender que a vivência da autotranscedência no campo espiritual e o amor são, em suma, a solução para as suas mais profundas angústias.

"Hoje em dia, a busca exagerada de uma situação afetiva positiva é muito difundida. Vivemos na era da "compulsão da feli-

---

39 *Transtorno dismórfico muscular, ocorre quando há uma doença psicológica caracterizada por uma insatisfação constante com o corpo, que afeta principalmente os homens, levando-os à prática exaustiva de exercícios físicos.*

cidade", isto é, os sentimentos são artificialmente manipulados, seja colocando narcisisticamente o próprio corpo no centro de toda a atividade criativa, para por assim dizer explorá-lo como fonte de prazer permanente; seja interferindo diretamente nos sentimentos, exacerbando-os por meio de substâncias químicas levadas ao organismo para modificar o estado de suas imagens psíquicas; ou, por fim, deixando-se seduzir por promessas ideológicas ou sectárias de felicidade de toda espécie, que prometem tranquilidade, iluminação e, não em último lugar, a entrada numa nova era, contanto que a pessoa se comprometa com a 'nova religiosidade' oferecida" — Elisabeth Lukas[40].

"Viktor Frankl compara esse esforço mais ou menos inútil a um bumerangue que volta para quem o atirou e o abate, mas só quando deixa de acertar o alvo; analogamente, a busca obstinada do prazer e da felicidade também só se manifesta onde se deixou de lado o verdadeiro objetivo da existência humana, onde alguém fracassou em realizar o sentido de sua vida" — Elisabeth Lukas.

O sentido da existência humana se funde em um caráter de algo único e na irrepetibilidade da pessoa. Contudo, é apenas na vivência comunitária, ou seja, na vivência com o outro, que o ser humano consegue perceber o valor de sua irrepetibilidade e o caráter de algo único. Ao falar do amor eros, Frankl explica que o amor é como uma vivência da vida de outro ser humano em todo o seu caráter de algo único e irrepetível.

O ser humano é orientado para a comunidade. Ante essa afirmação, pode-se dizer que se há um determinismo, se há uma condição sine qua non à qual não se pode negar é que a vida humana é dependente da comunidade e também orientada para esta.

---

40 *Elisabeth S. Lukas (1942), psicoterapeuta austríaca, nascida em Viena. Discípula de Viktor Frankl. Autora de mais de 30 livros traduzidos para 16 idiomas.*

Só há duas formas de se viver: negando o valor dessa comunidade, orientando a vida para a vivência egoísta, buscando competir com o outro e percebendo o outro como um inimigo e, assim, construindo uma vida de profunda angústia, uma vez que não é possível vencer e livrar-se de vez do outro; ou vivendo no amor, aceitando essa condição humana, construindo, criando, assumindo o seu papel e a sua posição no tecido social, na comunidade.

Frankl (1946) afirma que no amor:

"o ser amado é captado como um ser irrepetível no seu ser-aí (Dasein[41]), e único no seu ser-assim (So-sein). Um Tu acolhido num outro "Eu". Para Frankl, o ser amado vem a ser para a pessoa que o ama alguém insubstituível, "ninguém, fazendo as vezes dele, sem que por isso ou para isso tenha que fazer seja o que for".

A ligação entre o amor e o espiritual também é afirmada na teoria frankliana, uma vez que Frankl afirma que a pessoa amada não tem mérito por ter sido reconhecida como um bem, pois isso não depende de si, mas é graça.

Amar também traz para quem ama uma nova concepção dos valores, traz uma

"maior altura no que diz respeito à ressonância humana em face da plenitude dos valores" – Viktor Frankl.

Frankl amplia sua explicação a respeito do ser amado e do ser que ama.

---

41 *É o termo principal na filosofia existencialista de Martin Heidegger. Traduzido como Ser-aí ou Ser-aí-no-mundo.*

"O amor abre o espírito da pessoa ao mundo, na sua plenitude de valores, a toda a gama dos valores. Assim, o amante, ao entregar-se ao Tu, experimenta um enriquecimento interior que transcende esse Tu: o cosmos inteiro torna-se para ele mais vasto e mais profundo em seu valor; resplandece nos raios de luz daqueles valores que só o enamorado sabe ver, pois, afinal, não faz cegos o amor, mas sim videntes - dando aguda visão para os valores" — Viktor Frankl.

"Por fim, ao lado da graça de ser amado e do feitiço do amar, um terceiro momento surge ainda no amor: o seu milagre; porque, precisamente através do amor, e dando um rodeio pelo biológico, consuma-se o que é de algum modo inconcebível: uma pessoa nova entra na vida, cheia, ela também, daquele mistério do caráter de algo único e irrepetível da existência - e um filho é isso!" — Viktor Frankl.

A Psicologia do Amor não se contrapõe às visões de Freud, Adler e Frankl, mas procura acrescentar a busca pelo amar à dinâmica estrutural da existência humana. Dessa forma, vamos compreender que é amando que se pode experimentar o auge do prazer, do poder e do sentido da vida.

O IDEALISMO
NA CIÊNCIA

O dicionário define o conceito de idealismo como qualquer teoria filosófica em que o mundo material, objetivo e exterior só pode ser compreendido plenamente a partir de sua verdade espiritual, mental ou subjetiva, como a propensão a idealizar a realidade ou a deixar-se guiar mais por ideais do que por considerações práticas.

O Idealismo Absoluto é uma teoria desenvolvida por Hegel[42] caracterizada pela suposição de que a única realidade plena e concreta é de natureza espiritual, sendo a compreensão materialista ou sensível dos objetos um estágio pouco evoluído e superável no paulatino desenvolvimento cognitivo da subjetividade.

Hegel defendia a teoria de que para a razão humana compreender um objeto em sua totalidade é necessário que haja as identidades de pensamento e de ser, sem as quais jamais poderíamos ter acesso a um objeto, ou ter alguma certeza sobre nosso conhecimento do mundo.

Sua teoria sobre o idealismo absoluto defendia o ponto de vista de que o ser tem como fundamento absoluto um processo de necessidade dinâmico, que se desenvolve na história por si só sob formas complexas de ser e de consciência que originam o mundo. Assim, o objeto e o ser estão unidos.

---

42 *Georg Wilhelm Friedrich Hegel (1770-1831), filósofo alemão. Considerado um dos mais importantes e influentes filósofos da história. Uma de suas mais célebres obras é a 'Fenomenologia do Espírito'.*

Essa visão, embora encontre críticas no campo da filosofia, também encontra fundamentos no campo da física e dos estudos acerca do espaço. Em uma análise sobre as motivações sociais e suas consequências, o físico David Bohm[43] escreve:

"A noção de que todos esses fragmentos estão separadamente existentes é, evidentemente, uma ilusão, e essa ilusão não pode fazer senão levar a intermináveis conflitos e confusões. Na verdade, a tentativa de viver de acordo com a noção de que os fragmentos são realmente separados é, em essência, o que levou à crescente série de crises extremamente urgentes que nos confrontam hoje".

"Assim, como já se sabe, esse modo de vida provocou a poluição, a destruição do equilíbrio da natureza, o excesso populacional, a desordem econômica e política mundial e a criação de um ambiente global que não é nem fisicamente, nem mentalmente sadio para a maioria das pessoas que vivem nele. Individualmente, desenvolveu-se um sentimento generalizado de desamparo e desespero, diante daquilo que parece ser uma massa esmagadora de forças sociais díspares, indo além do controle e até mesmo da compreensão dos seres humanos que estão presos nele" — *David Bohm (Integridade e Ordem Implicada, 1980).*

Kant[44] desenvolveu um outro conceito de idealismo, o idealismo transcendental. Ele postulou que o tempo e o espaço são formas sensíveis de nossa intuição.

---

43 *David Joseph Bohm (1917-1992), físico americano com cidadania brasileira e britânica. Considerado um dos físicos teóricos mais importantes do século XX e que contribuiu com ideias não-ortodoxas à teoria quântica, neuropsicologia e filosofia da mente.*

44 *Immanuel Kant (1724-1804), filósofo prussiano. Considerado como principal filósofo da era moderna, Kant operou, na epistemologia, uma síntese entre o racionalismo continental e a tradição empírica inglesa. Famoso por ter elaborado o 'Idealismo Transcendental'.*

"Por idealismo transcendental, quero dizer a doutrina de que as aparências devem ser consideradas como sendo, uma e todas, apenas representações, não coisas em si mesmas, e que o tempo e o espaço são, portanto, apenas formas sensíveis de nossa intuição" – Immanuel Kant.

O pensamento de Hegel e Kant, do início do século XIX, parece começar a encontrar provas mais contundentes na atualidade, com o desenvolvimento da física quântica e com as contribuições da neurociência.

O também filósofo David Chalmers[45] defende a ideia de que a consciência é fundamental, tal como são o tempo e o espaço:

"Os físicos pegam alguns aspectos do universo como blocos fundamentais de construção, tais como espaço, tempo e massa, e postulam leis fundamentais que os governam, tais como as leis da gravidade ou mecânica quântica. Essas propriedades fundamentais de leis não são explicadas em nenhum termo mais básico e eles constroem o mundo a partir delas. Às vezes, a lista de fundamentos expande.

No século XIX, Maxwell descobriu que não era possível explicar os fenômenos eletromagnéticos baseados nos fundamentos existentes de espaço, tempo e massa, então ele postulou leis fundamentais para o eletromagnetismo e postulou a carga elétrica como elemento fundamental que essas leis governam. Penso que esta é a situação em que nos encontramos com a consciência".

"Se não podemos explicar a consciência nos termos dos fundamentos existentes, espaço, tempo, massa e carga, então é

---

45 David John Chalmers (1966), filósofo e cientista cognitivo nascido na Austrália, especialista nas áreas de filosofia da mente e filosofia da linguagem. Professor de filosofia e diretor do Centro para a Consciência na Universidade Nacional Australiana. Ele também é professor e diretor do Centro para a Mente, Cérebro e Consciência na Universidade de Nova York.

uma questão de lógica. Precisamos expandir a lista, a coisa natural a se fazer é postular a própria consciência como algo fundamental, um bloco fundamental da natureza. Não significa que você não pode fazer ciência com isso, mas abre o caminho para você fazer ciência com isso. O que se precisa, então, é estudar as leis fundamentais que governam a consciência, as leis que conectam a consciência com outros fundamentos como espaço, tempo, massa e processos físicos" — David Chalmers (Exposição ao canal TED).

O neurocientista e psiquiatra Giulio Tononi[46], professor da Universidade de Wisconsin, afirma que podemos compreender a consciência a partir de cinco pontos fundamentais:

1 - Existência intrínseca

A consciência existe: cada experiência é, de fato, real – minha experiência aqui e agora existe (é real) e é o único fato do qual eu posso ter certeza ser imediato e absoluto. Além disso, minha experiência existe a partir de sua perspectiva própria intrínseca, independentemente de observadores externos (é intrinsecamente real e verdadeira).

2 - Composição:

A consciência é estruturada: cada experiência é composta por múltiplas distinções fenomenológicas, elementares ou de ordem superior. Por exemplo, com uma experiência eu posso distinguir um livro, uma cor azul, um livro azul, o lado esquerdo, um livro azul na esquerda, e assim por diante.

---

46 Giulio Tononi é um neurocientista e psiquiatra italiano, professor de medicina do sono e ciência da consciência na Universidade de Wisconsin, nos Estados Unidos.

3 - Informação:

A consciência é específica: cada experiência é a forma particular que é — sendo composta de uma estrutura específica de distinções fenomenais específicas —, diferenciando-se ainda das outras possíveis experiências (diferenciação). Por exemplo, uma experiência pode incluir distinções fenomenológicas especificando um grande número de localizações espaciais, vários conceitos positivos – tais como um quarto (ao invés de nenhum quarto), uma cama (ao invés de nenhuma cama), um livro (ao invés de nenhum livro), uma cor azul (ao invés de nenhum azul) – e "obrigações" de ordem superior de distinções de primeira ordem – tais como um livro azul (ao invés de nenhum livro azul), tais como muitos conceitos negativos, tais como nenhum passado (ao invés de um pássaro), nenhuma bicicleta (ao invés de uma bicicleta).

Semelhantemente, uma experiência de escuridão pura e silêncio é da forma particular que é — tem a qualidade específica que tem e, sendo assim, necessariamente se diferencia de um grande número de experiências alternativas que eu poderia ter tido, mas não estou tendo realmente.

4 - Integração:

A consciência é unificada: cada experiência é irredutível e não pode ser subdividida dentro de estruturas desconexas, não interdependentes, de distinções fenomenais. Então, experimento uma cena visual completa, sem que o lado esquerdo do campo visual esteja independente do lado direito (e vice versa). Por exemplo, a experiência de ver a palavra 'PORQUE' escrita no meio de uma página em branco é não reduzível à experiência de ver 'PO' na esquerda mais uma experiência de ver 'RQUE' na direita. Semelhantemente, ver um livro azul não é reduzível a ver um livro sem cor mais a cor azul sem o livro.

5 - Exclusão:

A consciência é definitiva, no conteúdo e no espaço temporal: cada experiência tem um conjunto de distinções fenomenológicas que tem, nem menos (um subconjunto) nem mais (um superconjunto), e flui à medida que a velocidade flui, nem mais rápido, nem mais devagar. Por exemplo, a experiência que estou tendo de ver um corpo em uma cama no quarto, uma prateleira com livros, um dos quais é um livro azul, mas eu não estou tendo uma experiência de menos conteúdo — para dizer, uma falta de distinção fenomenológica de azul/não azul, ou colorido/não colorido; ou com mais conteúdo — ou seja, um dotado com a distinção fenomenológica adicional de pressão sanguínea alta/baixa. Além do mais, minha experiência flui em uma velocidade particular — cada experiência englobada diz uma centena de milissegundos ou mais — mas eu não estou tendo uma experiência que abranja apenas uns poucos milissegundos ou, em vez disso, minutos ou horas.

Ele desenvolveu uma medida matemática para a integração da informação, a qual chamou de Phi, que mede a quantidade de informação integrada no sistema. Ele supõe que Phi está junto à consciência.

PHILIANÁLISE

Phi é a vigésima primeira letra do alfabeto grego e também foi utilizada por Lacan[47] para representar o falo simbólico Φ (maiúscula) e a castração φ (minúscula). É também utilizada em circuitos elétricos, construção civil e navegação. Na matemática, ela significa uma proporção áurea.

Na Philianálise[48] postula-se que a capacidade de amar é uma parte constitutiva de nossa consciência e pode ser analisada em um processo psicoterapêutico. A base teórica está na contribuição de Viktor Frankl sobre o sentido da vida e nas contribuições de Giulio Tononi sobre a consciência, entre outros.

A partir da análise de casos clínicos com casais e adultos, observou-se que quando a pessoa compreende os mecanismos de sua psique projetados em sua própria história e que não importa o que aconteça em sua vida, ela terá sempre a capacidade de amar, ela encontra maneiras de viver com mais liberdade a sua capacidade de amar, fortalecendo-se diante dos transtornos psíquicos e encontrando o sentido de sua vida, tornando-se também uma promotora da paz.

Alguns pacientes com depressão e síndrome do pânico apresentaram uma melhora significativa quando foram capazes de acessar e demonstrar seu amor, ou quando perceberam que algumas pessoas que eles conheciam precisavam do amor deles.

O termo philia significa, para os gregos, o amor fraterno ou a solidariedade. A primeira letra de philia é Phi, ou φ, no alfabeto grego. A Philianálise é uma forma de analisar os processos da consciência no desenvolvimento da capacidade de amar. O

---

47 *Jacques Marie Émile Lacan (1901-1981) foi um psicanalista e psiquiatra francês, considerado 'o mais controverso psicanalista desde Freud'. Sua obra influenciou muitos líderes intelectuais franceses nos anos 1960 e 1970. Suas ideias tiveram impacto significante no pós estruturalismo, na teoria crítica, na filosofia do século 20 e na psicanálise clínica.*

48 *Termo criado pelo psicólogo Élison Silva Santos para definir a possibilidade de análise da capacidade de amar em cada ser humano e sua relação com a saúde psíquica.*

termo "análise" tem sua origem também no grego, ανάλυση, e significa a resolução de algo complexo em elementos simples, tendo literalmente o significado de ruptura, de deixar algo solto, de solução.

A Philianálise é, portanto, um processo que busca deixar solta a capacidade de amar, libertá-la, e encontrar a solução para a sua realização, não sem um objetivo final, mas como um processo para a cura do vazio existencial e para o fortalecimento da personalidade ante os transtornos psíquicos. A Philianálise tem como propósito não apenas o restabelecimento da saúde psíquica, mas também a profilaxia para os transtornos psíquicos e neuroses existenciais.

Partir da concepção de que o ser humano é constituído para amar pode parecer uma concepção idealista do ser humano. Mas, até que ponto o ideal pode parecer algo negativo ou algo positivo? Lembro-me que em minha primeira jornada de psicologia, ainda no primeiro ano da graduação, em 1997, uma colega levantou a mão para questionar a psicóloga que tinha a incumbência de nos falar a sobre sua experiência clínica em uma palestra, o que fazia com uma visão puramente técnica a respeito do relacionamento psicólogo-paciente, dando-nos uma impressão muito fria da psicologia.

Minha colega Margot, então, levantou a mão e perguntou: "Mas, onde fica o amor?", uma pergunta simples, mas com uma profundidade marcante e que, infelizmente, não foi bem aproveitada pela palestrante que, rapidamente, respondeu que não existia a possibilidade de amor em uma relação terapêutica.

Hoje, 20 anos depois, não tenho dúvidas quanto a levantar minha mão e discordar dessa afirmação. Nosso conhecimento a respeito do que significa o amor é carregado de diferentes e complexos significados e, talvez por isso, traga-nos tanta confusão. Certamente os gregos nos ajudaram muito ao definir os três tipos de amor como eros, philia e ágape.

É muito comum que, quando falamos de amor no campo acadêmico e científico, as pessoas tendam a denominar tais pensamentos como idealistas, pois o amor parece-nos algo demasiadamente subjetivo e superior, algo que transcende a possibilidade de ser mensurado nos conceitos práticos da ciência, algo que seria impossível pretender colocar sob alguma análise científica séria.

De fato, o amor representa algo de superior no ser humano e é exatamente por isso que precisa ser compreendido, pois sua vivência contribui de forma determinante para a manutenção e o desenvolvimento de uma boa saúde mental.

O termo idealismo tem seu ponto negativo, uma vez que represente uma fuga da realidade. Por não conseguir lidar de forma efetiva com os problemas da vida, a pessoa pode buscar devaneios mentais, idealizando situações improváveis e que não têm conexão com aspectos da realidade, como por exemplo, ganhar na loteria. Ainda que exista tal probabilidade, ela não representa um ideal que dependa do trabalho ou das habilidades de alguém.

Por outro lado, idealizar um futuro melhor para a si e para a família, por mais difícil que seja e por mais percalços que se possa imaginar enfrentar no caminho, é algo provável e que depende do esforço, do trabalho, das habilidades e do investimento cognitivo e emocional de uma pessoa.

Um jovem pode se contentar com o que tem e com a situação em que vive e acomodar-se, buscando o conforto da estagnação. Contudo, a acomodação tende a levar ao vazio existencial, ao vício, ao não se importar com o seu lugar no mundo e com o seu papel social, e ao crime.

Um jovem pode também sonhar em ser um grande jogador de futebol, um grande cientista, um astronauta, o presidente de seu país ou um excelente professor e, investindo sua energia em buscar realizar seu ideal, ele acaba por encontrar quem ele realmente é, inserido em um mundo real não como uma passiva

vítima das possibilidades, mas como um agente criador de probabilidades, transformador deste mesmo mundo. Frankl pode
nos ajudar a compreender que um certo idealismo a respeito
do ser humano é necessário para que a pessoa possa ser quem
realmente é.

*"Se parecemos ser idealistas e estamos superestimando,
superando o homem e olhando para ele tão alto, você sabe o
que acontece? Nós o promovemos ao que ele realmente pode
ser" – Viktor Frankl.*

O homem é idealista por natureza. Até o mais pessimista dos
homens é idealista por esperar o pior cenário, ou seja, estamos
sempre idealizando, concebendo o mundo em nossa mente, com
nossas ideias. Nossa relação com o mundo e o futuro se dá no
campo das ideias, portanto, naquilo que é ideal. Buscamos nos
projetar automaticamente para um futuro próximo ou distante.
Nossa mente está estruturada para presumir o futuro baseando-se nas experiências prévias.

Quando lemos um texto em nosso idioma no qual faltam algumas letras, nossa mente já interpreta aquelas palavras com
base nas palavras mais proximamente parecidas que ela conhece.
Projetamos ilusões de ótica para compreender o que vemos de
forma que nos faça sentido. Idealizamos para nos adaptar e para
tornar a realidade mais palatável, mais ao alcance de nossos
sentidos.

Esse mecanismo de projeção e decodificação nos serve como
um mecanismo de defesa, protegendo-nos e preservando-nos
da morbidade da inadaptabilidade. Sem projetar-se para o futuro, seja ele eminente ou de longo prazo, a vida simplesmente
"pareceria" não ter sentido. Se as possibilidades de futuro não
me atraem, minha mente me leva ao passado com o objetivo de

buscar elementos que me motivem a sobreviver no presente. Todo movimento é de autopreservação.

Enquanto esperamos o que desejamos, nossa mente projeta possibilidades, milhares delas. Todas essas possibilidades estão submetidas à vontade, à liberdade e esta, por sua vez, submetida à consciência. Deste modo, vejo-me ante as possibilidades e livre para as executar. Tudo dependerá da minha consciência.

A pergunta do "para quê" é novamente analisada, restando a reflexão do "por quem". Nosso vínculo poderá determinar as decisões, mas, por outro lado, o que nossos vínculos representam para nós? Como os idealizamos?

Um homem, ao analisar uma oferta de trabalho em outro país com todas as vantagens que gostaria e um excelente salário, mas que não permite em nenhum momento que ele leve a esposa dele, pode pensar, de forma pessimista, que ele não tem certeza que ela será sempre uma boa esposa e que, por isso, poderá aceitar a proposta e ir embora.

Por outro lado, ele pensa em seus sonhos ao lado dela e nos objetivos que construirão juntos. Ele simplesmente a idealiza. Ele não tem nenhuma prova concreta de que ela sempre lhe será fiel, de que ela sempre o amará e estará ao lado dele, ele a idealiza porque vê nela aquilo que não é óbvio para os outros, o que não é nítido e nem lógico para a percepção das outras pessoas, e isso só é possível pela capacidade que temos de amar.

Se olharmos ao nosso redor, encontraremos centenas de casos de pessoas que conhecemos que tomaram decisões ilógicas por amor; decisões que não faziam sentido para nós, mas que, para aquelas pessoas, eram a coisa certa a se fazer.

SOBRE A NATUREZA
HUMANA

Agostinho[49] desenvolveu a teoria de que nascemos com o pecado original, de que viemos ao mundo com uma marca negativa, de que a nossa natureza é má, de que somos egoístas e a nossa capacidade de amar é marcada por nossos erros, de modo que só podemos nos consertar por meio da ajuda divina.

Thomas Hobbes[50] afirmou que nossa natureza animal é constituída por características egoístas, que nos levam a pensar somente em nós mesmos, e que vivemos sob um "estado de guerra" que só pode ser organizado mediante contratos que visam os interesses mútuos, buscando uma segurança que só é possível com o convívio social.

As visões de Agostinho e Hobbes fundamentaram a forma como vemos a humanidade até nos dias atuais, pois se somos, de fato, maus desde a nossa concepção, certamente precisaremos de ajuda para sobreviver, seja ela uma ajuda divina ou da própria lei social.

Contudo, não apenas outros filósofos discordaram dessa visão ao longo dos séculos, como também novas descobertas da psicologia e das neurociências nos mostram que o ser humano apresenta características de uma bondade natural que se revela desde os primeiros momentos de vida.

---

49 *Agostinho de Hipona (354-430), conhecido como Santo Agostinho, foi um dos mais importantes teólogos e filósofos dos primeiros séculos do cristianismo. Suas obras primas são 'A cidade de Deus' e 'Confissões'.*
50 *Thomas Hobbes (1588-1679), matemático, teórico político e filósofo inglês, autor de 'Leviatã' e 'Do cidadão'.*

A CAPACIDADE
DE FAZER O BEM

Recentemente, um grupo de pesquisadores das Universidades de Harvard e Yale desenvolveram uma pesquisa que buscava responder à seguinte questão: Nosso impulso automático – nosso primeiro instinto – é agir de maneira egoísta ou cooperativa?

O grupo, formado por David Rand (Professor em Yale), um psicólogo do desenvolvimento com background na teoria de jogos evolucionários, Joshua Greene (Professor em Harvard), psicólogo e filósofo, e outros colaboradores, concentrou-se em dois mecanismos para a tomada de decisão: Intuição e Reflexão. A intuição é normalmente automática e sem esforço, levando a ações que ocorrem sem a necessidade de analisar as razões que existem por trás delas.

A reflexão, por outro lado, está relacionada a pensamentos conscientes, que identificam possíveis comportamentos, analisam os custos e benefícios das possibilidades e decidem racionalmente sobre o curso de ação.

Com essa dupla estrutura de processo na mente, podemos reduzir as complexidades da natureza humana básica para uma simples pergunta: Qual comportamento – de egoísmo ou de cooperação – é intuitivo e qual é o produto da reflexão racional?

A pesquisa envolveu 5 estudos diferentes e chegou à conclusão de que nosso comportamento intuitivo é dirigido para a cooperação[51].

Um grupo de pesquisadores do Centro de Cognição Infantil da Universidade de Yale, coordenados pela Doutora Karen Wynn[52], desenvolveram uma pesquisa com bebês que demonstrou que

---

51 *Publicação na Scientific American em 20 de novembro de 2012. Por Adrian F. Ward.*
52 *Karen Wynn é uma professora canadense e americana de psicologia e ciência cognitiva na Universidade de Yale. Seus estudos exploram as capacidades cognitivas de crianças.*

mais de 87% deles, com apenas 3 meses de idade, sabem discernir entre bom e mau comportamento.

O estudo apresentou aos bebês um cenário com três fantoches. Um deles tentava repetidamente, mas sem sucesso, abrir uma caixa quando um fantoche de camiseta verde vem e ajuda a abri-la. O cenário é repetido, mas desta vez um fantoche com uma camiseta laranja vem, bate na caixa para que ela se feche e sai correndo.

Uma outra pessoa da equipe, que não sabia qual dos dois fantoches havia sido bom ou mau, apresenta os dois fantoches para o bebê. A mãe dele, que estava presente durante todo o processo, fecha os olhos para não o influenciar e o bebê deve tentar alcançar ou simplesmente olhar para o fantoche que escolher.

Esses estudos buscam a conclusão de que os bebês já possuem um senso de moralidade, já sabem discernir entre o que é bom e o que é ruim. Contudo, a questão que se levanta é se este comportamento é apenas o resultado de um processo cognitivo que busca diferenciar um comportamento bom de um comportamento mau, ou se é a amostra de que os bebês estão vivendo, desde o seu nascimento, conforme sua capacidade natural de amar.

Do ponto de vista da Philianálise, os bebês não estão apenas estabelecendo uma relação entre certo e errado, mas estão se conectando naturalmente com o fantoche que, em seu mundo imaginário, representa uma outra pessoa que precisa de ajuda para abrir a caixa. Eles escolhem o fantoche que ofereceu ajuda justamente porque se solidarizaram com o fantoche que precisava de ajuda e se identificaram com aquele que a ofereceu, porque este seria o seu comportamento natural.

Assim, ainda que o resultado seja revelado por meio de um processo cognitivo e que ao final se defina uma moralidade, a raiz dessa atitude está na capacidade inata que todo ser humano possui de amar e de se compadecer daquele que necessita de ajuda.

Sim, somos bons por natureza, e essa verdade pode soar muito estranha para a maioria de nós, pois vivemos em um mundo mergulhado em uma visão distorcida do ser humano, uma visão de que somos maus por natureza e de que precisamos de ajuda social ou divina para nos tornarmos um pouco bons.

Recordo-me que em uma palestra sobre Logoterapia, na qual apresentava os conceitos de Frankl sobre o sentido da vida, um padre levantou a mão e se mostrou surpreso, concluindo que o homem, segundo essa teoria, era de fato um ser muito bom! O interessante desse episódio é a figura do sacerdote católico que, de alguma forma, embora tenha um evangelho de amor para ensinar, tenha também uma visão limitada do ser humano.

Poderíamos concluir que o pensamento cristão presente no Ocidente está equivocado por considerar que as pessoas nascem más por possuírem um pecado original e serem marcadas por uma concupiscência da carne que as leva constantemente e naturalmente para o mal.

Contudo, é o próprio Cristo que apresenta um comportamento que se opõe à visão do mal. Segundo o evangelho, ele constantemente se compadece das pessoas ao seu redor, abre mão de seu conforto para ajudar as pessoas e chega ao ápice de dar a vida por amor aos seus amigos, atitude que, ao final, poderia ser compreendida como a última e mais sublime lição. Amar é a solução para a humanidade.

Poderíamos nos perguntar: o objetivo de Cristo era ensinar uma humanidade que tende ao mal a se sacrificar para amar como ele amou, ou seria ensinar uma humanidade que foi criada para amar, que possui a capacidade natural de amar em sua estrutura biopsicoespiritual, e que precisa apenas encontrar o caminho para melhor viver essa capacidade? Portanto, a visão de que somos maus por natureza contradiria não apenas as descobertas mais recentes da ciência, mas também os próprios ensinamentos de Cristo.

Por outro lado, quando olhamos para os resultados das pesquisas de Yale referentes à reflexão, vemos que quando o ser humano reflete ele tende a ser egoísta. O que essa afirmação pode nos propor como reflexão?

Nossa racionalidade é fundamentada por lições aprendidas desde o início de nossa vida. Aprendemos que precisamos cuidar de nossos interesses porque, muitas vezes, as outras pessoas só pensaram nelas mesmas e se esqueceram de proteger os nossos interesses. A nossa sociedade é marcada pelo individualismo e pelo egoísmo e a nossa razão certamente tenderá a buscar soluções que preservem nosso próprio interesse.

O distúrbio de privação emocional, por exemplo, apresenta um quadro em que a pessoa não recebeu amor incondicional em seus primeiros anos de vida. Dessa forma, além de ter desenvolvido marcas negativas profundas em seu emocional, ela também aprendeu que para seguir sua vida precisaria se proteger, fechar-se em seu mundo e proteger suas emoções, pois sente que não é capaz de amar e de ser amada, além de apresentar muitos outros sintomas depressivos.

Racionalmente, essa pessoa jamais seria capaz de amar, mesmo assim, quando encontra alguém para amar, seus sintomas depressivos tendem a melhorar. A reflexão como estrutura de tomada de decisão está, de certa forma, submetida à intuição, pois mesmo sendo capaz de refletir e encontrar todas as razões lógicas para não amar, a pessoa busca viver o amor.

Se nossa capacidade de reflexão for nutrida com aprendizagens ao longo da vida de comportamentos de amor, ou seja, se crescemos em um ambiente em que as atitudes das pessoas ao nosso redor são mais cooperativas que egoístas, nossas atitudes, mesmo reflexivas e não apenas intuitivas, também tenderão a ser cooperativas e não egoístas.

No ano 2000 aconteceu, em Lisboa, um congresso celebrando os 1600 anos da obra "Confissões", de Santo Agostinho. Nesse congresso estavam presentes 55 conferencistas de 23 universidades para refletir sobre as contribuições de Agostinho de Hipona.

A respeito da ideia do Pecado Original que influenciou o pensamento religioso e a sociedade, podemos compreender que Agostinho desenvolveu esse conceito em resposta à heresia pelagiana sobre o problema da origem do mal. Pelágio[53], um monge britânico, defende que, pela liberdade, o homem se redime a si próprio.

Segundo ele, o pecado de Adão não é hereditário e é desnecessário o batismo das crianças, um tema em debate na Igreja da época. Pelágio pensa ainda que "o homem é livre e responsável pelos seus atos", escreve Henri Tincq[54], e que pode estar "isento do pecado" e se tornar a "imagem" de Deus.

A experiência da conversão de Agostinho mostra o contrário do que defende Pelágio. "Negar o pecado original é negar a salvação de Cristo", ou seja, para acentuar a graça como dom de Deus ao homem, Agostinho afirma que, reduzido à liberdade, o homem pode cair, mas não consegue salvar-se sozinho.

---

53 Pelágio (354-418), teólogo que defendia o livre arbítrio e o asceticismo. Foi acusado por Agostinho de Hipona de negar a necessidade de ajuda divina para realizar bons atos.
54 Henri Tincq (1945), jornalista e vaticanista francês. Especialista em informações religiosas do Jornal Le Monde de 1985 a 2008. Trabalha no jornal La Croix e contribui com a revista Slate.

Daí a necessidade da graça e da salvação oferecida por Deus, que é "original e central", como define Tincq. O pecado original - o mal que entra no mundo por causa da desobediência de Adão a Deus - transmite-se depois pela sexualidade. Segundo esse conceito, a natureza humana é pecadora desde o nascimento, uma ideia que retoma as interpretações literais do Gênesis e das cartas de São Paulo.

"Foi Deus que fez os sexos. Como podia acontecer que aqueles que estavam destinados a unir-se entre si não movam os seus corpos?", pergunta Agostinho em "Acerca do casamento e da concupiscência". Erich Fuchs ("O Desejo e a Ternura", ed. Círculo de Leitores) escreveu que, "contra o maniqueísmo, Agostinho mantém a bondade da sexualidade procriadora e, contra os pelagianos, afirma a força da concupiscência que liga sexualidade e pecado".

A teóloga alemã Uta Ranke-Heinemann[55] contrapõe que foi Agostinho quem concebeu "um Deus déspota, inaugurando uma lógica de medo e de terror para melhor impressionar as almas", e que teria sido "o promotor desta moral que identifica o sexo com o pecado e a concupiscência"

O amor nasce com o ser humano que é submetido pelas leis da natureza à dependência de um outro ser humano, mas não apenas por sua condicionalidade biopsíquica, nasce com sua capacidade de amar porque é capaz de amar, de ir além de si mesmo, ainda que não receba nada em troca.

O ser humano nasce com uma tendência natural a fazer o bem porque traz consigo uma capacidade natural para fazer o bem, uma capacidade que tem: fundamentos biológicos, porque, para sobreviver, precisa dos outros seres humanos; fundamentos psí-

---

55 Uta Ranke-Heinemann (1927), teóloga alemã, acadêmica e autora. Uta é professora de História da religião na Universidade de Duisburg-Essen. De origem protestante, converteu-se ao catolicismo em 1953. Em 1969 Ranke-Heinemann se tornou a primeira mulher a ser professora de teologia em uma universidade alemã.

quicos, porque é capaz de estabelecer vínculos afetivos positivos que lhe auxiliam no desenvolvimento e na conquista de novos conhecimentos; fundamentos existenciais, porque necessita de um sentido para viver e esse sentido se dá na sua relação com os demais; e fundamentos espirituais, porque é capaz de autro-transcendência e autodistanciamento.

A CAPACIDADE DE FAZER O MAL

A capacidade humana de fazer o mal não está relacionada a uma tendência natural para o mal, mas a uma necessidade de proteção ante a possibilidade de sofrer o mal.

Na literatura, é possível encontrar inúmeras descrições que ilustram o mal perpetrado pelo ser humano, como:

- Guerras geradas por ciúmes, como por exemplo Tróia, cuja raiz está na ideia de que o outro está lhe tirando algo importante, como sua esposa e sua honra e, por isso, sente respaldo para iniciar uma guerra;

Guerras geradas por ressentimento, como a Segunda Guerra Mundial, cuja raiz está na ideia de que, tendo se sentido hu-milhado, o homem deve se vingar demonstrando um poder de destruição superior àquele que supostamente não o respeitou;

Guerras geradas pela soberba, como muitas guerras moder-nas, cuja ideia é conquistar recursos naturais para o enrique-cimento próprio, e consequente aumento de sua possibilidade de autoproteção, em detrimento de outros grupos de pessoas;

Guerras geradas por medo, como as guerras religiosas, cuja ideia é a de que os outros desrespeitam de tal forma sua divindade que tais comportamentos trarão castigo sobre todos e, por isso, é importante destruí-los.

Também é possível encontrar exemplos do mal perpetrado nas relações interpessoais, como:

Os assassinatos por motivos passionais, cuja ideia é a de que o outro está lhe tirando algo muito importante, como uma mulher ou homem a quem se ama;

A violência doméstica, cuja ideia é a de que a mulher, por exemplo, pode estar lhe tirando a liberdade ou ameaçando a sua equivocada ideia de direito de poder sobre ela;

O estupro, cuja ideia doentia está em demonstrar que se tem o poder sobre uma outra pessoa.

Em todos esses casos, há um problema específico de desamor, uma ferida no histórico pessoal dos que perpetraram e perpetram tais ações. A guerra e a violência não possuem justificativas plausíveis por infringirem o princípio do bem comum, cuja premissa é a de que todo ser humano é igual em sua dignidade.

Cabe a nós buscar a origem desse mal. Para muitos, a ideia de que ele é natural e constituinte da pessoa pode parecer uma verdade absoluta, mas este pode ser o maior equívoco de nossa história, pois com os conhecimentos que temos hoje da psique humana e de como os mecanismos inconscientes interferem nas tomadas de decisões e atitudes, é possível afirmar, sem sombras de dúvidas, que todas as ações negativas do ser humano tiveram sua raiz em experiências negativas aprendidas ao longo de sua história pessoal.

Se outrora, por exemplo, a mulher não fosse submissa às vontades do homem, não haveria problemas se ela decidisse deixar seu marido para ficar com outro homem, pois ela seria livre para tal decisão, não seria necessário iniciar uma guerra por causa deste simples motivo, pois esse homem não sentiria que sua honra estaria sendo ameaçada diante das pessoas que o rodeavam. Se uma pessoa se sentir perfeitamente valorizada e amada, ela não terá necessidade de impor seu poder para subjugar outras pessoas por meio da violência e da guerra.

Se as mulheres possuírem o mesmo valor na sociedade, inclusive no mercado de trabalho, e se sua dignidade for comumente respeitada por todos, não haverá relacionamentos em que o homem se sinta superior e, se ele não tiver sido criado em um ambiente de desamor e violência no qual aprendeu que a mulher não deve ser respeitada, jamais pensará em estragar sua história de amor apresentando comportamentos violentos contra a mulher que ama.

Até mesmo os atos violentos de personalidades psicopatas poderiam desaparecer se as histórias deles fossem influenciadas por vivências de amor desde o início de suas vidas.

As diferentes teorias motivacionais modernas possuem como base a necessidade de afirmação dos aspectos positivos de uma pessoa. Para que alguém se motive de forma efetiva, é necessário destacar as qualidades da pessoa e demonstrar que ela é capaz de superar seus limites, oferecendo a ela pistas sobre como poderá fazê-lo. O cerne da motivação é a apreciação. A pessoa precisa sentir que é capaz.

É por isso que uma criança amada tem mais chance de encontrar a felicidade do que uma criança não amada, ainda que essa não seja uma afirmação determinista, visto que, tendo sido amada ou não, toda pessoa tem a capacidade de amar e, portanto, a capacidade de ser feliz.

Se a visão de pessoa que possuímos é a de que o ser humano não é capaz de amar sem uma ajuda exterior, seja ela por contratos sociais ou por ajuda divina, estamos dizendo que o ser humano não é responsável por seu amor e, portanto, não é responsável por seu ódio.

Um pai que não consegue cumprir seu papel para com seus filhos e sua esposa poderá dizer que não conseguiu a ajuda divina ou social para exercer seu papel. Assim, ele busca se eximir de sua culpa e pode se esconder em um comportamento dissimulado e em uma vivência sem sentido que poderão levá-lo para o vazio existencial.

Mas, se por outro lado, ele sabe que é capaz de amar e que seu amor depende exclusivamente de suas próprias decisões, então ele buscará constantemente em sua consciência razões para realizar esse amor, fortalecendo sua personalidade, encontrando sentido para sua existência e realizando-se como ser humano.

EQUÍVOCOS SOBRE A SEXUALIDADE

A ideia de que o sexo está relacionado ao pecado original trouxe problemas ainda mais graves para o desenvolvimento humano, pois não se pode afastar da realidade humana sua capacidade de procriação, de forma que o ser humano é um ser sexual e que naturalmente está constantemente experimentando sensações de desejo, atração e prazer.

O que faz com que a sociedade evolua em relação a sua sexualidade não é a proibição da vivência do prazer sexual imposta por castigos divinos ou morais, mas a conscientização da dignidade, do respeito, da liberdade e da responsabilidade que cada pessoa possui diante de si e do outro.

Para suprimir as vivências perversas no campo da sexualidade, seja na realidade do incesto ou do estupro e outras perversões, o ser humano buscou o desenvolvimento de sua moralidade na valorização do outro ser humano, em especial da mulher.

A valorização da mulher nas últimas décadas fez diminuir os casos de violências sexuais e, quanto mais conscientes as sociedades se tornam em relação ao valor da pessoa humana e de sua dignidade inalienável, mais elas evoluem para a diminuição da violência.

Por outro lado, a repressão sexual leva não a uma vivência responsável da sexualidade, mas a uma vivência dissimulada dessa sexualidade que, não encontrando um caminho saudável para manifestar-se, deságua em vivências perversas. Os casos de pedofilia no clero católico são um triste exemplo disso.

Criamos sistemas de conduta baseados em premissas equivocadas sobre o ser humano. Para explicar os atos maldosos do ser humano, estabeleceu-se que todos nascemos com uma tendência ao mal, uma concupiscência que nos leva naturalmente ao mal.

Na verdade, o que temos é uma tendência natural à vida sexual. Pode-se pensar que, se temos uma tendência ao mal, então essa tendência deve estar naquilo que é mais forte em cada um de nós, que é a nossa tendência natural ao relacionamento sexual. Com base na experiência de atendimento a casais cristãos, pode-se observar a presença constante de uma culpa em relação ao ato sexual.

Mulheres e homens que experimentaram uma formação que relacionava seus desejos sexuais ao afastamento de Deus tendem a se sentir culpados diante de diferentes aspectos da vida sexual, mesmo dentro do casamento. Há dificuldade em se experimentar uma liberdade natural que uma vivência sexual saudável requer do casal, e essa dificuldade tende a ser maior quanto mais repressora foram as experiências religiosas no processo de formação, especialmente na adolescência.

Quando se ensina a um garoto adolescente que sua ereção é a representação de desejos que desagradam a Deus, se instaura nele a possibilidade de diferentes tipos de neuroses, pois sempre que ele tiver uma ereção, que geralmente é acompanhada de pensamentos eróticos, se sentirá culpado diante de Deus. Quando se ensina a uma menina que todos os seus desejos e pensamentos eróticos são desagradáveis a Deus, ela sempre se sentirá culpada quando, naturalmente, for visitada por tais desejos.

Por outro lado, as doutrinas religiosas também pedem que o sexo seja vivido de forma plena no casamento, mas como alguém viverá plenamente sua vida sexual a partir do dia de núpcias se sempre aprendeu que seus desejos eram errados?

Embora, as religiões apresentem explicações morais que podem auxiliar os crentes a lidar melhor com essas normas, a experiência real dos casais mostrará que há grandes diferenças entre as teorias e as práticas, de modo que tais teorias também foram elaboradas sobre uma visão de pessoa e que muitas delas são fundamentadas em escritos de muitos séculos atrás, tempo em que a psicologia nem apresentava sinais de seu nascimento.

Hoje sabemos, graças aos conhecimentos desenvolvidos nos últimos dois séculos, em especial no último século, que nossa sexualidade está submetida a uma intencionalidade e que esta, por sua vez, está submetida a uma liberdade pessoal e a uma responsabilidade que abarca a própria pessoa e a consensualidade e a maturidade da outra pessoa. Ou seja, os casais que se mostram conscientes das possibilidades de sua sexualidade e não experimentaram uma formação repressiva de culpa tendem a ter uma vida sexual muito mais saudável.

Uma vez que podem viver sua sexualidade de forma saudável e sem culpa, o casal tende a ter mais intimidade e, portanto, mais amizade e consequentemente uma noção mais clara de igualdade entre os gêneros, gerando mais partilha e produzindo um ambiente mais harmonioso em casa. O resultado dessa dinâmica será um ambiente de amor que influenciará de forma determinante a educação das próximas gerações.

Ainda dentro dessa dinâmica do controle negativo da sexualidade, pode-se destacar o papel do ciúme doentio. Uma vez que a pessoa aprendeu ao longo de sua infância e adolescência que os desejos sexuais são errados e devem ser reprimidos, sua lógica é a de que deve temê-los, pois poderão exercer sobre ela um poder negativo, ou seja, os desejos sexuais são mais poderosos que a consciência humana e a capacidade de discernir sobre como lidar com eles.

Sendo assim, uma pessoa pode pensar que seu marido ou esposa também não tem o poder sobre sua sexualidade e, por isso, não poderá conter seus desejos diante de outras pessoas. É quando, equivocadamente, ela pensa que deve controlar seu cônjuge, sentindo até mesmo que possui o dever de assim fazê-lo, pois ela poderá perdê-lo se não o controlar.

A ideia de que o desejo sexual é mais forte que a capacidade da pessoa de controlá-lo também acaba por retroalimentar a possibilidade do comportamento indesejado, pois uma vez que o homem, ou a mulher, sente que todos os seus comportamentos são vistos como ameaçadores para seu cônjuge, ele também se sentirá reprimido, podendo também desenvolver um ciúme doentio ou então, o que ocorre em muitos casos, acabar por realizar justamente o que o outro tanto teme, a traição.

A educação para que os casais vivam bem suas vidas sexuais e não experimentem a infidelidade não está definitivamente na repressão de seus desejos sexuais, mas na potencialização de suas capacidades cognitivas, na compreensão da dignidade inalienável de cada ser humano e na sua capacidade de amar, ou seja, em uma educação para a vivência do amor.

Por outro lado, além da visão de que o ser humano nasce com tendências ao mal, também foram desenvolvidas, ao longo da história, visões referentes à primazia do mais forte, que se fundamenta na ideia de que, na natureza, os mais fortes sobrevivem e os mais fracos perecem. É fato que a natureza nos traz muitos exemplos de que o mais forte sobrevive em detrimento dos mais fracos. Isso vale para os animais, para as plantas e para os micro-organismos, mas quando essa lei se estabelece sobre o ser humano, temos um equívoco.

O ser humano, diante de outros animais, pode perecer se for mais fraco, mas o ser humano ante outro ser humano não pode perecer por sua fraqueza, pois significa o enfraquecimento da humanidade daquele que teoricamente é o mais forte. Para o ser humano, os músculos não representam mais força; se assim o fosse, os sapiens não teriam se sobressaído sobre as outras raças humanas. Como defende Yuval Harari, o ser humano é forte por sua capacidade cognitiva, por ser mais inteligente.

Contudo, há outro aspecto que faz o ser humano diferente dos outros seres da natureza, e esse aspecto é sua capacidade de amar. Nenhum outro ser é capaz de se sacrificar por seu semelhante sem esperar nada em troca. O que nos faz humanos não é nossa a capacidade de matar outros humanos, ou de subjugá-los sob nosso poder, mas a nossa capacidade de conviver com as diferentes características que cada ser humano apresenta.

Para Thomas Hobbes, que acredita que o ser humano não é sociável por natureza, a situação dos homens deixados a si próprios é de anarquia, insegurança e medo. Este autor postula que, assim como a figura bíblica do Leviatã, um monstro marinho que defende os peixes pequenos de serem comidos pelos mais fortes, deve haver uma estrutura maior que proteja o ser humano e que essa estrutura é o direito que rege o Estado, um contrato social.

A premissa de Thomas Hobbes é equivocada, pois não é possível deixar o homem a si próprio desde sua concepção para se afirmar que ele assim tenderia à anarquia, à insegurança e ao medo.

Do ponto de vista epistemológico, o argumento de Hobbes poderia nos levar a uma conclusão oposta de que quando o ser humano é abandonado pelos outros seres humanos, especialmente nos anos mais iniciais de sua existência, ele experimenta o medo e a insegurança e pode assim desenvolver comportamentos de anarquia e violência.

Por outro lado, sua construção teórica da necessidade de um contrato social para proteger a todos revela a tendência do ser humano de buscar naturalmente o convívio social harmônico, pois é este mesmo ser humano que busca a construção organizada de um Estado de direito.

Retomando as palavras de Epicuro (300 a.C) quando ele afirma que entre amigos a noção do justo não tem mais lugar – não por irrupção da injustiça, é claro, mas pela superação do cálculo sobre o qual se fundam os contratos, exaltando a amizade como a lei do ser-sábio – podemos contrastar os fundamentos da Psicologia do Amor Solidário com a visão de Hobbes sobre o Estado. Assim, teríamos uma constituição política que rege o Estado não como uma necessidade de proteção dos mais fracos, mas como uma necessidade de mobilização social para a vivência da amizade entre todos.

CAPÍTULO 05

A PSICOLOGIA DO AMOR

ELEISON, A COMPAIXÃO EM NÓS

O termo Eleison vem do grego ελέησον e quer dizer "tenha misericórdia", ou "tenha piedade"; é um imperativo.

Embora eu deva reconhecer que essa palavra chamou minha atenção na adolescência por se parecer com meu nome, talvez a vida tenha me reservado esta grata surpresa quando, mais tarde, eu vim a estudar a Psicologia do Amor, postulando que essa psicologia também pode ser do amor solidário e para a qual o termo Eleison é justamente a expressão que faltava para completar o sentido, sentido esse que fundamenta a teoria que venho buscando desenvolver ao longo de quase vinte anos de estudos.

Se, por um lado, temos a capacidade de amar e, acessando esta capacidade, potencializando-a e colocando-a em movimento podemos alcançar a realização pessoal, por outro temos também a necessidade da compreensão do outro, uma compreensão não apenas racional do ponto de vista cognitivo e intelectual, mas uma compreensão afetiva que só é possível também graças a essa mesma capacidade de amar.

Assim, se para sair de si mesmo em direção ao outro o ser humano precisa amar, para que o outro venha em sua direção o ser humano precisa contar com o Eleison, ou seja, com a misericórdia do outro.

Quando falo de amor, não falo apenas do amor apaixonado entre os casais ou do amor específico entre os membros de uma família, como entre irmãos ou entre pais e filhos, ainda que todos esses tipos de amor façam parte desta complexa capacidade de amar que o ser humano possui. Aqui, busco compreender uma característica específica do amor que é capaz de unir a humanidade, ou como Max Scheler o definia, como a própria "salvação" da humanidade, de tal modo que, ao fim e a cabo, o amor é a solução para, se não todos, a maioria dos problemas da humanidade.

Mas, o que é o amor? O termo Eleison expressa um imperativo categórico do qual todos nós somos ao mesmo tempo anunciadores e ouvintes. Estamos sempre a pedir a misericórdia do outro e a contar com ela para superarmos nossas culpas e estamos constantemente ouvindo do outro esse mesmo pedido, percebendo em seu olhar essa mesma esperança.

A palavra misericórdia no dicionário da Língua Portuguesa apresenta o seguinte significado: "sentimento de dor e solidariedade com relação a alguém que sofre uma tragédia pessoal ou que caiu em desgraça; dó, compaixão, piedade. Ato concreto de manifestação desse sentimento, como o perdão; indulgência, graça, clemência. Interjeição exclamação de alguém que pede que o livrem de castigo, de ato de violência ou da morte".

Do latim, a palavra misericórdia representa a junção de duas palavras: miseratio, que significa compaixão, e cordis, que significa coração. Dessa forma, podemos entender a palavra misericórdia como "coração compadecido".

A palavra compaixão, por sua vez, tem o seguinte significado no dicionário da Língua Portuguesa: "Sentimento piedoso de simpatia para com a tragédia pessoal de outrem, acompanhado do desejo de minorá-la; participação espiritual na infelicidade alheia que suscita um impulso altruísta de ternura para com o sofredor".

O conceito de "Deus misericordioso" está presente nas principais religiões do mundo, no Cristianismo, no Judaísmo e também no Islamismo. Sendo Deus misericordioso, o ser humano se sente questionado, Se por um lado há um movimento impulsivo de revidar o mal com o mal, por outro há um questionamento presente em sua consciência, uma voz que, no mínimo, lhe interpela: "será?", ou "seria essa a melhor forma de responder ao mal?".

Se Deus quis ser misericordioso, não deveria eu também querer ser misericordioso? Se Deus pode ser misericordioso, poderia eu também ser misericordioso?

Ainda que, por vezes, tentemos nos esquivar desse convite, pois o prazer de responder aos instintos mais primitivos de vingança pode parecer superar a reflexão suscitada pela voz da consciência, "no fundo" sabemos de algo que não nos deixa sossegados, ou seja, sabemos que de fato podemos ser misericordiosos.

Em meu trabalho clínico de atendimento a casais, observo constantemente o quanto a vida familiar propõe um desafio para cada um. Um homem respeitado socialmente e em seu trabalho pode exercer um papel inquestionável como diretor de uma empresa sendo profundamente eficiente, pois esse é o papel que exerce ali. Chegando em casa, ele se depara sempre com os desafios propostos pela esposa e pelos filhos, desafios para os quais a universidade não o preparou, pois suas habilidades técnicas não o ensinaram a ser o melhor marido e o melhor pai. De fato, nenhum de nós teve tal formação.

Ainda que tenhamos vários cursos de como cuidar dos filhos, por exemplo, sempre nos depararemos com as diferenças de cada pessoa, sempre nos depararemos com o convite especial que a vida nos faz para lidar com o improviso, para nos depararmos com o diferente.

Dessa forma, por mais que um pai seja o "melhor pai do mundo", ele nunca será perfeito, pois ele sempre se deparará com as suas limitações, e isso é perfeitamente normal. O que faz a família ser família não é sua busca compulsiva pela perfeição, mas sim um ambiente no qual o amor está presente, pois ainda que os pais amem os filhos, eles também sempre precisarão de misericórdia para compreenderem seus erros, suas limitações.

É fato que isso também se faz verdadeiro para os filhos, porém com uma conotação ainda mais importante e especial. Nesse ambiente de amor, os filhos estão aprendendo, estão desenvolvendo sua maneira de lidar com as situações que enfrentarão no futuro e estão se preparando para construir sua própria família.

Precisamos de uma certa quantidade de ambição para conquistar nosso espaço no mundo e, ao mesmo tempo, precisamos de uma certa quantidade de humildade para saber que há muitos espaços que não nos pertencem. Só há uma forma de conhecermos e desfrutarmos outros espaços: por meio da amizade.

A dialética que o amor nos impõe repousa sobre o fato de que todos partilhamos um único planeta em um determinado espaço de tempo. Não há um planeta para cada pessoa, nem somos eternos, ao menos até onde podemos compreender nossa existência, e para tudo dependemos de outras pessoas: para nascer, para sobreviver aos primeiros meses de nossa vida, para termos filhos e para nos realizarmos. Nossa vida estar limitada e aceitar esses limites pode ser um movimento difícil para algumas pessoas, mas é justamente na aceitação das verdades que nos envolvem que encontramos ainda mais fundamentos e motivos para viver o amor.

Na dinâmica da vida, estamos sempre nos deparando com nossa consciência, como um órgão de sentido, como diria Frankl, que serve como um medidor de quão boa e quão má é nossa existência. Vemo-nos entre desejos de realizar boas coisas, alcançar o lugar do "ser bom" para poder oferecer o que há de melhor para os outros e a possibilidade de falharmos e realizarmos coisas que podem nos colocar em uma posição contrária ao que desejamos.

Quando erramos, nossa consciência aponta o erro e gera o que chamamos de culpa. A culpa só tem um sentido de ser no mundo saudável: ela serve para nos colocar novamente nos trilhos da realização do bem e na vivência do amor.

Portanto, a vivência contínua da culpa é doentia e contrária à vivência saudável, pois ela bloqueia a pessoa de realizar o bem. Uma pessoa que fica se remoendo na culpa se angustia, se fecha, se deprime, se sente indigna, e isso tem um efeito ainda mais danoso para a psique humana que a não realização do bem possível.

Digamos que um pai tenha, inadvertidamente, sido muito duro com seu filho, além do que gostaria, porque estava muito nervoso. Ele poderá ficar dias sem exercer seu papel de pai por se sentir culpado e remoer essa culpa dentro de si, mas, durante este tempo, seu filho precisou dele por várias vezes, em várias situações, e ele não se fez presente. Enquanto ele se penalizava por ter feito algo errado, deixava de fazer muitas coisas boas.

PHILIANÁLISE OU PSICOLOGIA DO AMOR

Seria possível uma psicoterapia do amor ou uma análise da capacidade de amar?

As abordagens psicoterapêuticas e analíticas estão constituídas sobre uma determinada visão da pessoa humana, seja pela repressão sexual apontada por Freud em seus escritos, seja pela discussão teórica que Frankl estabeleceu com a Psicanálise de Freud, seja pelas especulações filosóficas dos teóricos da fenomenologia, seja pelas conclusões geradas de diferentes experiências clínicas, seja pelos experimentos laboratoriais ou pelas pesquisas estatísticas.

Todas essas formas de conhecimento passaram pelo crivo da visão de pessoa que cada teórico possuía quando desenvolveu sua obra. Isso também vale para os teóricos que escreveram sobre o ser humano séculos atrás e cujas obras foram transformadas pelas religiões em verdades eternas.

A psicologia é uma ciência e, como ciência, cuida do conhecimento científico que, diferente do religioso, é um conhecimento refutável, ou seja, toda teoria pode ser provada estar errada à medida que o conhecimento se desenvolve. Transformar a Psicanálise de Freud em uma verdade absoluta seria, então, transformá-la em uma religião, ou, da mesma forma, transformar a

Logoterapia de Frankl em uma verdade absoluta seria transformá-la em uma religião, o que obviamente não é e nem era o desejo de nenhum desses autores.

O ser humano está em constante desenvolvimento, bem como os conhecimentos que desenvolvemos a seu respeito. É fato que cada teórico devotou anos de estudos para desenvolver suas teorias e que elas foram também construídas a partir de experiências clínicas profundamente estudadas e revisadas ao longo dos anos, portanto o que se construiu permanece sendo para nós, cientistas da mente e do comportamento humano, um aparato de alto valor, necessário para continuarmos retomando e buscando avanços à medida que a realidade da vida humana também se transforma.

Considerando a importância de utilizarmos as ferramentas das abordagens existentes que se aplicam a vários tipos de psicopatologias, neuroses e crises existenciais, que seguem ajudando homens e mulheres de todas as idades, a Psicologia do Amor, antes que uma teoria psicoterapêutica, propõe uma ampliação da visão de pessoa.

Viktor Frankl nos ajudou a reconhecer a existência de um núcleo essencial na pessoa humana que é sua dimensão espiritual. Na Psicologia do Amor, esse núcleo tem uma característica essencial que é regida pelo sentido do amor e está diretamente ligada a todos os aspectos da pessoa humana biopsicoespiritual. O amor, entendido como constituinte do ser representado pelo conceito de philia, é uma força motora das inter-relações humanas, do desenvolvimento psíquico e da forma com que a pessoa se apresenta ao mundo e manifesta sua identidade.

No que diz respeito à forma como podemos relacionar essa teoria a uma aplicação prática terapêutica, penso que mais do que propor uma abordagem psicoterapêutica ou analítica, a Psicologia do Amor propõe uma análise essencial.

A análise existencial, como o próprio nome diz, tem seu pressuposto na existência humana, o que já é uma análise mais complexa que a análise apenas do psiquismo humano em sua psicodinâmica. A análise essencial parte do fundamento de que a essência da vida humana não pressupõe a existência, mas revela o seu cerne mais valioso. Há um núcleo humano que é noológico.

Assim como a célula tem um núcleo e o núcleo é o primeiro a surgir e carrega todas as características existenciais da célula, o ser humano também tem um núcleo cuja principal característica é a capacidade de amor philia. Não se trata aqui de uma concepção religiosa, mas de uma concepção ontológica.

Antes que se conceba uma pessoa, ela pode ser desejada por seus pais; estando em outro país e sem se comunicar, ela pode despertar diferentes emoções nas pessoas que a conhecem; tendo falecido há muitos anos, ela pode continuar influenciando a vida das pessoas que a conheceram e, por meio de suas obras, pode influenciar as pessoas que não a conheceram. Tendo sua essência se manifestado em sua existência de forma contundente, sua existência traz sentido para as pessoas ao seu redor e exerce uma força motivadora na sociedade em que se manifesta.

Um trabalho de análise ou de psicoterapia tem como pressuposto a visão do analista ou terapeuta, de modo que, embora não seja ele o agente da cura, os fundamentos de sua visão de pessoa influenciam no processo terapêutico e analítico.

No início do século passado, Freud utilizou a metáfora de Leonardo da Vinci sobre a forma com que trabalhava a escultura per via di levare, como uma referência à forma com que a Psicanálise trabalhava com seus pacientes, ou seja, a metáfora se refere a obra do escultor que, diante de uma pedra bruta, retira artisticamente o que está sobrando para que a escultura que está escondida venha para fora. No que diz respeito à Psicanálise, a ideia é retirar também os conteúdos que impedem a vida de se mostrar.

Essa metáfora é brilhante e nos permite também reafirmar que a visão do analista ou terapeuta é determinante, pois se, por algum equívoco teórico, ele tender a desenvolver uma visão de pessoa mecanicista – na qual o ser humano é um "nada mais que", prisioneiro de seus condicionamentos – a terapia ou análise poderá ser direcionada de forma a buscar uma harmonia homeostática para lidar com tais limitações sem de fato curar ou auxiliar a pessoa em um processo de superação, além de que provavelmente nunca terá fim.

Se, por outro lado, a visão do terapeuta ou analista é a de que a pessoa escondida nessa obra é um ser humano livre, apesar de seus condicionamentos; de que, como afirma Frankl, por trás de todo enfermo há uma pessoa verdadeiramente sã; de que essa pessoa não é apenas formada pelo biopsíquico, mas também por uma dimensão espiritual cuja característica não é individualista, mas sim comunitária; e de que a pessoa escondida nessa obra tem uma tendência natural a realizar-se por meio da vivência do amor e possui em si a capacidade de amar, então o processo terapêutico tenderá a ser muito mais eficaz e com resultados verdadeiramente curativos e transformadores.

A Psicologia do Amor propõe uma visão de pessoa que considera a visão freudiana e fundamenta-se na visão de Viktor Frankl no que diz respeito à ontologia dimensional e à busca pelo sentido da vida. Compreendendo a busca do ser humano pelo prazer, pelo poder e principalmente pelo sentido da vida, a Psicologia do Amor não nega tais características, porém afirma uma busca ainda maior, a busca pelo amor, no sentido de necessidade essencial por receber amor, mas com um sentido existencial mais determinante para a sua realização do ser humano: a necessidade essencial de AMAR.

A busca primordial do ser humano é pelo "amar" e, sendo assim, uma forma de considerar a análise essencial do ser humano é percebê-lo como um ser que busca o sentido de sua vida na possibilidade de amar, que busca o prazer para sua vida na possibilidade da vivência de um encontro fecundo com o outro que se dá pela vivência do amor, que busca o poder para estar apto a significar e oferecer mais para o outro e, então, poder amá-lo.

O amor traz, de tal forma, um registro da identidade de uma pessoa na vida do outro no momento histórico em que vive e perpetua o sentido de sua própria existência na existência dos outros, oferecendo à pessoa a possibilidade de tornar-se ainda maior, ou seja, tornar-se o que de fato deve ser.

O termo Philianálise parte do pressuposto de que a pessoa humana a ser resgatada per via de levare é uma pessoa cuja constituição é biopsicoespiritual e cuja busca predominante é pela possibilidade de amar. Philianálise é, portanto, a análise do amor, ou melhor, a análise da capacidade de amar e sua dinâmica representada por uma busca pela possibilidade de amar.

Uma vez que a pessoa reencontre em sua vida o caminho pelo qual é capaz de imprimir o sentido de sua existência na vida de outras pessoas, ela estará apta a superar muitas de suas limitações, acessando, assim, o que tem de mais forte dentro de si, que é a sua capacidade de amar.

Ao longo de meu trabalho como psicólogo clínico e terapeuta de casal, pude presenciar muitas situações em que meus pacientes encontraram um caminho singular para a superação dos problemas que enfrentavam. Pude presenciar a história de várias mulheres que viram seus sintomas psicológicos diminuírem significativamente quando, por exemplo, souberam que estavam grávidas. A gravidez, como sabemos, traz consigo muitas mudanças hormonais e, no que diz respeito aos aspectos orgânicos, essas mudanças afetam também o psicológico da mulher, mas não o define.

É possível, por exemplo, observar casos de mulheres que, não aceitando sua gravidez, adoeceram psiquicamente, seja pela negação da realidade, seja também pela negação de viver o que a própria consciência as movia a viver, ou seja, o amor.

Quando há uma aceitação, como nos casos de minhas pacientes, há uma abertura para a capacidade de amar. Assim, a consciência encontra espaço para manifestar sua essência constituída para amar, algo que não se revela apenas como uma simples aceitação, mas se manifesta como uma vontade de receber uma outra vida humana, uma visão de que aquela gravidez representa algo maior, uma realização singular e carregada de sentido, um presente, que deve ser aceito com repleta gratidão e amor.

Sendo assim, torna-se improvável a possibilidade do adoecer-se ante a possibilidade do amar, pois sendo o ser amado necessitado do meu melhor, não poderia oferecer-lhe menos que isso, pois o amo com todas as minhas forças.

Em um caso, a paciente havia sido encaminhada por um psiquiatra e carregava consigo um diagnóstico de bipolaridade e síndrome do pânico, estava em tratamento medicamentoso e fazia suas sessões psicoterápicas semanalmente. Quando ficou grávida, ela parou com os medicamentos, as crises de pânico cessaram, os sintomas de bipolaridade desapareceram e ela mostrou, durante aqueles nove meses, ser uma pessoa tranquila, cuja ansiedade e obsessividade haviam diminuído drasticamente. Esse quadro se manteve mesmo durante vários meses após o nascimento de seu filho, quando ele já não dependia mais exclusivamente da amamentação no peito.

O trabalho da terapia de casal nos possibilita testemunhar inúmeros casos de amor, pois os casais buscam a terapia quando estão enfrentando problemas sérios em sua dinâmica de relacionamento. Muitos deles veem a terapia de casal como uma última esperança, ou um último passo antes da separação.

Há muitas situações que trazem sofrimento no relacionamento de um casal, como incompatibilidades de temperamento, diferenças culturais, diferenças de costumes, de modos de ver a vida, problemas pessoais de fundo biológico ou psicológico, problemas no campo da vida sexual, traições de diferentes tipos e formas, decepções e frustrações.

Se para cada problema existisse um remédio específico, o processo terapêutico seria mais fácil, mas não apenas para cada problema há diversas formas de se resolver, como para cada pessoa há também diversas formas de se conceber cada problema.

Geralmente, o que se revela como determinante nesse processo não são os problemas ou suas raízes e a forma como são percebidos, mas a capacidade que ele e ela possuem de superar esses problemas, capacidade esta que tem sua raiz no amor que um sente pelo outro. Só se submete a um processo profundo e muitas vezes desgastante de busca pela solução dos problemas a pessoa que, de alguma forma, sabe que ainda existe amor.

A dinâmica dos relacionamentos humanos passa pela constatação de que estamos conectados, queiramos ou não. Essa realidade não é subjetiva e nem pode ser relativizada por nossa mente pelos vínculos familiares; pelos interesses em comum; pelas relações amorosas e de amizade; pela nacionalidade; pela religiosidade; e nem pelo fato de fazermos todos parte de uma raça que compartilha um mesmo planeta em um mesmo tempo histórico, em um mesmo espaço no universo.

Para a Psicologia do Amor Solidário, a teoria de uma guerra justa não faz sentido, pois não há possibilidade de destruir outra vida humana quando se permite viver a capacidade de amar.

O amor faz do ser humano mais inteligente, pois o pressiona a buscar soluções pacíficas que visam o convívio harmonioso e o leva a uma autoanálise sincera e honesta que reconhece suas responsabilidades, mesmo ante as dificuldades e limitações do outro.

Assim, não importa quem ordena a guerra ou qual seja o motivo da guerra, como havia postulado Agostinho de Hipona, mas sim que ambos os lados possuem razões suficientes para se compreenderem e coexistirem, mesmo que ainda não as tenham encontrado.

Para isso existe a diplomacia, uma realidade que é fruto de uma evolução humana. Hoje, comete-se menos assassinatos, há menos guerras que outrora, ao passo que nunca houve tantas missões diplomáticas espalhadas ao redor do globo terrestre. Contudo, mesmo a diplomacia pode ser usada para enganar e oprimir, pois sempre dependerá de que como as pessoas a conduzem.

O QUE É O AMOR

Por mais que procuremos uma definição melhor sobre o amor, não encontraremos uma explanação mais completa e que mais se aproxime do real significado e sentido do amor do que as palavras de Paulo expressas em sua carta aos Coríntios:

"Ainda que eu falasse as línguas dos homens e dos anjos, se não tiver amor, sou como o bronze que soa, ou como o címbalo que retine. Mesmo que eu tivesse o dom da profecia, e conhecesse todos os mistérios e toda a ciência; mesmo que tivesse toda a fé, a ponto de transportar montanhas, se não tiver amor, não sou nada. Ainda que distribuísse todos os meus bens em sustento dos pobres, e ainda que entregasse o meu corpo para ser queimado, se não tiver amor, de nada valeria! O amor é paciente, o amor é bondoso, não tem inveja. O amor não é orgulhoso, não é arrogante, nem escandaloso, não busca os seus próprios interesses, não se irrita, não guarda rancor, não se alegra com a injustiça, mas se rejubila com a verdade. O amor tudo desculpa, tudo crê, tudo espera, tudo suporta. O amor jamais acabará. As profecias desaparecerão, o dom das línguas cessará, o dom da ciência findará. A nossa ciência é parcial, a nossa profecia é imperfeita". (I Cor 13, 1-9)

ONTOLOGIA DO AMOR

Ser humano é em sua essência estar constantemente em movimento. A vida pulsa num movimento e quanto mais se movimenta um corpo, mais tendemos a dizer que aquela pessoa está vívida.

Tomemos o exemplo de uma criança: temos como algo saudável quando uma criança está correndo por toda parte, desbravando o mundo ao seu redor, fazendo suas peripécias e se alegrando com suas novas descobertas constantes. Ainda que ela enfrente momentos de dor, quando cai e se machuca, está demonstrando sua energia vital, está mais viva que a maioria dos adultos.

Tomemos também o exemplo de um atleta de alto rendimento. Durante os jogos olímpicos podemos testemunhar histórias de homens e mulheres que treinam cerca de seis horas diárias buscando, por meio de seus movimentos, fortalecer, aperfeiçoar e otimizar suas capacidades físicas e mentais. Tudo isso é movimento, e nós exaltamos o movimento, nós exaltamos a vida que pulsa ao nosso redor.

Mas há vida quando tomamos como exemplo um homem enfermo, acamado, em repouso? O que podemos dizer sobre este homem? Certamente há vida, mas não há o movimento das crianças, nem os treinos constantes do atleta. Em lugar disso, há um pulsar do coração, há um movimento interno, ainda que limitado, mas há vida e, além dos movimentos mecânicos do corpo, há os movimentos mentais, uma gama infinita de possibilidades de pensamentos e emoções que o mantêm vivo, em sintonia com seu corpo, ainda que limitado.

O coração, que é o órgão mais importante para manter o corpo pulsando movimento, é formado por músculos ocos e revestido por uma bolsa de líquido, chamada pericárdio. Ele bombeia cerca de 74 mil litros de sangue por dia e exerce uma força que pode espirrar o sangue a 10 metros de altura.

Quando acontece uma morte cerebral, a pessoa está morta, mas seus órgãos podem ainda funcionar graças ao coração. Contudo, quando o coração para, os órgãos não podem mais funcionar. Há mais de 40 mil neurônios formando um corpo neural próprio no coração. Esses neurônios se comunicam com o cérebro e, por exemplo, quando uma pessoa está estressada, seus batimentos cardíacos aumentam. Em situações de susto ou pânico, os batimentos cardíacos podem passar de normais 70 batidas por minuto para cerca de 150 batidas por minuto.

O pericárdio é formado por duas membranas transparentes que envolvem o coração e sua função principal é a de proteger o pulmão de traumatismos causados pelos batimentos cardíacos.

O batimento do coração é formado por duas fases principais: a contração, que tem o nome de sístole e é responsável pela ejeção e esvaziamento; e a fase de relaxamento e enchimento de suas câmaras, que é chamada de diástole. O próprio coração possui mecanismos precisos de ajuste da frequência dos batimentos cardíacos, mas há também fatores externos que podem interferir diretamente na frequência dos batimentos, como o sistema nervoso e os hormônios.

A adrenalina, por exemplo, que é liberada pelo corpo diante de situações de ameaça ou perigo, provoca a taquicardia, ou seja, a elevação da frequência cardíaca, e a pessoa só pode saber se está em uma situação de perigo ou não por meio de suas capacidades mentais, o que ainda está relacionado a uma gama de conhecimentos pré-adquiridos. Em outras palavras, o coração não sabe se está em perigo, só será informado pelo do cérebro.

Uma criança só saberá que uma tomada é perigosa se seus cuidadores reforçarem nela a atenção diante daquele objeto, ou quando ela experimentar um choque. Para nós, é mais fácil quando pensamos em situações de perigo claro e que podem colocar nossa saúde física em risco, mas há inúmeras outras situações em que ficamos nervosos, alteramos nosso batimento cardíaco e experimentamos a taquicardia, e muitas dessas situações não expressam um risco para a nossa saúde física.

Por exemplo: quando um marido briga com a esposa; quando alguém faz algo que você não gostou; quando uma pessoa é ridicularizada, humilhada, ofendida; ou quando uma pessoa é traída ou até mesmo criticada, os riscos psíquicos, mais que os riscos físicos, que ainda assim dependem do aprendizado de cada um, são profundamente relacionados às situações e, principalmente, a cada pessoa.

Podemos citar como exemplo as pessoas nervosas no trânsito. Na cidade em que vivo é fácil ver gestos de descontentamento, para não dizer ofensas, no trânsito, principalmente nos horários de pico e mesmo em ruas onde o limite de velocidade é bem baixo.

O que acontece com essas pessoas? Ao mesmo tempo, em situações semelhantes, há pessoas no carro ao lado que permanecem tranquilas, ou ao menos aparentemente tranquilas. É possível permanecer em paz no trânsito, tudo depende do que cada pessoa constrói para si mesma, das prioridades do dia em que está vivendo e de uma gama de experiências prévias que a prepararam para lidar com situações difíceis de uma forma mais tranquila.

Há diversas pessoas que podem lidar melhor com estresse: eu, por exemplo, como psicólogo que constantemente trabalha com o estresse dos pacientes e busca ajudá-los a encontrar o lugar de paz em sua rotina diária, certamente estou mais preparado para lidar com o estresse; o médico cardiologista, que constantemente presencia as consequências danosas de uma vida cheia de estresse, também está mais preparado para lidar com mais calma com o trânsito que enfrenta; aquele homem que, antes de sair de casa pela manhã, fez suas orações ou meditações; ou aquela mulher que fez seus exercícios físicos antes de sair.

Quantas são as razões pelas quais uma pessoa pode dar uma resposta mais tranquila diante das eventualidades do trânsito! A questão à qual chamo a atenção do leitor é justamente para o fato de as respostas serem subjetivas, relativas às situações e às pessoas.

Se uma pessoa pode dar uma resposta mais saudável a uma situação adversa, a priori, ao menos teoricamente, todos podemos conseguir chegar a esse nível de maturidade psíquica, todos podemos construir caminhos para também dar uma resposta saudável e, assim, nos proteger das consequências drásticas do estresse ou dos sentimentos de raiva e ódio.

As sensações manifestadas no coração e pelo coração são consequências de como vivemos nossa vida, e a forma como vivemos depende da relação que estabelecemos entre nossa mente, nosso corpo e o mundo a nossa volta. Uma pessoa que sabe que sua existência é marcada por sua capacidade de amar poderá facilmente pensar que as pessoas que estão estressadas ao seu redor precisam do seu amor.

Assim, quando uma mulher nervosa fechar seu carro no trânsito, ou buzinar desesperadamente perto de você, você não dará espaço para sentir raiva ou ódio, mas simplesmente pensará em como essa mulher está infeliz, em como ela está lidando de forma equivocada com a vida e em que tipo de problemas ela deve estar enfrentando. Sua atitude primeira será de compaixão.

Agora, analisemos a possibilidade de essa mesma mulher bater no seu carro e lhe causar um dano material. Qual seria sua melhor atitude? Se sua postura diante da vida é a de dar espaço para sua capacidade de amar, você buscará acalmar essa mulher, acolhê-la em seu desespero e, depois, de forma racional, garantirá que ela pague pelos estragos que causou em seu veículo, porque uma forma de amar é ajudar a outra pessoa a assumir as próprias responsabilidades.

O amor é objetivo, claro, verdadeiro, tranquilo, calmo, saudável para a mente e para o coração e, consequentemente, saudável para a sociedade.

O estresse negativo está relacionado a um modo de vida de desamor. Quanto mais desamor no ambiente, mais estresse e problemas psicológicos. Viver em um ambiente de desamor exige que a pessoa desenvolva uma gama de mecanismos de defesa, mecanismos estes que despertam no corpo sensações de luta e fuga, uma tensão cujo objetivo é a proteção e a autopreservação. O ambiente de amor, por outro lado, causa sensações de motivação que liberam sonhos, desejos e uma tensão positiva cujo objetivo é a evolução e a construção.

O desamor faz o ser humano se desgastar e o mantém em um submundo de frustrações, ao passo que o amor faz o ser humano investir suas energias no desenvolvimento pessoal para ampliar suas possibilidades de fazer o bem aos que estão ao seu redor. Com o amor o ser humano se realiza, torna-se construtor, agente, e não vítima.

PSEUDOAMORES

O termo "pseudo" encontra no dicionário os seguintes significados: de teor falso, enganador ou errôneo. É comum utilizarmos o termo como um prefixo para dizer que algo é falso. O amor também pode ser falso, enganador ou errôneo. Uma vez que estamos sempre buscando o amor, podemos nos enganar e, ao invés de encontrar o amor, encontramos os pseudoamores.

A busca pelo amor e pelo "amar" é constante em nossa vida. Queremos fazer parte de um grupo, buscamos satisfazer nosso sentimento de pertença e desejamos contribuir para com este grupo. O reconhecimento é, nada mais, nada menos, que o certificado que uma pessoa busca de que está de fato cumprindo seu papel na sociedade, contribuindo, oferecendo o melhor de si e produzindo frutos, em outras palavras, amando.

Um marido diz que ama sua esposa, mas ela, em sua insegurança, acha que pelo fato de ele ir ao futebol todos os domingos, ele não a ama. O marido pode, nesse caso, para dar uma prova de seu amor para a esposa, deixar de ir ao futebol e dizer para ela que ele a ama, e ela pode aceitar esse gesto como prova de amor. Digamos que esse mesmo marido, secretamente, está tendo um caso no trabalho.

Dessa forma, abrimos uma reflexão sobre o sentido do amor, pois ele faz o que a esposa pede, mas, sem que ela saiba, não cumpre com o seu compromisso de fidelidade. Assim, temos dois pontos de pseudoamores em uma só reflexão:

O primeiro é a esposa impor como prova de amor que ele deixe o futebol, pois objetivamente esse fato não significa que a esposa está agindo com amor para com seu marido, já que está lhe impondo uma exigência que o priva de algo saudável e prazeroso sem buscar um acordo de consentimento;

O segundo ponto está na atitude do marido que, equivocadamente, busca um relacionamento paralelo, deixando de buscar um diálogo honesto e sincero com sua esposa.

Evidentemente, para ambos casos, na vida real, há milhares de possibilidades causais. O que sugiro aqui é que muitos equívocos podem surgir na cabeça de uma pessoa quando ela se engana, pois os pseudoamores geralmente são consequências de uma atitude de fuga, de simulação. Nesse caso, o marido simula que é fiel e dissimula ao esconder suas atitudes buscando agradar a esposa.

Amar é confiar e fazer de tudo para que o outro seja melhor, o que não significa fazer sempre as vontades do outro. Um casamento representa uma parceria na qual ambos se dirigem juntos para um objetivo em comum, é um acordo de amigos que se entregam um ao outro para buscar a felicidade, comprometidos em ser um apoio nos momentos de necessidade e uma mola propulsora nos momentos de desenvolvimento.

No casamento, não há possibilidade para o egoísmo, pois ambos decidem crescer juntos. Em alguns momentos ele estará à frente no seu desenvolvimento pessoal e fará de tudo para ajudá-la a se superar, em outros momentos ela estará à frente e fará de tudo para ajudá-lo e, juntos, ajudarem os filhos. O amor requer um espírito de equipe, é a base para o desenvolvimento humano, pois sozinha a pessoa não pode se realizar.

John Izzo[56], autor do livro "Cinco segredos que você precisa descobrir antes de morrer", descobriu em sua pesquisa com pessoas próximas da morte que status e poder não são itens que causarão saudade quando olharem para trás, mas são as pessoas que as ajudaram a crescer que darão a elas a sensação de satisfação. Pois é justamente a lembrança de vivências de amor que nos garantem a autorrealização.

Quando perdemos uma pessoa, podemos lembrar dela pelas coisas que fez, mas apenas a apreciamos e sentimos saudades se ela foi uma pessoa que viveu o amor de alguma forma, que nos transmitiu algo de bom, um sentimento de respeito pela vida, um amor pela vida, pelos outros, que deixou um legado de admiração entre os homens.

Quando, pelo contrário, tudo que se construiu durante a vida foram pseudoamores, quando se morre, os únicos frutos deixados são os pseudoamores que, invariavelmente, causarão brigas e disputas por heranças materiais e outros problemas. Deste morto dificilmente alguém sentirá saudades.

---

56 *John Izzo é um empresário, conselheiro de negócios, palestrante, autor renomado e um defensor da vida sustentável. Cidadão americano e canadense. Ele escreve sobre o mundo do trabalho.*

Uma visão de ser humano que prescinda da essência do amor tende ao niilismo, ao fatalismo da vida. Não apenas deixa de encontrar o sentido da vida, mas também é uma experiência de morte, um vir a não ser, ao invés de um vir a ser.

O carpe diem da sociedade moderna é um grito por sentido, por amor. Uma vez que a pessoa busca aproveitar ao máximo todas as oportunidades de pseudoamores que a vida pode oferecer, ela não tem tempo para encontrar-se consigo mesma, não há tempo para cultivar sua espiritualidade, para ter um encontro verdadeiro com outras pessoas.

Quando falta o amor, falta tudo. Falta o sentido, faltam forças, faltam atitudes. No entanto, o tempo não para: a vida continua passando e o ser humano tem que viver de alguma forma, e é percebendo a necessidade de viver, mesmo faltando o amor, que surge a escolha dos pseudoamores que poderão resultar na vivência das neuroses.

Pseudoamores são motivos pelos quais uma pessoa em uma situação de desamor decide fazer algo em sua vida, ou seja, falta-lhe a vivência do amor essencial e, para não deixar de viver a vida sem sentido, o que seria o fatalismo do niilismo, a mente cria motivos pelos quais se possa viver. Esses motivos criados são os pseudoamores que exercem o papel de ludibriar a mente humana, tentando apresentar pseudossentidos.

É na falta da vivência do amor essência que o ser humano se abre para o paralelismo existencial, no qual uma vivência paralela de pseudoamores produz pseudosentidos como uma peça teatral que imita a vida, mas não pode jamais ser o real da vida.

Aqui, poderíamos utilizar a metáfora do Anjo decaído, Lúcifer, que não aceitando sua condição de servidor do Filho de Deus, rebela-se e cria um reino onde possa reinar tentando imitar a realidade, o real, do Reino de Deus.

Assim, o ser humano, quando nega sua essência, vive uma vida paralela ao que é o real de sua vida, o real em que há o outro a quem amar e por quem ser amado. Quando falta a vivência do amor, há no ser humano uma tendência ao afastamento do outro, cria-se um ciclo vicioso no qual o não-amor o afasta da possibilidade de ser amado, até o ponto em que se chega ao vazio existencial, estágio no qual o ser humano só tem duas opções: entregar-se ao outro e aceitar o amor para então amar, ou entregar-se ao niilismo e tirar a própria vida.

A dedicação aos pseudoamores dá ao homem a possibilidade de gastar suas energias, uma vez que o ser humano está estruturado para viver o amor, realizar tarefas em função desse amor e tem necessidade de agir e gastar suas energias. Os pseudoamores lhe proporcionam essa vivência com o infortúnio de não o satisfazerem na realização do sentido existencial que só a vivência do amor pode proporcionar.

Pseudoamores podem ser representados por tudo o que o homem considere possibilidade de satisfação momentânea e que esteja desassociado à possibilidade de amar.

Podemos citar, por exemplo, o dinheiro. À medida que considero o acúmulo de dinheiro como um fato que me traz a satisfação de ser admirado socialmente, o dinheiro pode se tornar para mim um pseudoamor. Se não estou vivenciando a experiência do amor essência, percebo a satisfação do status social pelo acúmulo do dinheiro em alguns momentos da minha vida e busco vivenciar mais e mais momentos dessa satisfação.

Pode-se perceber que, quando o dinheiro se torna um pseudoamor, a pessoa não busca apenas ter o dinheiro, mas também se mostrar como uma pessoa de posses materiais diante dos outros, ainda que seja na condição de um benfeitor, porque o que interessa, em última instância, não é o dinheiro pelo dinheiro, mas a atenção dos outros que o dinheiro pode proporcionar.

Uma vez que a pessoa se dedica plenamente à busca dessa satisfação, ela não abre espaço em seu tempo e em sua vivência para perceber que não está vivendo o amor essência. É nesse momento que a vivência do pseudoamor se torna viciosa e o paralelismo existencial em que se encontra se distancia ainda mais do caminho do real.

O sexo também pode ser uma possibilidade de satisfação momentânea que representa o pseudoamor. À medida que tenho experiências sexuais prazerosas, tenho a tendência de buscá-las com mais frequência, o que é um mecanismo humano básico. O sexo desempenha um enorme potencial de amor, uma vez que é por meio da relação sexual que o ser humano é capaz de gerar outra vida humana. Então, diferentemente do dinheiro, a satisfação sexual não depende da forma como é experimentada, salvo os casos de abuso sexual e traumas sexuais nos quais a pessoa não consegue sentir prazer sexual. Em termos gerais, a relação sexual é prazerosa para qualquer ser humano.

Quando não há a vivência do amor, a pessoa tende a apegar-se às experiências sexuais casuais, sem o estabelecimento de vínculos afetivos, uma vez que elas lhe trazem satisfação, podendo tornar-se assim um pseudoamor. Não tendo a satisfação existencial que o amor essencial proporciona, a pessoa concentra-se em repetir cada vez mais os momentos de satisfação por meio do prazer sexual, seja pela autoerotização, masturbação, que pode também tornar-se viciosa, seja por meio de repetidas relações sexuais com pessoas diferentes.

Essa busca do prazer pelo prazer não tem limites no âmbito da sexualidade, pois se estrutura de tal forma que o diferente traz mais prazer que o rotineiro e, uma vez que o prazer sexual se torna um pseudoamor e, portanto, um instrumento de repetidas satisfações, tende à perversão sexual, à promiscuidade, e às vivências sexuais das mais diferentes formas com os mais diversificados tipos de parceiros sexuais.

Toda vivência de pseudoamores tende à curva do vazio existencial no caminho do paralelismo existencial. Quem se apega à busca pelo prazer é como um bebê desprotegido que relaciona o seio da mãe à sua sobrevivência. A busca incessante e compulsiva pelo prazer é pela constatação do vazio afetivo que impede a pessoa de amar de forma madura.

Ego

Quem sou ego?
Ego sou quem ego querer ser
Ou ego sou o que egos outros querem que
Ego seja?

Ego fala pra ser ouvido,
Só é ouvido se conquista
Conquistar é desafio
Desde quando nasce, ego grita

Ego vive em busca
Busca amigos, busca amores
Busca abrigo, busca flores

Ego chora, por dissabores,
Ego mora em vários logradouros,
Tem residência entre ego e ego outros

Ego quer ser feliz
Ego precisa sorrir
Só vai saber ser, se não depender...

Depender do que dizem
Depender do que esperam
Depender do que querem

Ego quer, ego é
Ego pode, ego deseja
Ego autêntico é ego feliz...

O MEDO
DE AMAR

Por que muitas pessoas têm medo do encontro? Por que estão inseguras em relação a si mesmas? Se não sei quem sou, como poderei apresentar-me ao outro? Se estou caminhando na paralela do real de minha vida, como poderei ter um encontro verdadeiro com outra pessoa? Se minha identidade está fundamentada na aparência de minhas escolhas por pseudoamores, como poderei permitir que alguém cruze a porta de entrada de minha casa interior? A dinâmica do desencontro é, nesse caso, a dinâmica do não viver.

Quando muito, permito-me o encontro com pessoas que também vivem na paralela do real da vida, que também vivem da aparência, do superficial, que se encontram em eventos sociais e falam de seus pseudoamores, falam de seus bens materiais, da dinâmica de suas relações de prazer e de poder, e que enaltecem suas conquistas e se escondem de si mesmas.

Quanto mais distante de si se encontra uma pessoa, mais difícil será para alguém encontrá-la verdadeiramente. Eis o lugar do vazio existencial, da vivência do não ser.

Quantas pessoas eleitas para serem modelos de pseudoamores vivem hoje o sofrimento da solidão, pois se deixaram levar pela fantasia de que eram mais importantes que os outros e, por isso, se veem distantes de tal forma que duvidam do encontro sincero de seus próprios familiares.

Como é difícil para uma pessoa que se tornou rica financeiramente, ou uma pessoa que teve um sucesso muito rápido, saber distinguir se as pessoas que as procuram estão interessadas em ser suas amigas ou em ter acesso aos bens que possuem. Não é por acaso que muitas buscam entorpecer-se nas drogas, no álcool ou em outros vícios que lhes permitam viver a ilusão de fugir da realidade.

Não é que o sucesso seja, em si, um mal, mas a forma como uma pessoa se relaciona com o sucesso é o que definirá sua possibilidade de realização. O ponto fundamental do sucesso é saber que, apesar das pessoas lhe considerarem mais importante porque você representa algo que elas gostariam de conquistar, você sabe que não é mais importante que elas e que seu lugar de destaque deve ser vivido com humildade.

A humildade é um bálsamo do amor, pois possibilita que a pessoa seja acessível aos que a circundam e precisam dela, além de trazer para a própria pessoa uma sensação de paz, pois a conecta com as pessoas, deixando livre sua capacidade de amar. A soberba, por outro lado, afasta ainda mais as pessoas e, por isso, o resultado é a autodestruição e a destruição dos outros.

UMA TENSÃO POSITIVA PARA VIVER

O estilingue é uma ferramenta construída para atirar um projétil. A distância que esse projétil pode alcançar depende da qualidade da estrutura do estilingue, da sua tira de borracha e, principalmente, da força e da precisão de quem o utiliza. Para que ele funcione, a pessoa precisa segurar sua estrutura de madeira em uma das mãos e esticar a tira de borracha com a outra mão, gerando uma tensão tão grande que, ao soltá-la, ele atirará o projétil que estiver segurando para bem longe.

Um mesmo estilingue pode ser usado por diferentes pessoas de formas diferentes. Uma criança pode não conseguir esticar a tira de borracha em toda sua capacidade, já um adulto pode conseguir esticar, mas não basta apenas esticar em toda sua capacidade para acertar o alvo, é preciso treino, é preciso prática para se tornar um bom atirador de estilingue. Vamos utilizar a figura do estilingue para nos ajudar a compreender a dinâmica do amor em nossa vida.

Primeiro, a estrutura de madeira representa nossa estrutura biopsicoespiritual. O elástico representa a capacidade de amar. Todo estilingue tem um elástico sem o qual a estrutura de madeira não é um estilingue. Da mesma forma, todo ser humano tem capacidade de amar, contudo, essa capacidade pode não encontrar espaço para ser vivida em sua plenitude. Para que o estilingue funcione é preciso esticar a borracha com a estrutura de madeira bem fixada e firme.

Com o amor também é assim. Todos temos o amor em nós e precisamos experimentá-lo, mas qual é a nossa capacidade de amar? A capacidade de amar é a linha imaginária que capta o diâmetro até onde o elástico é capaz de ser esticado. Não há um padrão exato para a capacidade de amar de cada pessoa, pois cada estilingue é diferente e a capacidade de amar depende da estrutura biopsicoespiritual e da vontade de cada um, bem como da história de amor de cada um. Um elástico bem experimentado pode alcançar diâmetros diferentes de um elástico que nunca foi esticado.

Quanto mais se experimenta o elástico, mais potente ele fica. Não se trata apenas de esticar o elástico, mas de experimentá-lo de fato, arremessando projéteis com o estilingue. Na explanação de sua teoria sobre o sentido da vida, Viktor Frankl afirma:

"E eu me atreveria dizer que não há nada no mundo capaz de nos ajudar a sobreviver, ainda nas piores condições, como o fato de saber que a vida tem um sentido. Há muita sabedoria em Nietzsche quando diz: 'Quem tem um porquê para viver pode suportar quase qualquer como'. Eu vejo nestas palavras um motor que é válido para qualquer psicoterapia".

O amor está sempre presente em nossa busca pelo sentido da vida. Ainda que seja o amor próprio, este nos possibilita enxergar e aceitar o sentido da vida. O exemplo citado por Frankl, sobre as pessoas que buscavam o suicídio e desistiram de tirar a própria vida quando puderam vislumbrar um sentido para suas vidas, pode nos ajudar a perceber que o amor estava também presente nessas pessoas e que desempenhou um papel determinante no momento em que desistiram de cometer suicídio.

Um dos casos mais marcantes dos relatos de Frankl apresenta uma mulher que telefonou para ele em uma madrugada dizendo que estava prestes a cometer suicídio. Ele disse que dedicou atenção àquela mulher durante muito tempo ao telefone e que lançou mão de todas as técnicas que conhecia para persuadi-la a não cometer suicídio. Depois de muito tempo, ela disse que não tiraria a própria vida, mas não por causa das coisas que ele falou, e sim pelo fato de ele ter dado atenção a ela àquela hora da noite.

Certamente aquela mulher tinha amor próprio, pois antes de cometer suicídio teve um ato de esperança, ligou para alguém, pediu ajuda, ofereceu a si mesma a chance de encontrar mais que um sentido para a vida, um sinal de amor que pudesse restabelecer a visão desse sentido.

O fato de ter encontrado alguém que se importasse não apenas correspondeu à sua esperança, como reafirmou que o amor que ela possui pode também fazer diferença na vida de outras pessoas, como o amor de Frankl fez por ela naquela noite.

"Todos temos a capacidade de amar".

Esse imperativo categórico fundamenta-se em nossa estrutura biopsicoespiritual, capaz de realizar valores como os mencionados na teoria frankliana, de criatividade, vivência e atitude, assim como a nossa capacidade de realização como pessoa, no encontro da felicidade que se manifesta como consequência da realização do amor.

Todos temos a liberdade para acessar ou não a capacidade de amar.

CAPÍTULO 06

DA DEPRESSÃO À ASCENSÃO

PARALELISMO EXISTENCIAL

Ainda que o amor do mundo real seja negligenciado e os pseudoamores se façam presentes, a vida não deixa de seguir. Contudo, ela segue um curso diferente, um caminho que se dirige para a frente, para o futuro, como o caminho do real, porém na paralela, um caminho na paralela que virtualmente acompanha o mesmo sentido da vida real, da vida vivida na sua essência que é o amor.

Embora "pareça" que a vivência dos pseudoamores leve ao mesmo objetivo, ao longo do caminho ela começa a se distanciar do caminho do real. No início, não se percebe que se está na paralela: as árvores ao redor do caminho do real são as mesmas, a paisagem é partilhada e, ainda que se perceba a diferença dos caminhos, a proximidade entre eles é tanta que se prefere o conformismo de não tomar a atitude para se dirigir ao caminho do real.

Contudo, quanto mais a pessoa permanece se dedicando aos pseudoamores, mais se avança no paralelismo existencial e mais se distancia do real que é o caminho do amor, até que é chegado um momento em que o caminho se desviou completamente e as paisagens já não são mais as mesmas.

Quando isso acontece, o real está distante e o caminho dos pseudoamores também se aproxima de um fim, de forma que a pessoa se encontra em um vazio existencial, sozinha e nada ao seu redor faz sentido.

Ela caminhou tanto tempo e dedicou-se tanto aos pseudoamores que se sente desesperada, culpa a si mesma e aos outros, culpa a vida, culpa o caminho. Ela se encontra em uma posição de vítima na qual apenas um olhar para trás e um reconhecimento sincero de que realmente tomou um caminho equivocado poderá lhe trazer coragem de empreender algum tipo de atitude.

Utilizo o termo paralelismo existencial justamente porque é uma atitude existencial presente na pessoa humana, não uma situação estática na qual a pessoa se encontra afetada diante de uma determina circunstância. No paralelismo existencial, a pessoa está em movimento, está interagindo com o mundo e com os outros, está trabalhando, dedicando-se a realizar tarefas, mas não está vivendo sua essência, não está amando, ou seja, não está vivendo experiências que só o amor pode permitir.

O caminho do paralelismo existencial não é longo, pois consome muita energia vital, e tem como destino o vazio existencial, um beco sem saída, escuro e sem possibilidades de realizações. É um caminho que se segue sozinho, pois não há amor. Os pseudoamores são descompromissados e o objetivo deles é egoísta, pois consiste em obter todo o prazer possível até que se acabem todas as possibilidades. É a metáfora do Filho Pródigo.

A parábola bíblica mostra a realidade de um jovem que exige toda sua herança com antecipação e deixa a casa paterna para gastar tudo o que possui com os prazeres do mundo, empreende uma viagem pelo paralelismo existencial e, chegando ao vazio existencial, decide voltar para a casa do pai.

Uma vida plena de sentido é uma vida de compromisso com o outro, de compromisso com a família, com os irmãos, com a esposa ou o marido, um compromisso com os filhos. A vida exige sacrifícios, exige abrir mão de certos prazeres para poder cuidar do outro que nos cerca. Dizer que vivemos em uma sociedade fragilizada é constatar o enfraquecimento das relações interpessoais mais exigentes, a começar pela família.

Ouve-se que o amor está na troca de afetos, no respeito à liberdade do outro. É comum os casos de pais que se queixam dizendo não saberem mais o que fazer com o filho de 7 anos que não obedece e faz o que quer. Não é difícil ouvirmos os pais dizerem que os filhos não fizeram suas obrigações porque não queriam, como se uma criança de 7 anos pudesse optar de forma madura por fazer os deveres de casa ao invés de brincar com os amigos.

Amar não significa aceitar tudo que o outro faz, não significa respeitar a total liberdade do outro mesmo quando ela implica em sérias consequências para os que estão ao seu redor. Amar é auxiliar o outro a agir de forma responsável ante o que a vida lhe pede, amar é ajudar a pessoa amada a ser melhor, é olhar para o marido, ver que ele pode ser melhor e ajudá-lo a ser melhor mesmo que, para isso, tenha que entrar em algum conflito.

Amar é olhar para os filhos e ver que eles podem se tornar homens e mulheres melhores, mas para isso devem aprender, e aprender custa, custa sacrifícios, custa conflitos pessoais e interpessoais. Amar é olhar para as pessoas que nos cercam, ver que elas podem ser melhores do que são e ajudá-las a alcançar o ápice de suas potencialidades, estando sempre disposto a continuar amando, mesmo quando elas não conseguem atingir esse ápice.

Quando um pai e uma mãe impõem limites aos filhos, eles estão dizendo que amam, que oferecem segurança para que o filho se desenvolva. Quando há descompromisso, preguiça na educação e abandono, a mensagem é oposta, de que não se ama, de que não se importa.

VAZIO EXISTENCIAL
E DEPRESSÃO

O tema do vazio existencial está largamente presente na literatura filosófica e psicológica. Ele tem em si uma ligação com o sentimento de angústia, está presente na vida de todo ser humano, em maior ou menor grau, e semanifesta em determinados momentos da vida, seja pela vivência de momentos estressantes, pela proximidade da morte, pela perda de pessoas próximas, pela vivência do luto ou pelo enfrentamento de questões importantes, como a própria busca pelo sentido da vida.

Sócrates[57] (469a.c.-399a.c.) dizia que a grande questão do ser humano era o "Conhece-te a ti mesmo", ou seja, a necessidade de compreender conscientemente a própria existência. Sócrates também buscava compreender qual era a essência do homem. Para ele, essa essência era a alma como sede da razão.

Para Agostinho, a realização do ser humano só é possível em sua aproximação de Deus. Sendo o homem imagem e semelhança de Deus, ele só é capaz de encontrá-lo por meio de uma intimidade interior com Ele. Afastar-se de Deus seria como tirar as próprias entranhas.

Para Schopenhauer[58], a angústia do homem, ou o seu vazio existencial, é consequência da sua vontade. Por estar sempre a desejar alguma coisa, ele experimenta uma insatisfação constante.

Kierkegaard[59] afirmava que a angústia do ser humano provinha de sua relação com o mundo e da instabilidade de se viver

---

57 *Sócrates (469 a.C.-399 a.C.), filósofo ateniense do período clássico da Grécia Antiga. Um dos fundadores da filosofia ocidental.*

58 *Arthur Schopenhauer (1788-1860), filósofo alemão. Melhor conhecido por seu trabalho 'O mundo como vontade e representação', onde ele caracteriza o mundo fenomenal como o produto de uma vontade metafísica cega e insaciável.*

59 *Søren Aabye Kierkegaard (1813-1855), filósofo, teólogo, poeta e crítico social dinamarquês, amplamente considerado o primeiro filósofo existencialista. Escreveu textos críticos sobre religião organizada, cristianismo, moralidade, ética, psicologia e filosofia da religião.*

em um mundo de possibilidades sem garantia de que suas expectativas sejam realizadas. A relação do homem consigo mesmo é marcada pela insatisfação e pelo desespero.

Já no início do século XX, Husserl[60] fala da tomada de consciência de si mesmo. O homem precisa perder o mundo para, então, recuperá-lo por meio dessa tomada de consciência.

Podemos entender que o pensamento de Husserl já nos introduz a uma visão mais positiva e nos permite compreender que a angústia e o vazio existencial, na verdade, não são maus em si mesmos, mas uma possibilidade de reestruturação da vida.

Heidegger afirma que para o ser humano curar-se a si mesmo, ele precisa colocar-se acima das coisas mundanas, superar o nada cotidiano, o nada do futuro e o nada da morte, que é mergulhar-se na angústia do nada. Quando o homem não assume sua própria cura, ele se perde e se aliena.

Para Max Scheler, a transcendência à temporalidade leva o homem a identificar na morte uma resposta para a questão da sobrevivência da pessoa.

Diante da experiência do vazio existencial, a pessoa deve então perguntar-se qual caminho a levou até lá. Ela certamente se dará conta de que obteve vivências inautênticas e que, em determinado momento da vida, foi capaz de abrir mão de valores e de assumir atitudes individualistas, prescindindo do valor das relações humanas, ou seja, a capacidade de vivência do amor.

O vazio existencial também permeia alguns distúrbios e patologias psíquicas, como a depressão. De acordo com a Organização Mundial da Saúde (OMS), a depressão afeta cerca de 340 milhões de pessoa e causa 850 mil suicídios por ano. No Brasil, a depressão afeta cerca de 17 milhões de pessoas. A depressão e

---

60 *Edmund Gustav Albrecht Husserl (1859-1938), filósofo alemão que estabeleceu a escola da fenomenologia, elaborou críticas ao historicismo e ao psicologismo em lógica baseado na análise da intencionalidade. Husserl redefiniu a fenomenologia como uma filosofia idealista transcendental.*

a ansiedade são responsáveis por metade das doenças mentais existentes no mundo.

Há, ainda, outros dados preocupantes. No Brasil, a depressão afeta de 2% a 5% das crianças. A síndrome do pânico atinge de 2% a 4% da população mundial. A OMS aponta que a depressão é a quinta maior questão de saúde pública no mundo e que, até 2020, ela será a segunda.

Os números são alarmantes e, na verdade, só envolvem os casos que são relatados e documentados, ou seja, os números tendem a ser muito maiores, pois muitas pessoas que sofrem de depressão não buscam ajuda.

Diante desse panorama, não há como não questionar o modo de vida da sociedade pós-moderna. As causas da depressão não estão apenas relacionadas às questões pessoais. É um problema social, que cresce em grande escala e que tem sua raiz na forma como compreendemos o ser humano e o sentido da vida. Que fatores sociais impedem o ser humano de nosso tempo de encontrar o sentido da vida?

Se o individualismo é a solução para a vida como defendia, por exemplo, Adam Smith, precursor da Revolução Industrial, então o capitalismo selvagem é aceitável e a própria afirmação de Maquiavel de que os fins justificam os meios, também o é. Tal ponto de vista revela uma visão mecanicista da vida, ou seja, o homem como um mecanismo condicionado, dependente de suas designações genéticas e sociais, um homem que não é livre.

Quando Freud afirma que o ser humano busca o prazer e está condicionado a essa busca, impulsionado pelos mecanismos do inconsciente, ele realiza uma grande descoberta para a ciência. Quando Adler afirma que o ser humano busca o poder, ele revela uma característica da dinâmica humana.

Viktor Frankl abraça as afirmações de vários teóricos que partem de uma visão mecanicista para ir além. Ele afirma que elas são verdades sobre a realidade da existência humana, porém que o "nada mais que" não cabe no que ele compreende como realidade humana, ou seja, o ser humano, para Frankl, busca o prazer, o poder, o sentido da vida e não está determinado pelos condicionamentos.

De fato, se buscamos apenas o prazer ou o poder, caminhamos na paralela do real da vida, pois o prazer desprovido de respeito para com o outro não tem sentido para a dinâmica do amor, chegando a ser destrutivo. A busca pelo poder para suprimir complexos pessoais de inferioridade não tem sentido para a dinâmica do amor.

Tanto o prazer quanto o poder devem estar submetidos ao convívio com os outros para a dinâmica da realização da capacidade de amar. Não se pode ter um olhar de solidariedade e de doação ao outro se a necessidade maior é pelo prazer próprio, ou pelo poder que impõe as minhas vontades sobre as vontades do outro.

Assim, quando somos convencidos de que nossa vida é um "nada mais que", de que estamos condicionados pela herança que recebemos de nossos pais e pelos critérios de vida que a sociedade nos impõe, de que nossa natureza é má e que tendemos a ser maus, não é possível, então, diante das questões da vida, encontrar saída, pois estamos limitados a essas "leis", a essas "verdades absolutas".

O vazio existencial, a depressão e os novos transtornos de ansiedade que surgem e não param de crescer em nossos dias são expressão de uma vivência sem saída, de uma visão mecanicista da vida, de um "nada mais que".

Não obstante os avanços da conscientização de que devemos construir um planeta sustentável e que para isso devemos considerar o bem comum, o sistema em que vivemos está pautado na visão mecanicista da vida. O mundo do trabalho, das comunicações, da publicidade, da saúde e até da educação são regidos pelo retorno financeiro que, em muitos casos, prescinde o valor da dignidade humana.

Contudo, esses mundos não são um valor em si mesmos. Ao contrário, são regidos e administrados por pessoas, e é exatamente esse fato que traz a esperança de que possam ser transformados.

O valor do bem material recobra sentido na vida das pessoas, uma vez que se tem a consciência de que por meio dele se terá acesso ao prazer e ao status de poder diante dos outros. Contudo, ao final da vida, quando as pessoas são questionadas sobre o que elas mais sentem saudades, elas afirmam que não é das coisas que haviam comprado ou realizado, mas das pessoas a quem haviam ajudado (segundo estudos de John Izzo).

De fato, o que leva a sociedade atual ao consumismo e à supervalorização do material e do estético, haja visto o tema da ditadura da beleza, são as afirmações fabricadas por uma visão mecanicista da vida, e não por um desejo genuíno e natural de felicidade.

Se a maioria das pessoas tem como objetivo comprar uma casa para iniciar sua família, a tendência é que mais e mais pessoas sigam o mesmo caminho, ainda que para alguns aplicar seu dinheiro em outros investimentos e alugar uma casa mais confortável possa ser mais rentável e seguro. Se a maioria das pessoas troca de carro a cada ano por um modelo mais novo, é razoável que muitas outras pessoas se vejam compelidas pela necessidade de pertença ao grupo a também trocar seus carros por modelos novos a cada ano. Se a maioria dos jovens trocam seus celulares a cada ano por novos lançamentos, é razoável que todos os outros desejem seguir o mesmo modelo de comportamento.

Contudo, se nem todos têm condições financeiras de seguir os padrões de comportamento, quais seriam as consequências? Pensemos que nem todos possam comprar uma casa, trocar de carro ou de celular a cada ano, ou até mesmo que nem possam ter um carro ou um celular.

Pode ser que haja uma frustração por não possuírem o que a maioria possui, mas esse sentimento costuma aflorar quando uma pessoa que possui esses bens trata de forma diferente a pessoa que não os possui. Assim, um modelo patrimonialista de relações sociais se faz presente, surgindo grupos de diferentes "classes" sociais. Marx concluiu que a solução para esse tipo de situação seria a luta de classes, na qual os menos favorecidos deveriam tomar o poder.

Quantas são as teorias sociopolíticas desenvolvidas ao longo dos séculos e seguidas na atualidade que partem de princípios equivocados! Os problemas sociais existiram muito antes da propriedade, dos problemas materiais e das diferenças econômicas dos grupos.

Apontar a presença ou ausência do bem material como fonte dos problemas sociais é, no mínimo, um equívoco epistemológico. As pessoas buscam os bens materiais para sobreviver, para realizar seus desejos sendo conscientes de que não estão no mundo sozinhas e, por isso, as pessoas ao seu redor também necessitam dos bens materiais, ou elas buscam esses bens para se sentirem melhores que as outras, mais importantes e, assim, impor suas vontades sobre os "menos importantes"?

A questão não é a quantidade dos bens materiais, mas o que eles representam para as pessoas que os possuem e como elas agem diante dos outros em relação aos seus bens. Hoje, as pessoas não têm tempo para refletir sobre essas questões. Elas estão mergulhadas em uma busca desenfreada por bens materiais que dificulta a visualização de uma nova proposta de vida que esteja fundamentada na integralidade da pessoa, em sua essência espiritual, em sua capacidade de transcender, de ir além, de viver sua liberdade com responsabilidade, de sair da posição de vítima diante da vida para uma posição de quem tem em suas mãos as rédeas da própria existência.

A Psicologia do Amor postula que, abrindo espaço para a capacidade de amar, o ser humano naturalmente se vê em uma posição de solidariedade para com aqueles que necessitam de ajuda e, uma vez que a capacidade de amar flui livremente, a pessoa se sente mais livre para desenvolver seus conhecimentos e compreender melhor as realidades que envolvem a vida de pessoas diferentes, podendo assim oferecer-lhes a ajuda que melhor pode responder às suas necessidades.

Em outras palavras, uma pessoa saudável em sua capacidade de amar não irá apenas oferecer comida para o vizinho que está desempregado e sem dinheiro, irá também ajudá-lo a encontrar trabalho e a desenvolver as capacidades profissionais para encontrar um emprego melhor, ainda que ele possa encontrar um emprego melhor que o da pessoa e que venha a ganhar ainda mais dinheiro que ela, porque, no fim das contas, o que lhe importa é ajudar quem necessita. Ainda que o vizinho desempregado venha a se tornar um empresário de sucesso, o vizinho que ajudou terá sempre a alegria ter sido o responsável por tê-lo ajudado quando mais precisou.

De fato, o sistema político-social que mais responderia às necessidades humanas não é o capitalismo e muito menos o socialismo, mas sim o sistema da solidariedade. Se ser humano significa tender ao bem comum, o desafio das políticas sociais e da educação do século XXI deve ser o de ajudar o homem a ser mais humano.

Viktor Frankl afirma que não somos livres dos condicionamentos que a vida nos impõe, mas somos livres para realizar algo. A liberdade é uma dádiva da vida humana sem a qual o vazio existencial e o niilismo, ou o nada, se impõem e levam a pessoa à morte.

A visão de pessoa da Logoterapia, ou Análise Existencial, de Viktor Frankl responde de forma inigualável às angústias do homem moderno. Ante a crescente falta de sentido, o olhar de coragem para a vida e a conscientização de que não somos escravos dos condicionamentos que a vida nos impõe definitivamente trazem alento e coragem para que as pessoas que sofrem o vazio existencial e suas consequências, ajudando-as a encontrar o sentido de suas vidas e tomar suas rédeas nas mãos, a fim de realizar as tarefas que a vida lhes pede e amar as pessoas a quem estão conectadas.

LIDANDO COM A DEPRESSÃO

Tristeza, desânimo, vazio no peito, vontade de chorar, uma intolerância até mesmo com o tempo que parece não passar. São essas, dentre outras, as sensações experimentadas por quem tem depressão.

Uma a cada quatro mulheres e um a cada dez homens já tiveram ou terão depressão. Segundo a Organização Mundial da Saúde (OMS), a depressão é a principal causa de afastamento do trabalho entre todos os problemas de saúde.

Muitas pessoas são estigmatizadas como frágeis por terem depressão e, por isso, se sentem envergonhadas, tentam esconder os sintomas e não procuram ajuda. Muitos ainda consideram que ir ao psicólogo é um sinal de fraqueza, ou de problemas mais graves, mas a verdade é que um acompanhamento psicológico pode ser muito reconfortante tanto para o tratamento de um transtorno, quanto para o autoconhecimento. Quanto mais espaço temos para ser sinceros com nossos próprios sentimentos, mais rápido encontramos uma solução para os nossos problemas.

Algumas pessoas podem confundir a depressão com uma tristeza natural. A tristeza é uma resposta a um acontecimento negativo. Algo ruim acontece e ficamos tristes por isso. Ela dura algum tempo e depois vai embora, ao passo que na depressão o sentimento de tristeza não passa e está sempre associado a outros sintomas.

O tratamento para a depressão existe e consiste em psicoterapia realizada periodicamente por um psicólogo, geralmente uma ou mais vezes por semana e, em muitos casos, também com medicamentos que são receitados e acompanhados por um médico psiquiatra.

Conheça alguns dos sinais da depressão: desânimo, alteração no apetite, no sono, falta de prazer em várias áreas da vida, cansaço, perda de energia, pessimismo, baixa autoestima, dificuldade para se concentrar e pensamentos de morte ou suicídio.

Existem muitos fatores que podem causar a diminuição do desejo sexual, mas isso também pode ser um sinal de depressão.

E quando a pessoa fica sempre com ideias negativas contínuas, ruminando mágoas do passado, sempre com tédio e ideias de morte? Esses também podem ser sinais de depressão.

Hoje, muito se tem falado do Déficit de Atenção, especialmente nos adolescentes. É algo que pode e deve ser tratado, mas a depressão também pode ser a causadora desse sintoma.

O olhar e a atenção das pessoas que estão por perto é muito importante. Se você observar vários desses sintomas por um período maior que duas semanas em alguém próximo, busque ajuda, ele pode estar com depressão.

Do latim Deprimere, depressão significa puxar para baixo, forçar para baixo, e é assim mesmo que a pessoa se sente, puxada para baixo.

Quando vamos escalar uma montanha, o instrutor diz que a principal preparação é avaliar sua força mental, pois você está subindo e precisa se concentrar. Se sentir medo, o instrutor lhe dirá para não olhar para baixo. Na vida também é assim. Estamos escalando uma montanha de ideais, de sonhos, de projetos de vida e, por algum motivo, podemos sentir medo. Quando olhamos para baixo, achamos que a gravidade dos problemas vai nos puxar, o medo nos paralisa e ficamos estagnados. A depressão também faz isso.

Embora os fatores biológicos, genéticos e neuroquímicos exerçam um papel importante nos quadros depressivos, os aspectos psicológicos são determinantes. Na grande maioria dos casos, a depressão é desencadeada por uma perda. A perda de uma pessoa querida, uma separação, a perda de uma moradia, de um emprego, do status socioeconômico, ou de algo puramente simbólico.

Se perder alguém pode causar depressão, cuidar dos vínculos afetivos significa cuidar da saúde. Pesquisas revelam que a ocitocina é um hormônio que combate a depressão e pode ser liberada em nosso organismo por meio do contato afetivo, do abraço, do beijo e de gestos de carinho.

Além das perdas, outro forte gatilho para a depressão é o estresse: precisamos de um certo nível de estresse para realizar as tarefas do dia a dia, para superar os problemas e os próprios limites, mas um nível muito elevado de estresse pode provocar consequências negativas e uma delas é a depressão.

Cuidado com o seu estilo de vida, ele pode estar abrindo as portas para a depressão entrar.

Tenha tempo para exercícios físicos, cuide bem da alimentação e de boas noites de sono, procure fazer o que gosta e encontrar o sentido do trabalho que realiza, evite reclamar da vida, não fuja dos problemas, encare a vida de frente e cuide de seus laços afetivos.

Como citado anteriormente, a ocitocina pode auxiliar na cura da depressão. Ela é um hormônio liberado em nosso organismo quando expressamos afeto, seja em um abraço, no beijo, ou em outros gestos de carinho.

A depressão pode chegar, mas lembre-se de olhar para o alto, pois a montanha da nossa história precisa ser escalada. Peça ajuda a quem está por perto, continue lutando por amor a alguém ou a algum projeto. Seus amigos, familiares, a psicologia e a medicina estão todos aí, acreditando em você!

Uma pesquisa realizada pela OMS revela que a cidade de São Paulo é a cidade com maior índice de perturbações mentais do mundo: cerca de 19% dos pesquisados apresentaram ansiedade. De fato, todos os centros urbanos, em todo o mundo, têm revelado um aumento significativo do nível de perturbações mentais.

Estamos criando um estilo de vida com bases na tacocracia (poder da velocidade), segundo o qual: tudo precisa ser feito o mais rápido possível, com base no princípio do prazer; as oportunidades de prazer não podem ser deixadas para depois; e os fins para se conseguir o poder e o prazer justificam os meios e estão acima do valor das relações.

O resultado é um estilo de vida mais individualista, hedonista, funcionalista e, consequentemente, frustrante. Um jovem pode pensar que é socialmente aceito pelo que faz, ou por sua beleza, ou por quanto produz, mas se tiradas as suas habilidades funcionais e estéticas, perguntar-se-á: quem sou eu?

DISTÚRBIO DE PRIVAÇÃO EMOCIONAL

Descoberto em 1950 pela pesquisadora holandesa Dra. Anna A. Terruwe[61] e traduzido para o inglês como Neurose de Privação pelo Dr. Conrad W. Baars[62], o Distúrbio de Privação emocional (DPE) está relacionado a uma frustração da necessidade sensitiva de um amor incondicional. Terruwe descobriu que a pessoa poderia apresentar sintomas de distúrbios de ansiedade ou repressão, quando esses sintomas na verdade não eram resultados da repressão, mas da ausência de amor incondicional no início da vida.

O Distúrbio de Privação Emocional, segundo o instituto Baars, é uma síndrome (um grupo de sintomas) que resulta da falta de afirmação autêntica e fortalecimento emocional por outra pessoa. Uma pessoa pode ter sido criticada, ignorada, abandonada, negligenciada, abusada, ou emocionalmente rejeitada por seu primeiro cuidador no início da vida, o que resultou em um aprisionamento do desenvolvimento emocional da pessoa.

Assim como as crianças, as pessoas sem afirmação são incapazes de um desenvolvimento emocional maduro na vida adulta sem uma ajuda. Contudo, enquanto pessoas não afirmadas, elas não podem se afirmar sozinhas e há muito que podem fazer para se ajudarem. A maturidade é alcançada quando há uma integração harmoniosa entre o intelecto de uma pessoa, sua vontade e suas emoções, sob a guia de sua razão e vontade.

A afirmação de Terruwe nos auxilia a compreender que, de fato, a ausência de amor tem suas consequências diretas na vida de um ser humano. Sua teoria revela, ainda, as características emocionais e os sintomas dessa privação em um indivíduo, como descrito a seguir.

---

61 *Anna A. A. Terruwe (1911-2004), psiquiatra católica holandesa que descobriu o Distúrbio de Privação Emocional e como o Transtorno Obsessivo Compulsivo pode ser curado. Terruwe baseou seu trabalho em Tomás de Aquino e na relevância da psicologia racional Tomista para a neurose e seu tratamento.*
62 *Conrad W. Baars (1919-1981), psiquiatra católico holandês.*

CONSEQUÊNCIAS DA PRIVAÇÃO DO AMOR

Comunicação anormal – o indivíduo:

- É incapaz de estabelecer uma interação normal
e madura com os outros;
- Sente-se solitário e desconfortável nos ambientes sociais;
- É capaz de uma comunicação voluntária, mas não de
uma conexão emocional nos relacionamentos.

Egocentrismo – o indivíduo:

- Apresenta um nível infantil do desenvolvimento emocional;
- Sente-se uma criança, ou um bebê, e espera que os
outros concentrem sua atenção neles, tal como um
adulto faria com uma jovem criança;
- É incapaz de entrega emocional ao cônjuge.

Temor e coragem – o indivíduo:

- Pode ser temeroso por natureza, ou corajoso e enérgico;
- Tende, como as pessoas mais temerosas, a se
tornar desencorajado ou deprimido;
- Pode, como as pessoas mais corajosas e
enérgicas, tornar-se mais agressivo ou autoafirmativo;

Incerteza e Insegurança – o indivíduo:

- Apresenta insegurança e incerteza para agir e tomar decisões.

Medo ou ansiedade – o indivíduo:

- Pode ver sua ansiedade tomar a forma de uma
ansiedade generalizada;

- Tem medo de machucar os sentimentos de alguém;
- Tem medo de machucar os outros ou contaminá-los
(com germes ou resfriado, por exemplo);
- Tem necessidade de reafirmação frequente.

Incapacidade de lidar com a vida – o indivíduo:

- Se preocupa com a possibilidade de ser colocado
em situações com as quais não consegue lidar;
- Pode facilmente ser desencorajado ou deprimido;
- Pode fingir estar no controle para mascarar seus
sentimentos e medos.

Hesitação e indecisão – o indivíduo:

- Tem dificuldade em tomar decisões;
- Facilmente muda de opinião;

Hipersensibilidade – o indivíduo:

- Torna-se hipersensível ante o julgamento dos
outros, críticas ou desprezo;
- Sente-se ferido ou envergonhado facilmente.

Necessidade de satisfazer os outros – o indivíduo:

- Agrada os outros para se proteger da crítica,
ou rejeição, e ganhar a aprovação dos outros;
- É facilmente explorado ou manipulado;
- Tem medo de pedir favores ou serviços que necessita.

Autoconsciência – o indivíduo:

- É preocupado com o que as outras pessoas pensam;
- Duvida de si mesmo e tem necessidade de reafirmação;

- Apresenta sentimentos de inferioridade e inadequação.

Sentimento de desamor – o indivíduo:

- Acredita que ninguém poderia possivelmente amá-lo;
- Sente-se desprovido de todo sentimento de amor;
- Acredita ser incapaz de amar os outros ou a Deus;
- É desconfiado de todo símbolo de
afeto – continuamente duvida da sinceridade dos outros.

Problemas com a aparência física – o indivíduo:

- Pode ter sentimentos de inadequação devido
à sua aparência física.

*Sentimentos de incompetência
intelectual – o indivíduo:*

- Pode ter dificuldades em completar projetos;
- Comete falhas repetidas ou tem medo de falhar.

*Demonstração de sinais de desintegração
em novas circunstâncias – o indivíduo:*

- Tem medo de novas situações e desafios;
- Tem dificuldade de lidar com novos trabalhos, chefes,
autoridades, mudanças, etc.

Deficiências de sentidos – o indivíduo:

- Apresenta sentidos não desenvolvidos ou
subdesenvolvidos (tato, paladar, visão, olfato);
- Apresenta falta de ordem, desorganização;

- Apresenta Fadiga.

Outros sintomas encontrados em alguns individuos com distúrbio de privação emocional:

- Profundo sentimento de culpa;
- Cleptomania;
- Necessidade de colecionar e entulhar coisas inúteis;
- Paranoia.

O psicólogo Alvino Augusto de Sá[63] disserta sobre a possibilidade de a delinquência ser mais que uma consequência da privação emocional, uma solução para tal. Se compreendermos que as pessoas que estão na vida do crime estão, na verdade, buscando uma solução para os seus problemas psicológicos, nosso olhar pode ser mais abrangente e nossas atitudes mais eficazes no combate ao crime, por exemplo.

Se, por um lado, a pessoa que está na delinquência está flertando com a autoridade que pode representar a ausência ou o enfraquecimento da figura paterna, por outro, é uma pessoa buscando também, ainda que equivocadamente, o sentido de sua própria existência.

Em última instância, do ponto de vista da Psicologia do Amor, o delinquente também está buscando acessar sua capacidade de amar. Contudo, ele está trilhando uma via de paralelismo existencial, ou seja, encontra no mundo da contravenção um lugar de destaque, um lugar de autoafirmação, um lugar em que muitos o admiram por sua coragem, muitos estes que partilham de sua privação, que se identificam com ela e também são vítimas do desamor.

---

63 *Alvino Augusto de Sá, psicólogo brasileiro, mestre em Psicologia Social e doutor em Psicologia Clínica, foi professor do Departamento de Direito Penal, Medicina Forense e Criminologia da Faculdade de Direito da Universidade de São Paulo (USP) e coordenador do Grupo de Diálogo Universidade-Cárcere-Comunidade (GDUCC).*

Mas, estariam eles condenados à vida do crime por terem sofrido a privação do amor em sua infância? O que poderia levar uma pessoa nessas condições a superar sua privação? Como auxiliá-la a reencontrar ou redirecionar o sentido do amor em sua vida? É fato que as punições do sistema judiciário não têm exercido um efeito muito satisfatório para essa transformação.

Embora a teoria do Distúrbio de Privação Emocional esteja voltada para a consequência da falta de amor, a Psicologia do Amor, por outro lado, está voltada para a possibilidade de amar como caminho para a superação dos problemas de privação, ou seja, não é a manutenção da posição de vítima ou de culpado que irá auxiliar a pessoa no caminho de superação, mas a possibilidade que ela possui de acessar sua capacidade de amar.

Em um caso clínico, um jovem de 25 anos chegou ao consultório com a queixa de que não conseguia se socializar com ninguém, tinha dificuldades de expressar seus sentimentos e pensamentos, tinha uma visão muito negativa de seu corpo e estava sem obrigações de trabalho ou estudo que pudessem preencher seu dia. Ele apresentava muitos dos sintomas relacionados ao DPE, como, por exemplo, sentimentos de incompetência intelectual, medo do contato com outras pessoas, profundo sentimento de culpa e dificuldade de terminar seus projetos pessoais, entre tantos outros.

À primeira vista, poderia dizer que ele não recebeu um amor incondicional nos primeiros anos de vida, mas sua história não era essa. Seus pais, muito bem estruturados financeiramente e emocionalmente, pareciam ter lhe oferecido toda atenção e cuidado que puderam oferecer. Sua queixa estava na ausência de tensão em sua infância e adolescência, pois sempre teve tudo e toda a liberdade possível, podia ficar no quarto com o seu computador o tempo que quisesse e isso, com o tempo, foi impedindo-o de desenvolver suas habilidades sociais.

De qualquer forma, independentemente de qual tenha sido a causa de seus sintomas, o processo terapêutico começou a surgir efeitos profundamente positivos quando começamos a nos concentrar em sua capacidade de realizar algo, independentemente do que havia acontecido até então em sua vida, independentemente do conceito que tinha de seus pais ou dos ex-colegas com quem havia empreendido outros projetos que não deram certo.

Em pouco tempo, ele começou a desenvolver novos projetos, a enfrentar os desafios de dirigir seu carro com mais frequência, o que para ele também era difícil, a enfrentar seus medos, a investir mais tempo e dinheiro em projetos que idealizava para sua vida profissional e, aos poucos, foi deixando de se queixar dos outros, de suas inabilidades e do seu próprio corpo. Seu discurso passou a ser de realização de projetos presentes e voltados para o futuro, passou de uma visão de passado de lamentação para uma visão de futuro de construção.

Ainda que o ser humano seja condicionado a depender do amor de outras pessoas quando nasce e à medida que cresce, seu futuro não está determinado pelas conjunturas em que nasceu e cresceu. Essa reflexão pode nos levar a conclusões equivocadas, como, por exemplo, a de que então não seria necessário amar os recém-nascidos, nem as crianças, pois, independentemente do amor que recebem, seu futuro não está determinado.

Entretanto, o amor dos pais não se apresenta como uma obrigação moral apenas, mas como uma possibilidade de eles mesmos viverem o ápice do sentido de suas vidas, permitindo-se acessar o máximo de sua capacidade de amar.

De certa forma, mais do que o direito do bebê de receber amor, o que se configura nessa relação é o direito dos pais de oferecerem o seu amor. E se assim agem, possibilitarão, por consequência, que seu filho não encontre empecilhos para que possa, ele mesmo, no futuro, oferecer também o seu amor e de fato alcançar a felicidade que os pais tanto almejam para ele.

A falta de amor não justifica a delinquência ou a vida no crime, mas nos oferece pistas para a reabilitação, uma vez que a pessoa busca um lugar de destaque em que possa oferecer algo de si e fazer alguém feliz. É mister que o sistema judiciário motive as pessoas que infringem a lei a potencializar suas habilidades em vistas de fazer o bem para as pessoas ao seu redor e as auxilie a encontrar um sentido para a vida que seja, de fato, real e satisfatório, e não um pseudossentido que as faz caminhar na paralela de sua existência, conquistando a atenção de alguns e fazendo o mal para muitos outros.

Quando o amor é vivido há consequências positivas na vida de todos, dos que amam e dos que são amados, pois, ao invés de ter que superar as consequências da privação emocional para então poder encontrar com mais facilidade sua capacidade de amar, a pessoa já cresce em um ambiente no qual sua capacidade de amar é acessada constantemente. É como uma economia de energia vital, não no sentido de se poupar energia, mas no sentido de se consumir ao máximo, sabendo que quanto mais se consome, mais ela se amplia. De fato, a analogia com a economia financeira nos serve para entender que o amor é uma força que amplia à medida que todos o vivem.

Quando as pessoas estão gastando seu dinheiro de forma responsável, a economia está crescendo, porque todos estão oferecendo sua parcela de contribuição, mas quando alguém comete um crime na economia, de corrupção, por exemplo, todos ficam com medo de investir e deixam de gastar seu dinheiro. Nesse momento, não podemos dizer que as pessoas estão totalmente sem dinheiro, nem que o dinheiro delas não faz falta para o crescimento de todos.

Com o amor também é assim. Se uma pessoa decide não amar e fazer o mal aos que estão ao seu redor, então as pessoas vão ficar com medo de abrir suas portas para os outros, com medo de expressar seus melhores sentimentos, de confiar e de oferecer gestos de caridade e simpatia, o que não significa que elas não tenham capacidade de amar ou que não precisem do amor dos outros.

Ainda em nossa analogia, é necessário que as pessoas se organizem para mostrar a todos que a corrupção não pode ser recompensada e que é necessário que todos voltem a confiar, voltem a investir e a gastar seu dinheiro, pois, se não há essa confiança, não é possível que a economia se mantenha e um colapso de proporções catastróficas poderia arruinar a humanidade. Se não acessarmos nossa capacidade de amar, há um colapso em nossa vida, e se a onda de desamor que cada um de nós pode causar tomar proporções planetárias, certamente não restará uma humanidade para contar a história.

Hoje, mais que nunca, investir no amor é o movimento mais audacioso e mais seguro que a humanidade pode realizar. Há muitas pessoas praticando a corrupção no sentido do amor e é preciso motivar as pessoas para que voltem a confiar no sistema econômico do amor, é preciso gastar tudo o que temos porque é assim que ganhamos mais e mais, é assim que nos tornamos ricos e ajudamos a sociedade em que vivemos.

LIDANDO COM O TRANSTORNO DO PÂNICO

O transtorno do pânico é um transtorno de ansiedade que afeta cerca de 1% da população. Trata-se de um medo intenso da morte que ocorre de forma recorrente com sintomas cognitivos e físicos. A pessoa experimenta aumento da frequência cardíaca e respiratória, ressecamento da boca e sensação de falta de ar, além de dores no peito e outras dores musculares características do estresse provocado pela ansiedade.

O início de um ataque de pânico é caracterizado por uma falha no sistema de alerta do organismo, um conjunto de mecanismos físicos e mentais normalmente desencadeados para que a pessoa possa reagir a algum tipo de ameaça.

No transtorno do pânico, o sistema de alerta é desencadeado sem nenhum tipo de ameaça real. Uma simples possibilidade de exposição a um grupo de pessoas desconhecidas, que poderia causar uma ansiedade natural em qualquer pessoa, é experimentada de forma intensa para quem sofre o transtorno do pânico.

Há uma transmissão desequilibrada dos neurotransmissores Serotonina e GABA[64], informando incorretamente que o organismo está sob ameaça e em risco de morte. Muitos creem que a química cerebral é a causa do transtorno do pânico e de outras tantas enfermidades psíquicas, contudo, é o estado psíquico que altera a química cerebral, tanto é que quanto mais se luta contra os ataques de pânico, mais propensos a se repetirem eles se tornam.

Assim como toda enfermidade, o transtorno do pânico é um sinal de que algo não está bem na psique da pessoa. Se há uma necessidade de informar o organismo de que ele precisa se preparar para o risco eminente é porque há uma "ideia" central e inconsciente de que não há segurança diante da vida, especialmente nas circunstâncias em que os ataques são desencadeados. Traumas vividos na infância ou adolescência podem ter sido gravados pelo inconsciente como momentos de insegurança e de risco.

Especialmente na infância, a criança não tem capacidade cognitiva para assimilar os problemas e responder positivamente a uma vivência de bullying, por exemplo, e então ela sofre e se sente totalmente desprotegida diante da vida.

No futuro, diante de uma situação na qual ela se veja novamente exposta, ela poderá ter seu sistema de alerta desencadea-

---

64 GABA (Gamma-AminoButyric Acid), em português Ácido gama-aminobutírico.

do novamente por lembranças inconscientes negativas. Contudo, vale salientar que não é apenas a memória inconsciente a única "culpada" pelo desencadeamento dos ataques. Paralelamente, há um estado de estresse, ansiedade e depressão que tornam a pessoa mais suscetível a reações inconscientes.

Durante um ataque de pânico, as pessoas próximas podem se assustar tendo reações histéricas ou até mesmo tentarem minimizar os sintomas que a pessoa diz experimentar com frases do tipo: "isso não é nada", "seja mais forte", "logo vai passar", entre outras. Essas atitudes não ajudam em nada e só fazem com que a pessoa piore ainda mais. É necessário oferecer proteção e segurança, um abraço, uma palavra amiga, uma atitude de amor e afeto maternal que alcançarão o mais íntimo da pessoa que está sofrendo. Uma vez sentindo-se segura e protegida, a pessoa restabelecerá seu equilíbrio psíquico e poderá seguir em frente.

É necessário que a pessoa que sofre o transtorno do pânico o veja como um sintoma, uma tentativa de seu próprio organismo de responder positivamente aos problemas da vida. Não vale a pena lutar contra o pânico, mas sim compreendê-lo de outra forma, de forma positiva. Ele deve ser bem-vindo.

À medida que a pessoa olha para o seu próprio ataque de pânico como uma tentativa de melhora do organismo, ela mesma toma consciência de que, ao final das contas, tudo está sob seu controle. É um caminho de autoconvencimento de que aquelas lembranças inconscientes não mais fazem sentido no momento presente e que, hoje, essa pessoa cujo organismo se prepara constantemente para lidar com as ameaças é uma pessoa forte, corajosa, que luta constantemente para se superar e superar os desafios da vida.

A pessoa que enfrenta o pânico dos dias atuais é muito mais forte do que ela própria pode imaginar. Uma vez superada essa fase da vida, ela poderá trilhar um caminho de muitas atitudes e decisões bem-sucedidas.

Os quadros depressivos e ansiosos podem eventualmente representar um movimento interior em busca de realizar grandes feitos e grandes superações. A psicoterapia é sempre indicada.

AVALIAÇÃO DO ESTILO DE VIDA

Como está seu estilo de vida?

Você cuida bem de sua alimentação?

Dedica tempo para comer com calma e
apreciar bem a comida?

Você tem uma boa rotina de sono, dorme ao menos
7 horas por noite, tem um sono constante e sem agitação?

Você exerce um trabalho que gosta? Sente que o que
faz é importante para você, para sua família e para
as pessoas com quem trabalha?
Você gosta de voltar para casa depois do trabalho?
Dedica tempo para estar com as pessoas da sua família?

Você dedica tempo para o lazer, para o
descanso e para o estudo?

Você costuma ruminar mágoas do passado,
guardar raiva e sentimentos de rancor e ódio?

Você costuma ficar pensando no futuro de forma
negativa, imaginando cenários ruins e como lidar com eles?

Você julga as pessoas facilmente, evitando
se socializar por considerar-se melhor que os outros?

Você sorri com frequência e procura apreciar a beleza

da natureza, da arquitetura e das pessoas ao seu redor?

Você dedica tempo em sua rotina à arte, seja a música,
o teatro, a dança, o cinema, a pintura e outras formas?

Como está o sentido da sua vida?

Você é capaz de perceber o que a vida espera de
você nesse momento da sua história?

Você se sente livre para realizar o que sua
consciência lhe inspira a realizar?

Você pode dizer que está amando alguém
neste momento de sua vida?

Você pode dizer que o trabalho que realiza o faz por amor?

SUPERANDO A DEPRESSÃO COM A PSICOLOGIA DO AMOR

Nem sempre podemos dar as melhores respostas para tudo o que a vida nos pede. Sabemos que a depressão pode trazer marcas neuroquímicas que estão acima do nosso controle. Também é certo que o ser humano é capaz de se posicionar de forma positiva diante de sua própria história.

Aprender a não fugir dos problemas, mas encará-los de frente, buscando soluções. Aprender a vencer a vontade de ficar trancado no quarto para ir ao encontro daquelas pessoas próximas que precisam de sua ajuda, atenção e carinho. Aprender que mesmo quando se perde alguém, a vida nunca perde o sentido, mas depende de nós encontrá-lo em cada situação.

De que forma a Psicologia do Amor pode auxiliar na cura da depressão?

As descobertas do poder da ocitocina no tratamento da depressão despertam a curiosidade dos cientistas para o campo farmacológico, uma vez que a grande maioria das pesquisas são laboratoriais e financiadas pela indústria farmacêutica.

Contudo, além dos remédios à base de ocitocina sintética, temos a possibilidade de detectar comportamentos que produzem a ocitocina de forma natural, e as expressões de afeto são algumas delas. O beijo, o abraço, o carinho e outros gestos proporcionam a produção de ocitocina no organismo, e esse hormônio conhecido como o hormônio do amor causa sensações de proteção, pertença, prazer e segurança.

A ocitocina é um hormônio produzido principalmente pelo hipotálamo, uma região do cérebro do tamanho de uma amêndoa, localizada perto do tronco cerebral, que liga o sistema nervoso ao sistema endócrino por meio da glândula pituitária. A glândula pituitária libera a ocitocina diretamente no sangue, ou para outras partes do cérebro e da medula espinhal.

Durante o parto, a ocitocina é utilizada para auxiliar nas contrações. Quando as contrações não estão fortes o suficiente, a ocitocina é administrada na mãe para auxiliá-la ao longo do processo. Ela também auxilia para que a placenta seja entregue, e a mãe pode receber uma injeção de ocitocina sintética após o parto para garantir essa entrega. Os níveis de ocitocina após o parto são bem maiores na mãe, protegendo-a por garantir que o útero se contraia e evitando hemorragias.

É também graças à ocitocina que a mãe estabelece um vínculo poderoso com o seu filho no momento do nascimento. Logo após o parto, para garantir a sobrevivência dos bebês, naturalmente a mãe procura o filho para lhe dar alimento por meio da amamentação. Esse movimento se deve muito à ocitocina.

Por outro lado, longe das expressões de afeto, as críticas constantes e ausência de afeto impedem a autonomia, a liberdade e a independência. A pessoa que critica faz com que a pessoa criticada se sinta dependente dela e sempre queira agradá-la.

A Síndrome de Estocolmo, ou síndroma de Estocolomo (Stockholmssyndromet em sueco), por exemplo, é o nome normalmente dado a um estado psicológico particular em que uma pessoa, submetida a um tempo prolongado de intimidação, passa a ter simpatia e até mesmo sentimento de amor ou amizade perante o seu agressor.

Segundo uma pesquisa da Universidade de Connecticut, as mesmas áreas do cérebro que são estimuladas quando a pessoa é ferida fisicamente são estimuladas quando a pessoa é rejeitada. Alguns definem a depressão não como ausência de alegria, mas ausência de vitalidade.

A Psicologia do Amor tem como objetivo auxiliar a pessoa a acessar sua capacidade de amar. De fato, não é apenas quando você recebe um abraço que a ocitocina é liberada em seu organismo, mas também quando você é o agente desse abraço. Ir ao encontro do outro para oferecer o que há de melhor em si é a melhor forma de superar a depressão.

Evidentemente, a pessoa precisa de ajuda, em alguns casos medicamentosa, para isso, e por isso é necessário o auxílio psiquiátrico. O que a Psicologia do Amor oferece como reflexão é que o processo terapêutico deve se concentrar na análise da capacidade de amar, em uma verdadeira Philianálise.

BENEFÍCIOS DO AMOR PARA A SAÚDE EMOCIONAL

Colocar-se no lugar do outro e ser agente transformador;
Deixar a posição de vítima;
Analisar com mais racionalidade a situação em
que está inserida;
Perceber-se responsável e ao mesmo tempo
capaz de transformar o mundo ao seu redor;
Estabelecer relações interpessoais mais saudáveis;
Conhecer e aprimorar suas habilidades pessoais,
profissionais e sociais;
Saber lidar de forma inteligente com as críticas
e conflitos e não os levar para o lado pessoal;
Vislumbrar com esperança e expectativa as
possibilidades de futuro;
Projetar-se para o futuro, analisando suas
habilidades pessoais e buscando aprimorá-las;
Analisar a situação com mais senso de humor
e agir com mais senso de humor;
Ter uma atitude positiva diante dos desafios do dia a dia;
Perceber com mais acuidade as qualidades das pessoas;
Perceber com mais acuidade as possibilidades
positivas da vida;
Agir de forma positiva e assertiva diante dos
desafios da vida (morte, doença, etc.).
É preciso deixar a emoção submetida à razão e
razão submetida à consciência como órgão de
sentido no qual se localiza a capacidade de amar.

Pânico

A flecha passou-me pelas ventas
Como um vulto uivante percebi-a passar
Minhas maçãs se desvestiram de sangue
As pálpebras se esticaram e as pernas tremeram.

Uma mistura de pânico e preguiça
Uma sensação de medo e incapacidade
A voz forte de outrora
Converteu-se em leves murmúrios nesta hora

Fogo, fogo, ouvi de longe
Corra, corra, logo depois
A estátua entrou em meu corpo
Não me deixou correr...

Trememos, eu e a estátua
As roupas se molharam,
Ouvi algo se aproximando,
Um ruído que dilacerava a alma

Vozes, muitas vozes,
O coração saía-me ao peito
Meus olhos se fechavam
E no concatenar das horas...

Calou-se o tudo
e o pânico se viu no escuro
acordei em braços cálidos e tranquilos,
eu forte, eu estátua, eu vivo!

AMOR E ÓDIO NA REALIDADE HUMANA

Quem nunca odiou algo ou alguém que atire a primeira pedra. Na verdade, odiar também é uma capacidade e ela também tem suas raízes em nossa capacidade de amar, por mais paradoxal que isso possa parecer. Odiamos quando algo ou alguém afeta aquilo que amamos, o que muitas vezes afeta de forma negativa nossa própria vida e nosso amor próprio e, por isso, odiamos. Outras vezes, algo ou alguém afeta as pessoas que amamos e por isso, o odiamos, mas, muitas vezes, também podemos experimentar o ódio até mesmo para com as pessoas que amamos, seja quando elas fazem coisas que nos machucam, seja quando fazem coisas que nós sabemos que não serão boas para elas.

Odiamos porque nos importamos, seja com nós mesmos ou com os outros. Quando nos importamos demais com nós mesmos, a ponto de não conseguirmos amar ninguém, então, muito provavelmente, estamos trilhando o caminho do paralelismo existencial, cheio de pseudoamores.

O ódio é parte da dinâmica humana e certamente não nos faz bem, pois desperta sentimentos de agressividade e destruição. Por isso, precisamos estar submetidos ao amor e, consequentemente, à razão.

Nós somos capazes de odiar justamente porque somos capazes de amar. Da mesma forma que muitas vezes não conseguimos amar como gostaríamos, podemos odiar como não gostaríamos, mas, ao contrário do amor, o ódio deve ser evitado ao máximo e não deve permanecer, justamente porque ele ocupa o lugar das manifestações do amor. Amar é uma decisão que provém da capacidade de perceber no outro aquilo que muitas vezes não está perceptível aos olhos de todos.

Amar é captar, como diz Frankl, a essência da pessoa e, justamente porque é capaz de captar a essência, o amor se fixa nessa essência positiva que é imutável e a ama, não importa o que aconteça. O ódio, por outro lado, não está direcionado para a essência da pessoa, porque a essência humana é boa por natureza. Ele está direcionado para as ações humanas, ou seja, o ódio é sempre, por constituição, passageiro.

O ódio está sempre apoiado em situações relativas, que não prevalecem sobre a essência da pessoa. Assim, todos nós podemos odiar, mas devemos guardar como princípio que, juntamente com a palavra "odeio", devemos pronunciar também a conjunção "quando", pois sempre será relativo a uma situação temporária e nunca deve ser perene, definitiva.

Quando eu digo: "eu 'odeio' o político beltrano", estou oferecendo uma afirmação definitiva que traz implicações de discórdia, de inimizade e intolerância que, por conseguinte, me levará a uma guerra com essa pessoa. Mas, se por outro lado, digo: "eu 'odeio' beltrano 'quando' ele faz isso ou aquilo", eu estou estabelecendo que há possibilidades de eu não mais odiá-lo, de que esse sentimento é relativo a uma situação específica, ainda que seja dolorosa e possa durar por muito tempo, mas nunca representará um caráter definitivo.

Se amar traz para o ser humano a realização pessoal e, portanto, a felicidade, odiar, por outro lado, traz para o ser humano frustrações em relação à sua capacidade de amar, pois revela um insucesso, um movimento malsucedido de realização pessoal. Não se desiste do amor, porque desistir do amor seria o mesmo que desistir da felicidade.

Portanto, a humanidade deve sempre buscar promover a superação dos preconceitos, da intolerância e das guerras, pois sua felicidade depende exclusivamente de sua capacidade de superar o ódio e estabelecer a vivência de sua capacidade de amar.

REJEIÇÃO
E AUTOESTIMA

O que significa se sentir amado? Para que serve o amor em nossa vida? Como citado anteriormente, uma pesquisa da Universidade de Connecticut revelou que as mesmas áreas do cérebro que são ativadas quando sentimos dor física, são ativadas também quando nos sentimos rejeitados.

Em uma manhã, eu estava chegando em meu consultório e, na casa ao lado, alguns pedreiros levavam a cabo uma reforma. Hora ou outra havia muito barulho de ferramentas e, no momento em eles estavam cortando os pisos para assentá-los, pensei comigo: "que inferno!". Eu não suporto barulho. De fato, imagine-se em uma sessão de psicoterapia com um barulho ensurdecedor de máquinas cortando pisos ao seu lado!

Mas, ao mesmo tempo, eu pensei em como estava ficando bonita aquela reforma, em como meu vizinho ficaria feliz com a renovação de sua casa. Dei-me conta de que sempre que queremos reformar uma construção precisamos fazer barulho, precisamos fazer uma certa bagunça, e na vida parece que o processo de desenvolvimento também não é diferente.

Quando chegamos em casa depois de um dia de trabalho e nos deparamos com as crianças fazendo aquela bagunça, ou falando alto uns com os outros por estarem brincando e se divertindo, uma bagunça que faz parte do processo natural de desenvolvimento das crianças, nos sentimos incomodados e desafiados em nossa autoridade. Podemos até pensar que estamos sendo desrespeitados, mas a verdade é que as crianças precisam se expressar, dentro de um certo limite, obviamente, mas precisam ser elas mesmas e, quando elas são elas mesmas, são como as serras dos pedreiros – elas precisam cortar e, para isso, fazem barulho.

Eu não poderia ir até meu vizinho e dizer para ele, "olha, você precisa parar de fazer barulho porque está me incomodando", porque ele nunca terminaria a reforma, já que eu trabalho todos os dias, o dia todo! Assim como não podemos impedir nossos filhos de serem eles mesmos! Respeitando os limites de cada um, o fato é que aos pais cabe a responsabilidade de educar, e educar também significa ter paciência.

Corrigir os filhos e os educar para que obedeçam e respeitem nossa autoridade não significa podar suas iniciativas e sua naturalidade. As crianças precisam ser elas mesmas para que cresçam de forma saudável e com uma elevada autoestima.

Podemos entender o cérebro como um computador – por mais que usemos essa analogia, ela ainda não perdeu seu sentido – que está em constante desenvolvimento e, para isso, aprende, utiliza recursos como a memória para gravar as informações e, baseado nessas informações, desenvolve formas de agir. Assim acontece com cada um de nós e com as crianças de forma especial. Elas estão crescendo, mas para elas há algo ainda mais importante: elas estão dependentes dos pais, ou seja, ainda não são independentes.

A maioria das informações que as crianças recebem do mundo e gravam na memória passa pelo crivo dos pais. Não que os pais sempre tenham que falar algo sobre tudo o que elas estão aprendendo, mas as crianças estão sempre procurando os pais para olhar para eles e ver qual a reação deles, ver se a cara deles será de aprovação, de alegria, de tranquilidade, de felicidade, ou se será de reprovação, de raiva, medo, espanto, susto, ódio, ou qualquer outra emoção negativa. É assim que as crianças desenvolvem seus processos de aprendizagem e comportamento.

Imagine uma criança que gosta muito de cantar e dançar, um menino que sempre vê shows pela internet e pela TV e se identifica com a música. Ele está sempre dançando e cantando em seu tempo livre, mas toda vez que o pai o vê fazendo isso ele o repreende, diz que ele deve se comportar com mais seriedade e se conter. Contudo, há algo dentro desse menino que simplesmente não consegue se conter, ele realmente gosta da música, é algo natural, espontâneo, mas dependendo do grau de intolerância do seu pai ele vai ter que lhe obedecer, e isso geralmente acontece sob a imposição do medo.

Dificilmente um pai que dialoga com o filho e o ajuda a refletir sobre seus próprios atos irá impor ao filho que ele não cante e dance em seus momentos de lazer. O pai que não tem um diálogo com o filho agirá de outra forma, ele realizará esse controle por meio da ameaça, da coerção, da imposição de sua autoridade sobre o filho, e isso gera medo.

O pai, talvez, pense que está preparando o filho para ser um bom homem, mais forte e mais preparado para lidar com os problemas e desafios da vida, mas, no fundo, o que está sendo gravado no cérebro do garoto é que ele não deve expressar livremente seus sentimentos, que não deve ser ele mesmo, que ele não tem essa liberdade, porque o mundo não quer acolher sua naturalidade ou sua espontaneidade.

Essas elaborações normalmente não são conscientes na mente da criança e, na maioria das vezes, não são conscientes também na mente dos adultos. Nosso cérebro processa essas informações enquanto estamos dando conta de outras informações mais urgentes para a nossa vida.

Certamente, por esses motivos, algumas pessoas podem desacreditar nos processos psíquicos inconscientes, justamente por não serem conscientemente compreendidos, assimilados e, portanto, muito menos, verbalizados. Por outro lado, é exatamente para isso que a psicologia desenvolve constantemente seus estudos, cuidando daquilo que está além da compreensão do senso comum.

Do ponto de vista psicológico, encontramos explicações teóricas muito bem fundamentadas para os aspectos inconscientes do desenvolvimento humano. Essas teorias são aplicadas em todas as áreas de atuação da psicologia, seja no mundo organizacional, nos hospitais, nas escolas e principalmente na clínica, mas além dessas aplicações da psicologia, considero de grande importância que os pais compreendam ao menos as bases das ciências psicológicas, uma vez que, compreendendo como funciona o mecanismo de desenvolvimento psíquico, eles mesmos podem tomar atitudes para melhorar o relacionamento com seus filhos e também entre eles.

Assim, este livro não apresenta apenas algumas reflexões de cunho teórico e científico da Psicologia do Amor, mas também busca expressar uma linguagem mais simples que possa ser compreendida pelo leigo, ou seja, você que é pai, mãe, adulto, jovem, adolescente, profissional ou estudante, pode compreender as reflexões e elaborá-las da melhor forma que sua mente é capaz de assimilar, de acordo com sua experiência de vida. O importante é que, compreendendo as reflexões, sua vida melhore em diferentes aspectos. A Psicologia do Amor é também, acima de tudo, uma psicologia preventiva.

À medida que nos damos conta das consequências de nossas posturas diante das pessoas que estão ao nosso redor, nossa mente cria novas formas de ação. Portanto, enquanto estamos refletindo sobre o processo de aprendizagem das crianças em relação aos pais, também acontece em nós um processo de aprendizagem.

O que dizer da relação conjugal quando o assunto é respeitar o espaço do outro? Afinal, o que significa respeitar o espaço do outro? Qual é o espaço do outro? Em países nos quais ainda predomina a visão de que a mulher deve ser submissa, ou de que deve cuidar dos afazeres domésticos, e o homem deve cuidar do controle financeiro, por exemplo, a visão a respeito do espaço do outro pode ser diferente dos lugares em que a mulher é mais livre e ambos dividem de forma igual as obrigações da casa e das finanças.

O fato é que estamos em constante mudança e isso gera insegurança nos relacionamentos. Não é preciso apenas que possamos compreender um ao outro e a nós mesmos, mas também que estejamos constantemente observando as mudanças no mundo a nossa volta.

Assim, visitar culturas diferentes contribui também para o desenvolvimento saudável dos relacionamentos em casa, pois, além do modelo de nossos pais e dos nossos amigos ou colegas, podemos ver que existem outros modelos ao redor do mundo que deram certo e que podem contribuir para a forma como construímos nossos relacionamentos. Quanto mais conhecemos, mais ampliamos nossa visão de mundo, não apenas do mundo enquanto planeta, mas do mundo de possibilidades da vida humana.

A rejeição e a falta de amor podem causar problemas profundos na história de uma pessoa, o que pode ser evitado se compreendermos como isso acontece. Uma mãe que se dedicou muito mais aos seus afazeres do que à atenção ao filho provavelmente não cometeria esse erro se soubesse que quando o filho chegasse na adolescência, seus sentimentos de rejeição o levariam ao mundo das drogas e, consequentemente, a uma morte tão precoce. Hoje, as pessoas sabem que os filhos precisam de atenção, mas muitas vezes são "saberes" frágeis, sem fundamentação. Elas sabem disso porque alguém disse, ou porque são normas dessa ou daquela religião.

É preciso buscar fundamentos, e uma das funções do mundo acadêmico e científico, além de produzir o conhecimento, também é levar esse conhecimento às pessoas que não estão inseridas no mundo da ciência. Ensinar bases de psicologia para os pais e fazer parte dos projetos de política pública deveria ser uma prerrogativa dos cientistas, na menor das hipóteses.

O aumento de estresse, por exemplo, aumenta a vulnerabilidade com relação à dependência de drogas. Essa afirmação é comprovada pela ciência por meio de diversos estudos, entre eles, o da Dra. Clarice Madruga, pesquisadora da Unesp, que explica a existência das predisposições genéticas para a dependência, mas que também defende que qualquer estímulo mental, especialmente nos primeiros anos de vida, pode aumentar a vulnerabilidade para algum vício.

E quando os pais vão ter acesso a essa informação? Quando lerem um artigo em um site científico? Certamente não. Essa é uma informação importantíssima, mas ela também precisa ser explicada e aplicada na vida familiar. Muitos jovens deixarão de procurar as drogas se os pais dos bebês de hoje compreenderem essa pequena informação.

CAPÍTULO 07

DESPERTE O HERÓI EM VOCÊ

O QUE NOS
TORNA FRÁGEIS

Vivemos em um tempo de fragilidades e individualismos. As pessoas se sentem ofendidas facilmente, enquanto não pensam duas vezes para proferir seus julgamentos ofensivos diante dos outros. Os jornais nos presenteiam com uma sobrecarga massiva de especulações que potencializam as más notícias e manipulam as emoções. Nesse cenário de enfraquecimento da vontade, das relações e do próprio "eu", quem serão nossos heróis?

A história nos julga não porque é uma opressora sociopata, mas porque ela é testemunha do que sabemos e do que somos capazes. Para as sociedades antigas, carentes de informação e conhecimento, carentes da ciência, da tecnologia moderna e das maravilhas da medicina e da psicologia, as guerras, a violência, a destruição e a autodestruição poderiam ter sido desculpadas, pois a ignorância faz do tolo um inocente. Contudo, a ignorância é uma desculpa esfarrapada aos privilegiados do século 21.

As religiões ensinaram os preceitos do amor durante séculos, as ciências humanas comprovaram a necessidade do respeito mútuo e da colaboração para a sobrevivência dos povos, a Declaração Universal dos Direitos Humanos, nascida no pós guerra, lembra-nos constantemente o quão necessário é vivermos em paz e como membros de uma mesma família humana para evitarmos o caos da destruição. Além disso, cientistas e incontáveis estudos comprovam a necessidade de uma colaboração sustentável na manutenção da natureza para evitar o aquecimento global e a destruição dos recursos naturais que nos mantém vivos.

A heroicidade não é um caminho de vaidade que deva ser trilhado por quem busca um lugar de destaque diante dos outros, mas um caminho de afirmação daquilo que é real e verdadeiro, daquilo que é mais valioso para todos e, por isso, o herói deve abrir mão de seu individualismo, não de sua individualidade ou de sua identidade, mas de qualquer tendência egocêntrica e narcisista.

Podemos falar de muitas teorias de autoajuda que oferecem a você a possibilidade de ser uma pessoa poderosa. Muitos dos livros mais vendidos no Brasil estão relacionados à ideia de que temos que ser "foda", ou aprender a ligar o "foda-se" e, embora muitas ideias possam ter bons fundamentos para o fortalecimento do ego, é preciso lembrar que não é possível ser "alguém na vida" se não há outras pessoas ante as quais podemos representar algo. O simples fato de ser humano é ser ante um outro, seja ele parte de minha família, seja ele a sociedade como um todo.

Vivemos um tempo em que não é difícil ver as pessoas se expondo ao ridículo de diferentes formas, como se não se importassem mais. O que vale é o imperialismo do ego, a prevalência do eu sobre tudo e sobre todos, dos comentários ofensivos nas redes sociais às mais diversas manifestações também ofensivas de líderes políticos dos mais diversos partidos e das mais diversas ideologias. Estamos reproduzindo nos dias atuais, momentos de uma história remota em que a mentira imperava sobrepondo-se à ciência e aos fatos, as fake news, o vale tudo, a luta pelo predomínio do eu, do meu, do aqui e do agora.

Mas, este momento deve ser imposto sem nenhum questionamento? Quem ousa levantar-se diante da multidão? A expressão arquetípica do herói se torna cômica diante do cinismo egocêntrico, mas o som que de fato prevalece no ruído do dia a dia é o clamor do "nós", quem "nos" defenderá? Quem defenderá o "nós"? Quem defenderá o "nós" do amanhã, o "nós" de outros lugares diferentes do "meu"? Quem defenderá o que é "nosso"? Nosso planeta, nossos filhos, os filhos de nossos filhos, nossa história em comum, nossa raça humana, nossa liberdade de ir e vir para todas as partes desse nosso planeta.

É preciso promover a busca pela heroicidade dentro de cada um de nós, pois a atitude heróica muda o mundo dentro de nós e ao nosso redor. A heroicidade não é apenas um sacrifício em prol do outro, mas uma atitude que traz sentido para o próprio herói. A pessoa mergulhada em si mesma abre espaço para o niilismo, enquanto que o herói é convidado a ir ao encontro de um mundo que precisa do que ele tem a oferecer e esta relação de interdependência positiva move o mundo, traz realização pessoal e é o mais efetivo remédio para o vazio que experimentam as gerações que compartilham nosso tempo presente.

O culto à estética toma proporções preocupantes quando se transforma em transtornos como a já citada vigorexia. Há relatos de adolescentes que cometeram suicídio deixando mensagens de que não se sentiam bonitas. Muitas jovens confessam passar horas tirando centenas de fotos para que consigam a foto perfeita e então possam publicá-la, apenas uma.

Para Platão, o belo está pautado em uma noção de perfeição e de verdade, em que a beleza existe em si mesma, no mundo das ideias, separada do mundo sensível. Desta forma, o que é belo é belo e não precisa de propaganda para fazer-se mais belo.

Quando um pintor se aplica para ser capaz de fazer com que sua obra seja cada vez mais perfeita, ele busca aquilo que ainda não existe, que é o resultado de seu trabalho. Porém, quando uma pessoa busca obsessivamente a perfeição de seu corpo, busca transformar aquilo que já é e que já traz em si não apenas o valor de sua aparência física, mas o valor de toda uma existência expressada no corpo, no semblante, no olhar, nas palavras, nos gestos e nas atitudes.

Ser humano é ser capaz de grandes coisas que em sua maioria transcendem o próprio corpo. Desta forma, quanto mais nos aplicarmos ao desenvolvimento de valores que transcendem o materialismo, mais livres dos determinismos nos sentimos. Uma vez mais, vale lembrar que os estudos revelam que as pessoas se realizam mais em suas relações do que em suas conquistas materiais.

Alguém pode argumentar que para ter boas relações é preciso ser belo. De fato, a estética tem seu lugar e nas relações amorosas o belo de uma pessoa significa saúde, tendo assim seu lugar em uma hierarquia de valores. Contudo, nessa hierarquia de valores a estética não está em primeiro lugar. Uma boa esposa ou um bom marido é aquela ou aquele que será parceira(o) nos momentos difíceis, que será boa companhia, que trará felicidade e segurança, carinho e afeto, companheirismo e companhia, valores que são perenes e que tendem a ampliar à medida que o tempo passa e a pessoa se torna mais madura, ao contrário da estética que tende a diminuir com o tempo.

O ANTÍDOTO PARA A FRAGILIDADE

Para que haja amor é indispensável que haja o outro, a relação com o outro. Portanto, se não há o outro, não há amor e, se não há amor, não há vida humana. Para viver a plenitude da capacidade humana é preciso viver o encontro com o outro.

Só se pode experimentar o valor da compaixão quando se tem alguém por quem sentir compaixão; só se pode experimentar a misericórdia quando se tem alguém por quem ter misericórdia; só se pode experimentar o valor da solidariedade quando se tem alguém a quem ser solidário; só se pode experimentar o valor da heroicidade quando se tem alguém a quem salvar; só se pode experimentar o valor do favor quando se tem alguém a quem fazer um favor; só se pode experimentar o valor do amor eros quando se tem alguém por quem se apaixonar; só se pode experimentar o valor do perdão quando se tem alguém a quem perdoar; só se pode experimentar o valor do arrependimento quando se tem alguém a quem pedir perdão.

O desenvolvimento da nossa capacidade de amar é uma constante em nossas vidas. Assim, existem alguns passos, ou atitudes, que nos ajudam a amar:

1 – Ter um olhar de amor

Um olhar de amor reconhece a outra pessoa como ela é e não como eu gostaria que ela fosse. Como o encontro com o outro é importante! Primeiramente, é preciso reconhecer que a pessoa com quem se encontra tem em si duas realidades: receber e de dar amor – realidades que não se referem apenas à necessidade, mas à capacidade. A pessoa quer algo e a pessoa pode algo ainda maior do que deseja receber.

2 - Ter paciência

Uma mãe é capaz de se dedicar pacientemente aos cuidados de um bebê sabendo que, ainda que ele persista em um comportamento não desejável, como, por exemplo, a birra, ele um dia será um bom garoto, um bom jovem, um bom homem, capaz de dar amor. A mãe, porque ama, sabe que o filho quer seu amor e sabe também que ele será capaz de dar amor.

3 - Sair de si

Para perceber de que forma o amor pode afetar a vida de uma pessoa, tente imaginar neste exato momento as pessoas que estão ao seu redor. Procure vê-las como pessoas que querem amor e que também querem dar amor, querem receber e querem dar: veja que há essa dinâmica contínua em sua existência. Certamente, essa não é uma dinâmica fácil de realizar, especialmente quando não se está aberto ao encontro, mas se essa dinâmica acontece, é como se um novo canal de comunicação se abrisse com a outra pessoa.

É preciso perceber a pessoa além de seus defeitos, compreender que eles, que por vezes são direcionados para me ferir, são, na verdade, um sintoma de que ela está buscando ser amada e, não só isso, está buscando uma forma para amar.

4 - Saber que o outro quer amar

Toda pessoa busca uma ocasião para amar. Essa é uma busca incansável e incessante para cada ser humano. Está gravado em nossa estrutura psíquica. Considerando assim a busca humana, podemos olhar para um agressor, por exemplo, e aplacá-lo de tal forma que ele se sinta amado. A força da agressão pessoal aumenta quando é respondida da mesma forma, com agressividade.

A máxima de que a violência gera violência é um fato em todas as relações humanas. Responder a uma atitude agressiva com mansidão é não apenas um gesto admirável, mas também uma forma concreta e eficaz de aplacar a violência que lhe é dirigida. É agir com inteligência. Da mesma forma, a máxima pode ser verdadeira para o amor, ou seja, o amor gera amor!

5 - Vencer o ódio

Certa vez, quando era um jovem professor de inglês, saí de meu trabalho e havia acabado de receber meu tão suado salário. Fui à casa de minha namorada e, quando já era tarde da noite, fui para a minha casa, que ficava há uns 3 quilômetros de lá.

Enquanto subia a pé as ruas daquele bairro, percebi que um homem muito mal encarado se aproximava de mim, com uma cara e um comportamento muito suspeitos. Sabia que seria assaltado. Não havia mais ninguém naquela rua, estava escuro e eu, um jovem magricela, não poderia fazer nada a respeito.

Quando ele se aproximou eu, como que em uma atitude de extrema rapidez, lhe estendi a mão. Ele automaticamente se viu obrigado a estender a dele. Segurei em sua mão e, olhando nos seus olhos, disse com voz forte e em alto tom: "boa noite, amigo! Como vai? Tudo bem?". Ele arregalou os olhos e, gaguejando um pouco, não conseguiu pensar em outra atitude senão me responder com um "boa noite" e um "sim, estou bem".

Então, eu continuei caminhando e percebi que ele se virou para outro lado, meio perdido, pensativo, enquanto eu começava a andar ainda mais rápido para salvar meu suado salário. Conto esse caso para ilustrar que uma resposta de atenção pode ser a melhor resposta para quem busca agredir. É claro que sempre há o risco de que a agressão ocorra mesmo assim, mas para mim, naquela situação, não havia outra escolha e essa atitude me salvou.

6 - Surpreender com amor

Quando as pessoas são surpreendidas com gestos de amor, a tendência é que elas se sintam obrigadas a responder com amor porque, no fundo, o que buscam verdadeiramente é a possibilidade de amar.

7 - Vencer o desprezo

O filme "A Lista de Schindler" conta a história de um comandante nazista que se vê interpelado pelo sentimento que tem por sua empregada judia e, por mais que a teoria inumana do nazismo tentasse convencer-lhe de que os judeus não poderiam ser considerados como seres humanos, ele não conseguia deixar de amar aquela mulher, até o ponto em que fez de tudo para salvá-la dos algozes nazistas. Tal história se repetiu em muitas situações durante a segunda guerra mundial.

8 - Ter mais sabedoria

Quando compreendemos que o outro tem a necessidade de amar, adquirimos uma sabedoria que nos auxiliará a desenvolver as relações interpessoais. A partir do momento em que percebemos que há em cada pessoa um desejo, ainda que inconsciente, de amar, de compreender que sua vida tem sentido não só para ela, mas para o mundo a sua volta, conseguiremos lidar com qualquer situação humana e resolver qualquer problema.

9 - Realizar coisas impossíveis

Existe um fenômeno chamado força sobre-humana que geralmente acontece quando, em situação extrema, uma pessoa consegue exercer uma força física que estaria, pelas leis da física, além das suas potencialidades. Há casos de pessoas que conseguiram levantar um caminhão para salvar alguém, ou mover outras coisas extremamente pesadas para salvar a vida de outra pessoa. É um fenômeno que ocorre principalmente quando a vida de alguém está em risco. Poderíamos supor que é uma força movida pelo amor.

10 - Ser mais inteligente

Quem ama tudo pode. Assim se ouve em muitas histórias e canções a respeito do amor. E, de fato, a pessoa que ama poderá realizar muito mais coisas que a pessoa que não ama, não apenas porque está amando, mas porque amando encontra-se no caminho real de sua existência, está suficientemente lúcida e saudável psíquica e espiritualmente para poder eleger as melhores opções e visualizar as melhores estratégias, além de estar livre de culpas e neuroses, para, então, realizá-las com eficácia e sucesso.

11 - Ter mais coragem e segurança

Quem ama não hesita. Quando uma pessoa ama, ela não tem medo de errar, ela investe, tem segurança, vai ao encontro do outro, faz o bem e não tem medo de ser reprovada justamente porque faz o bem. Ela não só faz o bem com convicção, mas também está disposta a pagar o preço de tê-lo feito ante aqueles que não estão dispostos a admiti-lo. Como o exemplo da mãe que aceita a gravidez de risco por amor ao filho que nascerá, mesmo contra os que a tentam impedir.

12 - Ver além

Quem ama vê além. Uma das características do amor é saber que o outro pode se superar. O ser humano está em constante amadurecimento, ainda mais quando ativa as forças de sua essência. O amor é capaz de ver além porque ele é a essência da capacidade do ser humano de transcender, de ir além de si mesmo e da realidade em que se encontra. Ante os erros e crimes cometidos pelas pessoas, a possibilidade de que elas se recuperem é maior em um ambiente no qual o amor está presente, pois o amor gera amor.

Grito

Ouço um grito,
Grito que me abala, estremece até o âmago de meu ser
Grito de gente, grito de criança,
Grito sofrido, grito que não se cansa

Até quando ouvirei tal súplica,
Em minha mente, a voz permanece inerte
Inerte no ato ávido do clamor,

Grito insano, grito da alma
Grito que se ouve e não se ouve
É sentido mas não descoberto
Clamor de uma vida que anseia por socorro

Socorro! De onde virá?
Socorro! Pode alguém ou algo ajudar?
Por mais que ultrapasse as paredes dos doutos,
Por mais que retumbe nos tímpanos dos psicos

O grito é ouvido e não é ouvido
O grito é escutado e não percebido
O grito é o grito não entendido.

Doutos, psicos, pensantes...
São vocês os heróis escondidos?
São vocês a grande resposta à dor do gritante?

O AMOR CURA E
PREVINE DOENÇAS

O próprio Viktor Frankl reconhece que o amor também encontra, como expressão da essência humana, o lugar possível de prevenção e também de cura para os distúrbios psíquicos.

"A prevenção de distúrbios neurótico-sexuais baseia-se numa educação na capacidade de amar e na capacidade de entrega de si mesmo. Por isso, também tem plena validade no campo dos distúrbios sexuais e da respectiva terapia a frase de Paracelso: 'o amor é a base da medicina'" — Viktor Frankl.

O amor movimenta de tal forma a existência humana que é capaz de reestruturar toda uma vida. A força mobilizadora do amor foi observada em um caso clínico: uma mulher de 56 anos havia entrado em um processo depressivo profundo há alguns anos. Sua vida havia perdido o sentido e ela passava as noites em claro, sem sair de casa, esperando que algo a salvasse, ou que a morte a visitasse.

Uma amiga, então, encaminhou a mulher para uma ajuda psicológica. Ela trazia consigo uma longa história de sofrimentos, conquistas, sonhos, frustrações e realizações, mas nos últimos anos tudo o que via pela frente eram seus erros, suas culpas e suas penas. Encarcerada em sua própria casa e por vontade própria, havia se afastado dos filhos e de toda a sociedade. Seus bens haviam sido bloqueados pela justiça por conta de um divórcio litigioso do segundo casamento e seus filhos do primeiro casamento a culpavam por ter se separado de seu primeiro marido.

A pena por não ter dinheiro lhe trazia um sentimento de grande humilhação social, ainda que não tivesse culpa sobre isso, pois os bens requeridos pelo segundo marido faziam parte da herança que seu primeiro marido lhe havia deixado. Mas nada era tão penoso para ela quanto a sensação de que, lá no fundo, ela estava em débito com sua própria consciência.

Ela também trazia a repressão de seu próprio pai, que não aceitou o seu primeiro divórcio, ainda que ela tivesse um relacionamento sofrido e que não fazia sentido continuar, pois presenciava a violência física e psíquica que seu marido trazia para ela e para seus filhos.

As sessões seguiram-se com todas as técnicas consideradas cabíveis para seu tratamento psicológico. Foi então que iniciei um exercício que buscava apelar para sua consciência, mas não apenas para a consciência, mas para a mais alta capacidade que ela possui: a capacidade de amar. Perguntei-lhe qual havia sido a última vez que vira uma de suas filhas, à qual ela se referia como problemática e com quem, por várias razões, não falava.

Perguntei-lhe sobre todos seus filhos, sobre os momentos bons e ruins que viveram juntos. Percebi que ela havia aceitado a revolta dos filhos contra ela e a culpa que lhe imputavam, responsabilizando-a pelos sofrimentos de todos por causa da separação de seu primeiro marido. Ela tentava se defender sempre das acusações, mas não era sua culpa ou sua defesa que a faziam sofrer, mas seu esquecimento de que seu lugar de mãe era inalienável, insubstituível.

Perguntei-lhe o que ela poderia fazer para ajudar seus filhos hoje, ainda que já estivessem adultos, pois eles enfrentavam problemas com bebidas, drogas e dificuldades nos relacionamentos amorosos e no trabalho. Com o tempo, ela começou a perceber que ela era e sempre seria a mãe daqueles jovens adultos, percebeu que poderia seguir cumprindo seu papel. Nas sessões seguintes, sua postura depressiva deu lugar a uma nova mulher, alguém que sabia que tinha o direito de amar e continuar amando seus filhos e também o direito de reconstruir uma vida amorosa com um novo companheiro.

Foi a curva para cima, para o alto, para o alto valor da pessoa, como diria Max Scheler, para o encontro com sua capacidade espiritual de reconhecer o valor do outro, mas principalmente de reconhecer o valor de si mesma, o valor da capacidade de amar. As sessões se seguiram e, depois de alguns meses, ela já estava de alta, com um novo namorado, e com muitas notícias boas para espalhar para os vizinhos, os amigos, os parentes, os seus pais e, especialmente, para seus filhos e netos.

O amor mudou completamente a estrutura da vida dessa mulher. Certamente, foi necessária uma busca pelo sentido da vida, uma busca por ajuda, mas a psicologia só pode fazer ao paciente que a procura o favor de reorganizar o psíquico e, muitas vezes, em parceria com a psiquiatria, reestruturar o biológico. Uma vez cumprido seu papel, ela permite que a pessoa tenha acesso a sua mais profunda identidade, seu ser espiritual capaz de grandes realizações, capaz de amar.

Se todos os psicólogos compreenderem que a força do amor é capaz de curar as mais profundas doenças psíquicas que assolam a sociedade pós-moderna, levantar-se-á mais uma cortina do espetáculo da vida. O psicólogo, assim como o médico clínico geral e todos aqueles que são procurados para o cuidado com a pessoa, tem em si também a capacidade de realizar o movimento espiritual para o mais alto valor da pessoa, e é nesse sentido que o amor também se configura como o elemento mais importante em um processo de humanização no atendimento à saúde.

O amor, diríamos, faz-nos contemplar a imagem de valor de um ser humano. Assim, leva a cabo uma realização francamente metafísica. Com efeito, a imagem de valor de que nos apercebemos na execução do ato espiritual do amor, em cada caso, é essencialmente a "imagem" de algo invisível, irreal e não realizado. No ato espiritual do amor, portanto, não captamos apenas o que a pessoa "é" no seu "caráter de algo único" e na sua irrepetibilidade, isto é, a "haecceitas" da terminologia escolástica; mas também e simultaneamente o que ela pode vir a ser, precisamente nesse seu "caráter de algo único" e irrepetível, ou seja, a "enteléquia" (Viktor Frankl, 1946).

Dizem que o amor é cego, mas com os fundamentos de Scheler, Harttinberg, Spranger, Viktor Frankl e muitos outros, é possível afirmar sem medo que o amor enxerga mais longe e que sua visão não tem limites.

AMOR DE PAI E MÃE NÃO TEM PREÇO

No dia 16 de outubro de 2004, depois de longos nove meses de espera expectante, um pai assistiu ao parto em que sua esposa dava à luz seu primeiro filho, João Pedro. Ele relata que a lembrança mais marcante daquele dia tão importante foi quando o médico trouxe envolto em lençóis o seu filho, o "meu filho", afirmava, e virando-o para ele, disse: "está tudo bem, não é, lindo?". O pai ficou totalmente sem palavras, pasmo, estupefato!

Naquele momento, aquele ser humano pequenino, totalmente dependente, havia sido confiado aos seus cuidados e aos cuidados da sua esposa. Não podia sorrir, não podia dizer nada, não podia abraçar, não podia lhes oferecer nada além de seu choro e movimentos. O que esperar de alguém nessas condições? A resposta é simples: tudo! Tudo, tudo, tudo! Esse pai sou eu e hoje, quase 16 anos depois, cada dia, cada segundo, cada instante ao lado do meu filho significa um sentido novo para a minha existência.

O mesmo aconteceu com meu segundo filho, Lucas, hoje com 13 anos. Histórias semelhantes, mas repletas de sentidos diferentes. O que esperar de Lucas? Tudo, tudo, tudo. A expectativa diante de outra vida precisa ser esperançosa de boas coisas, apesar da possibilidade de que coisas ruins aconteçam. O medo dos problemas não pode, jamais, ser maior que a esperança expectante da boa nova que representa uma vida humana.

Se um pai e uma mãe, ao receberem de presente da vida um filho, tiverem consciência de que podem, e não apenas podem, mas devem esperar tudo dessa vida, certamente oferecerão a ele o necessário para que cresça da melhor forma que lhe for possível.

Em outro caso clínico, um paciente de 9 anos, V., sofria de enurese, fazia xixi na cama quase toda noite. Para a idade dele certamente era algo vergonhoso e, além de tudo, ainda dormia com a mãe, o que logo no início da terapia foi resolvido com as devidas atitudes da mãe, que até então não via problema algum na situação. Esse menino era filho de um relacionamento rápido entre dois namorados. Sua mãe o assumiu e o criou juntamente com os avós, enquanto o pai aparecia de vez em quando e gerava muitas expectativas no jovem garoto.

Durante o processo terapêutico, foi pedido que o pai do menino fosse ao consultório para ser entrevistado pelo psicólogo, que poderia ouvir sobre como ele se sentia a respeito de seu filho. Entre outras coisas, uma frase marcou muito o psicólogo. O pai disse, referindo-se às dificuldades do filho: "nunca vi em V. um campeão, nunca achei que ele fosse ser alguém na vida!".

Em um primeiro instante o psicólogo pensou de que forma um pai poderia se referir a um filho de apenas 9 anos daquela forma. Foi também quando percebeu mais uma esfera do problema de seu paciente: a total falta de expectativa de seu próprio pai em relação a ele. Se nada se espera, de fato, nada se ama. Se o amor é a força propulsora que percebe no outro todo o seu "vir a ser", todo o seu potencial, se não se é capaz de reconhecer a altura do valor do outro, de fato, não se está amando.

São muitos os pais e mães que preferem não esperar, que preferem não ter expectativa, que preferem não amar. A sociedade pós-moderna ensina que a frustração é o maior sofrimento da vida e que, para evitá-la, é preciso não esperar nada.

Viver o presente em um enlouquecido e obcecado carpe diem tornou-se a solução de vida para muitas pessoas. Contudo, é justamente pelo temor da frustração que a vida perde o sentido, é pela esquiva da possibilidade de esperar que a pessoa deixa de se movimentar espiritualmente e mantém em um cativeiro existencial seu espírito, sua essência, negando a si mesma até as possibilidades de alimentar-se no encontro com os outros, no envolvimento com os familiares, com os amigos e com as pessoas que a cercam.

O homem do século XXI fecha suas janelas de casa, do carro, do MSN, do Facebook, suas janelas da alma! Essa realidade é tão assustadora, mas ao mesmo tempo tão presente, que não será difícil encontrar alguém que, perguntado sobre a causa de suas angústias, não diga em algum momento que tenha medo. Medo do futuro, medo do mundo, medo das pessoas.

Quanto mais medo é experimentado em relação aos outros, mais é provável que a capacidade de amar não esteja sendo acessada, pois se o espírito que é a força propulsora da vida não pode se mover, não há psíquico e biológico que se sustentem para dar conta de todos os desafios que o mundo propõe.

O vento e a chuva

Caindo, precipitando-se
Com força e sutileza, com direção e certeza
Cai, molha, lava,
Traz vida.

Chuva, vento, brisa...
Se a água traz a esperança
O vento a faz bailar,
Na queda da chuva que molha
É o vento que faz a arte.

Cai do céu, mas vem do horizonte,
Estranho pingo d'água
Bate em minha fronte
Acompanhado do seu amigo vento...

Vento invisível, mas perceptível
Vento forte, mas delicado
Acaricia minha face e me molha com a chuva
Transforma-se em brisa e voa...

Sentado na varanda eu vejo a chuva bailar
Sentado na varanda eu sinto a brisa a me tocar
Sentado na varanda eu tenho inveja do vento
Pois não espera a chuva lhe tocar, mas vai ao seu encontro
Como jovem apaixonado surpreendendo sua amada...

Chuva fina, chuva de verão, chuva com sol, chuva...
Se teu amigo é pura paixão,
Se tua vida acaba ao tocar o chão, te invejo mais ainda,
Pois em uns poucos momentos de existência, és amada,
És querida, és aplaudida, a terra te abraça e te acolhe,
Se depois não és mais chuva, tua vida continua, na floresta, no
animal, em mim, no vento...

CAPÍTULO 08

HERÓIS ENTRE NÓS

HERÓIS NA FAMÍLIA

Não é possível falar de uma capacidade de amar que conecta os seres humanos do planeta sem destacar o lugar no qual ela é desenvolvida. É no seio de uma família humana que homens e mulheres se desenvolvem em uma dinâmica de interdependência e de vivência de sua afetividade. Embora o tempo e a história tenham nos mostrado que existem muitas formas de se viver essa dinâmica familiar, não foi possível encontrar uma forma de o ser humano viver sem uma família.

Estamos todos conectados aos que nos circundam desde o momento de nossa concepção no útero materno. São muitos os pesquisadores que estudaram e estudam os efeitos do ambiente em nosso desenvolvimento biopsicossocial e, embora não sejamos totalmente definidos e determinados por esse ambiente, somos sempre condicionados de diferentes formas.

Em vias de buscarmos uma maior qualidade de vida e um desenvolvimento saudável para os novos seres humanos, é primordial que voltemos nossos olhos para a dinâmica do casamento, a relação entre duas pessoas que se encontram para constituir uma família. É inegável que o ambiente no qual um novo ser humano deve nascer seja um ambiente de amor.

Um pai e uma mãe não surgem do acaso. Há inúmeras variáveis que influenciam para que ele e ela se encontrem, se apaixonem, construam projetos juntos e se unam para dar à luz uma outra vida humana.

Também é evidente que nossas dinâmicas familiares não seguem todas um único padrão: temos casais homossexuais em que dois homens ou duas mulheres exercem o papel de pai e mãe; temos também situações inúmeras nas quais os pais não tinham a intenção de ter filhos e foram surpreendidos com uma situação indesejada; e até mesmo em que os pais nem sequer se conheciam, mas uma vida nova resultou de um encontro casual em uma noite, em algum lugar. Também são tantas as discussões morais e éticas sobre como as pessoas se relacionam e acabam por trazer ao mundo uma nova pessoa.

Diante de todas essas e tantas outras realidades que não conseguimos sequer alcançar por diversas e complexas que são, nos debruçamos aqui para analisar a imensurável dignidade dessa pessoa humana que nasce, independentemente de onde, de como e de que circunstância. Uma vida nova visitou o planeta terra, chegou ali, naquele exato momento da concepção, e ela é totalmente dependente daquelas duas pessoas que a conceberam, um pai e uma mãe.

Como essa vida se desenvolverá, se ela se desenvolverá, se ela sobreviverá, está totalmente nas mãos dessas duas pessoas, e mais especialmente nas mãos dela, a mulher que carrega o filho, não porque é mais responsável que o homem, mas porque apenas ela poderá proteger aquele filho ou filha, mesmo diante daquele homem, caso ele negue a responsabilidade de ser pai.

Nessa dinâmica de desenvolvimento humano, enquanto homem e mulher estão analisando seu papel na vida de uma nova pessoa que os visita no momento da concepção, levantamos algumas reflexões: mãe e pai estão buscando um sentido para sua vida, assim como todo ser humano na face da terra e até mesmo aqueles que estão em missões espaciais.

As pessoas querem ser felizes e se deparam com a possibilidade de serem felizes buscando a realização de seus sonhos, sonhos estes que muitas vezes envolvem o desenvolvimento pessoal, a conquista e a realização de desejos de curto, médio e longo prazo que, por sua vez, também estão sempre relacionados a vínculos afetivos.

Todos querem de alguma forma encontrar um lugar no mundo onde possam ser valorizados e – por que não? – apreciados! Mas a vida lhes proporcionou uma outra direção, um dado de proporções estratosféricas: uma nova vida humana surgiu no ventre daquela mulher, no centro daquele casal. Não há como fugir, tudo se transformou.

Certa vez, conheci uma senhora de 65 anos que foi dada pela mãe para outra família quando nasceu. Os anos se passaram e, depois de adulta, ela pôde retornar para a cidade onde havia nascido e acabou por conhecer sua mãe biológica. Ela conta que a mãe se aproximou desejosa de conhecê-la e quis abraçá-la, mas ela não permitiu, dizendo à mãe que não aceitava ter sido entregue a outra família e que agora era tarde demais.

Sua mãe lhe explicou que não tinha condições de cuidar dela e por isso a deu para uma família melhor. Por outro lado, seus sentimentos para com a mãe eram fortes, pois ela também havia se tornado mãe. Seus olhos brilharam quando me contava o que disse para sua mãe biológica: "você me tirou o que eu mais precisava: o amor de mãe. Hoje, eu tenho três filhos e, por pior que fosse minha situação, eu jamais teria coragem de dar qualquer um deles para alguém". Essa senhora está enfrentando as consequências do desamor em sua vida, mas foi amando que ela superou esse desamor. Ela se tornou a melhor mãe que pôde mesmo tendo sido rejeitada por sua própria mãe.

Como podemos compreender o papel dos pais na vida dos filhos? A história dessa senhora teria sido igual se seu pai tivesse se unido à sua mãe para formarem uma família verdadeiramente cooperativa? Se ele e ela tivessem se ajudado para que os filhos tivessem o mínimo de condições de sobreviverem unidos aos pais?

Certamente a história teria sido diferente, e é exatamente esse momento da história que é objetivo e singular. Quando uma pessoa humana é concebida, tudo muda. Podemos tentar fugir desse fato, podemos tentar negar esse fato, mas ele estará sempre ali, tocando nossas consciências, mesmo ao longo dos anos.

Pensemos nessa mãe que, depois de tantos anos, quis abraçar a filha depois de tê-la entregado a uma outra família. Por que razão ela quis abraçar a filha? Sua consciência não a deixou livre, pois sabia que tinha uma filha. A distância do tempo e do espaço não é capaz de separar as pessoas que estão conectadas.

A vivência de um casal, por outro lado, não é fácil. A vida a dois é exigente, e para que novos seres humanos possam vir ao mundo, é necessário que o casal esteja preparado para enfrentar os desafios de se constituir uma família.

Há diversas diferenças entre uma pessoa e outra, independentemente do sexo ou gênero. Existem mulheres extrovertidas e mulheres introvertidas, homens mais sentimentais e homens mais racionais, mas quando se trata de analisarmos as diferenças entre homens e mulheres é possível encontrar diferenças mais destacáveis, e compreender essas diferenças pode nos ajudar a melhorar o relacionamento em casa e construir um ambiente mais favorável para o desenvolvimento dos filhos e da sociedade como um todo.

Em 2016, realizamos um seminário para casais durante três noites com o tema "Psicologia do Amor". O seminário envolveu a presença de mais de 200 casais que participaram de reuniões semanais em pequenos grupos chamados células. Nesse seminário, oferecemos a eles bases da psicologia para compreenderem as principais diferenças entre homens e mulheres e como possuímos em nossa estrutura psíquica a capacidade para amar e viver esse amor de forma madura e plena em nossos relacionamentos.

Temas como as diferenças sexuais estiveram presentes também, ajudando os casais a superarem preconceitos e a compreender melhor como o outro lida com sua sexualidade. Nove meses depois do seminário, tivemos uma reunião com os coordenadores do grupo de casais que hoje conta com mais de 1000 participantes. Eles nos disseram que a realização do seminário mudou a forma como os casais estão vivendo, que eles estão se compreendendo mais e que poderiam afirmar que o trabalho das células poderia se dividir entre antes e depois do seminário.

O que podemos pontuar desse relato não é que o palestrante era muito bom, mas sim que há uma carência em nossa sociedade de que homens e mulheres possam compreender melhor o sentido do casamento e o sentido da família, o sentido do amor e como ele e ela podem se realizar como pessoas humanas vivendo a potencialidade de sua capacidade de amar.

Não é preciso grandes revoluções sociais para se transformar uma sociedade, mas sim oferecer às pessoas ferramentas que as auxiliem a compreender melhor quem elas são e como elas podem se realizar como seres humanos. O amor é uma busca constante e todos querem ser felizes. Uma sociedade mais feliz nasce dentro de nossas casas e depende diretamente da forma como lidamos com as situações do dia-a-dia e com nossos próprios sentimentos.

A psicologia, ao longo dos anos, tem ajudado a humanidade a encontrar seu lugar de autoconhecimento e compreensão mútua na superação de conflitos pessoais e sociais, e a Psicologia do Amor é uma janela eficaz desse edifício construído por várias teorias psicológicas.

HERÓIS DE NOSSA HISTÓRIA

O arquétipo do herói, como vimos, refere-se não a uma idealização na qual as pessoas são transformadas em ídolos ou deuses, mas na representação existencial de uma pessoa relacionada a suas atitudes em determinado momento histórico.

Assim, não apenas pessoalmente, cada um de nós encontrou durante a história personagens que tiveram, de certa forma, o significado de heróis e que serviram para nos ajudar a descobrir capacidades e potencialidades dentro de nós mesmos. Também os grupos sociais tendem a buscar referências heroicas que representem os anseios daquele grupo em determinados momentos de sua própria história.

Lembro-me de pelo menos dois momentos de muita comoção nacional em meu país. O interessante é que, enquanto pensava nesses dois momentos separadamente para descrevê-los aqui, dei-me conta que ambos aconteceram no mesmo ano, em 1994.

Por diversos fatores que a história pode explicar, o povo brasileiro sempre apresentou uma personalidade emotiva, por vezes submissa, muito especialmente devido ao seu processo de colonização. Se olharmos do ponto de vista de seu desenvolvimento psicológico, como uma sociedade, poderíamos dizer que o Brasil, na figura de uma pessoa, não foi muito amado em seu início e desenvolveu sintomas de privação emocional.

Dessa forma, assim como um jovem que busca referências que o ajudem a se autoafirmar e construir uma identidade sólida, o Brasil se apegou a dois importantes heróis que representaram para o mundo o potencial positivo que o país possui.

Era o dia 1º de maio de 1994. Como de costume já há alguns anos nas manhãs de domingo, o povo brasileiro acompanhava mais uma corrida de Fórmula 1 pela televisão. Na época eram poucos os canais de TV e a Rede Globo, além de ser a maior emissora do país, era a única que transmitia as corridas. Dá para imaginar como o país todo acompanhava a corrida não apenas por gostar, mas também pelas poucas opções que tinha.

Senna[65] havia se configurado já há alguns anos como o maior piloto de Fórmula 1 da história. Sua forma de pilotar é vista até hoje pelos especialistas no assunto como única e com uma marca arrojada de muita coragem e precisão.

---

65 Ayrton Senna da Silva (1960-1994) foi um piloto de corrida brasileiro que venceu o Campeonato Mundial de Pilotos da Fórmula 1 em 1988, 1990 e 1991, e que é amplamente reconhecido como um dos maiores pilotos de. Fórmula 1 de todos os tempos.

Aquela era uma época em que os carros não tinham tanta tecnologia como hoje e as regras da F1 faziam com que o resultado dependesse mais dos pilotos do que do carro. Era uma época também em que não havia tantos mecanismos de segurança quanto hoje. Senna era um dos pilotos que mais se preocupava com a segurança dele e de seus companheiros e estava sempre nas reuniões, cobrando dos dirigentes mais e mais segurança para todos.

Na manhã de 1º de maio daquele ano, dia em que o Brasil comemora o Dia do Trabalho e, portanto, um feriado nacional, a etapa italiana do campeonato estava começando e Senna havia feito a melhor volta da corrida. Pouco depois de abrir a oitava volta, Senna perdeu o controle de seu carro na curva Tamburello, no circuito de Ímola, e sofreu um acidente fatal. Esse momento foi tão marcante para nós brasileiros que mesmo agora, ao escrever sobre ele, me emociono.

Eu tinha 16 anos, era um adolescente de uma família simples no interior de Minas Gerais. Senna representava também para mim um herói, um herói na figura de um cara simples como nós que era capaz de grandes feitos pelo mundo. Quanta dor!

Penso que naquele dia não houve um só brasileiro, ou pessoa de qualquer nacionalidade que estivesse acompanhando a corrida mundo afora, que não derramou uma lágrima. Senna era querido entre todos. O Brasil parou.

O governo brasileiro declarou luto oficial de três dias. No dia 4 de maio, o corpo de Ayrton Senna chegou ao Brasil e uma multidão o recebeu e o acompanhou em um dos momentos mais tristes da história recente do país. Ele foi recebido com honras de Chefe de Estado e seu corpo foi enterrado no dia 5 de maio. Cinco dias de dor e um luto que dura para sempre na mente dos brasileiros.

Senna, dois anos antes, havia protagonizado uma das cenas mais belas da história da Fórmula 1. Não foi uma de suas ultrapassagens espetaculares, nem uma de suas vitórias sob chuva, foi quando ele presenciou o acidente dramático do piloto francês Érik Comas[66]. Ayrton parou seu carro no meio da prova e correu, arriscando sua vida entre os demais carros passavam por ele em alta velocidade, para desligar o carro de Comas – que corria o risco de explodir – e ajudar o piloto que estava desacordado enquanto a equipe de salvamento chegava. Anos depois, a Allianz fez uma homenagem a Senna transmitindo o testemunho de Érik Comas e os dizeres: "Vencer faz um campeão, cuidar faz um herói...".

Se Senna tivesse sido um campeão soberbo, certamente seria apreciado por suas vitórias, mas não teria sido amado como foi e ainda é. Sua personalidade pública e privada significava para as pessoas uma referência de algo que elas também queriam ser.

A vida de uma pessoa que é capaz de mudar o mundo ao seu redor é carregada de um valor imensurável que se manifesta em como ela afeta as pessoas que a cercam. Não basta apenas vencer porque, quando vencemos, vencemos para nós mesmos, não tocamos as pessoas que nos cercam e, portanto, não há, de fato, uma realização pessoal. Por outro lado, se nossa vitória representa o respeito aos outros e o sacrifício que fazemos nos importando com as pessoas ao nosso redor, então nos tornamos também gratos e felizes, pois nossa capacidade de amar foi, de fato, acessada e as pessoas ao nosso redor também ficam felizes e querem estar próximas de nós.

Senna morreu, mas deixou um legado de uma personalidade honesta, simples, amiga, que se importava com o bem das pessoas, mas também uma personalidade forte, corajosa, competitiva, que queria fazer sempre o melhor de si. Não é esse o arquétipo de vida que, no fundo, todo ser humano busca para si? Assim, se, de alguma forma, todos pudermos ser um pouco

66 Érik Comas (1963) é um piloto francês de Fórmula 1. Foi campeão da Fórmula 3. Em 1988 e Fórmula 3000 em 1990.

melhores do que somos, então nossa vida recobrará ainda mais sentido, não apenas para nós mesmos, mas para as pessoas que nos conhecem.

O outro momento de comoção nacional aconteceria pouco mais de dois meses depois. Era o dia 17 de julho de 1994. O Brasil já havia se tornado o país do futebol há algumas décadas, especialmente com a ascensão de um jovem chamado Pelé, em 1958, 1962 e 1970, que fez o brasileiro experimentar a emoção de se tornar por três vezes o melhor do mundo.

Contudo, já haviam se passado 24 anos sem que o Brasil ganhasse outro título. As copas anteriores haviam sido sofridas e as pessoas queriam muito que o país fosse campeão, especialmente porque tinha jogadores para isso – as seleções brasileiras sempre foram muito boas.

Naquele dia, o Brasil enfrentou a Itália, também tricampeã, na grande final da Copa que aconteceu nos EUA. Ao final do jogo, disputado nos pênaltis, o Brasil venceu o jogo após uma cobrança para fora do melhor jogador italiano. O famoso narrador da TV Globo, que meses antes havia chorado a morte de Senna ao vivo, grita descontroladamente ao microfone, ao lado de Pelé, "é tetra, é tetra!".

O Brasil parou novamente. Foi um domingo diferente, um domingo de uma alegria contagiante, eufórica. As pessoas estavam estupefatas nas ruas, como que não acreditando que aquilo era real. Eu jamais havia visto o Brasil ser campeão, foi uma emoção diferente, estranha, uma alegria para a qual eu não podia dar nomes. Ao final do jogo, durante a comemoração, os jogadores mostraram uma mensagem que dizia: "Senna, aceleramos juntos. O tetra é nosso".

Na chegada da seleção ao país, a cena de multidões nas ruas com a bandeira brasileira nas mãos se repetiu, mas dessa vez não era tristeza, mas uma profunda alegria. Não eram heróis individuais, mas um grupo que unido conseguiu um feito que nenhuma outra seleção de futebol havia conseguido até então. Uma vez mais, a figura do herói brilhava, não por serem eles homens-deuses, porque não o eram, mas pelo que representavam para seus compatriotas e para o mundo do esporte.

Podemos dizer que nossa vida é marcada por momentos bons e difíceis, mas a verdade é que nossa vida é marcada por momentos de amor, o amor que nos une às pessoas que estão próximas e o amor que nos une, de diferentes modos, às pessoas que nem sequer conhecemos pessoalmente.

Seja na morte ou na vitória, estamos todos conectados e nossa vida segue significando algo para alguém e, quanto mais conseguimos oferecer o melhor de nós, mais tocamos o anseio mais profundo das outras pessoas de serem, também elas, melhores a cada dia, a cada momento.

O choro diante da morte de um herói e o choro diante da vitória de um herói não são tão diferentes quando verificamos que, no fundo, ambos representam o mesmo vínculo, os mesmos anseios e os mesmos desejos, frutos de uma capacidade especificamente humana, a capacidade de amar.

A CRISE
DO HERÓI

A vontade de fazer o bem aos outros é contagiosa. Um pai que se realiza fazendo o bem para o filho traz consigo o desejo de que este filho trilhe o caminho do sucesso e responda com grandiosidade ao que a vida lhe propuser. Contudo, muitas vezes esse pai poderá ver seu filho tomar decisões equivocadas, poderá vê-lo bater cabeça e não aceitar seus conselhos.

Quantas mulheres entram em crise quando veem seus maridos fazendo tudo errado! Essa é a crise do herói. É quando ele sabe o que pode ser feito para salvar alguém, mas todos os seus poderes estão inertes e ele precisa respeitar a liberdade do outro.

Há um movimento chamado "Amor exigente", um tipo de metodologia que reúne pais de pessoas com dependências químicas, geralmente viciados em diferentes tipos de drogas.

Alguns desses pais descobrem ou desenvolvem novas habilidades para poder lidar com seus filhos, outros aprendem a ter paciência diante das impossibilidades, mas todos são movidos por uma esperança típica do herói, aquele que sabe o caminho da cura, do sucesso, da superação, mas não pode agir diretamente, não pode resolver o problema com suas próprias forças. São os heróis esperançosos que esperam pelo melhor, mesmo vivendo a expectativa do pior. A crise do herói consiste em jamais abrir mão da esperança e saber, ao mesmo tempo, lidar com o pior. Há uma certa resiliência nesse cenário.

Quando o herói intervém na vida de alguém sem respeitar sua liberdade, cedo ou tarde consequências negativas poderão surgir. A liberdade é a base do desenvolvimento humano e a base do amor.

HERÓIS DO COTIDIANO

O boliviano que via além

Era noite e a rodoviária de São Paulo estava cheia. Eu pegaria novamente o ônibus das 22h45 para Varginha, um horário em que, geralmente, todos estão já muito cansados, ainda mais que era um dia de semana e provavelmente todos haviam trabalhado, estudado e realizado inúmeras atividades durante o dia. O comportamento normal das pessoas nessas viagens noturnas é dormir.

Enquanto me posiciono em minha poltrona no corredor e preparo-me para iniciar aquela viagem da forma mais confortável possível, percebo que à minha frente se sentou uma mulher com seus prováveis 40 anos de idade e mais duas crianças, uma menina de cerca de 10 anos e um menino com mais ou menos 4 ou 5 anos, os três dividindo dois assentos. Enquanto conversavam, não pude deixar de notar que ela não era a mãe das crianças, mas uma tia, e que estavam provavelmente retornando de uma viagem para estarem novamente com seus pais no interior.

O menino parecia inquieto, afinal um menino dessa idade é geralmente inquieto, especialmente se não está se sentindo confortável no meio das duas companheiras, mas o que chamou a atenção de todos os passageiros foi a forma agressiva como a tia lidava com a situação. Ela ficava muito brava com ele, mandava que calasse a boca, ficasse quieto, mas ele não conseguia.

Os passageiros – incomodados com o barulho e com a situação – nada fizeram e eu, que estava sentado atrás dela, comecei a sentir que teria que tomar uma providência, afinal de contas, além de ser um passageiro próximo e incomodado, eu era um psicólogo e também tinha filhos daquela idade. O problema é que eu fiquei muito irritado com a atitude da tia, especialmente porque também estava muito cansado de uma semana cheia de trabalho.

Comecei, então, a pensar na melhor forma de abordá-la. Provavelmente eu seria muito sério com ela e diria que deveria se acalmar e não bater no menino – ela já havia dado umas fortes palmadas no pobrezinho. Contudo, além das crianças que chamavam a atenção, também havia observado que uma família estrangeira estava no ônibus, com umas três ou quatro crianças. Pelas feições e pelo castelhano falado, imaginei que fossem bolivianos. Eles estavam no fundo do ônibus e também conversavam, mas de forma bem-educada e com pouco barulho.

Quando eu ia erguer minha mão para chamar a atenção da mulher à frente, percebi que um dos bolivianos, o pai da família, um homem de cerca de 40 anos também, vinha se aproximando pelo corredor e conversando com as pessoas.

A princípio, imaginei que o amigo estivesse bêbado e pensei comigo, "meu Deus, esta viagem vai ser daquelas!". Mas, para a minha surpresa, o homem passou pela mulher, conversou alegremente com outra pessoa à frente e, ao voltar, olhou para o menino que chorava e disse: "Ei, você, tudo bem? Por que está chorando?". Na mesma hora percebi que aquele homem era muito, muito inteligente, e muito mais inteligente do que eu.

A tia ficou super desconfortada com a situação. Ele brincou com o menino, falou mais algumas coisas, tirou um celular bem simples do bolso, acionou um joguinho e ofereceu ao menino, dizendo que sua filha pequena sempre jogava aquele joguinho e que ela gostava muito. O menino pegou o celular e ficou jogando em um profundo silêncio, enquanto o homem conversou alegremente com a tia e, de forma muito educada, pediu licença a ela, tratando-a como senhora, e às crianças e disse que podia deixar o celular com o menino. Depois, voltou para seu lugar ao final do corredor.

Assisti àquela cena com uma admiração desconcertante. Percebi o quanto aquele homem foi astuto, eficiente, assertivo e muito calmo. Agiu de forma superior, usou do bom humor e não se deixou abater pela situação ou pelo estresse da mulher. Senti-me envergonhado por meus preconceitos, pois no fundo nem sei se ele era um boliviano. Ele poderia ser de diversas outras nacionalidades e, definitivamente, não estava embriagado.

O amor é assim. Nitidamente aquele homem demonstrou como trata seus filhos, agiu com inteligência e com gentileza, foi assertivo e, ao mesmo tempo, conquistador. O amor não se contenta apenas em ir ao encontro das pessoas que estão mais próximas, mas ele também se dirige para aquelas pessoas que precisam ser amadas. Naquele ônibus havia mais de 40 pessoas e apenas um homem mostrou se importar, de verdade, não apenas consigo mesmo para se sentir mais confortável e mandar que aquela mulher ficasse quieta com seu sobrinho, mas se importou com o bem-estar do menino, da irmã e da própria tia, se importou com o bem-estar de todos no ônibus.

Quando falamos do amor philia, estamos falando justamente dessa capacidade de nos importarmos com os outros, com os irmãos, os amigos, os companheiros de viagem, de jornada, os colegas do trabalho, todas as pessoas que passam por nossa vida. Essa capacidade está em cada um de nós e quando abrimos espaço para que ela, de fato, se manifeste, o mundo ao nosso redor se transforma.

Aquela viagem foi uma das mais tranquilas que tive, pois senti que estava dividindo o espaço de um ônibus por cerca de 5 horas com pessoas boas, num clima de compreensão, num clima de amor.

O MOTORISTA SUPER HUMANO

Era o dia 11 de outubro, véspera de feriado nacional no Brasil. Eu estava mais uma vez na maior rodoviária do país, tentando voltar para casa depois de três dias de trabalho em São José dos Campos. Já havia comprado minha passagem e estava muito cansado. A rodoviária do Tietê, na cidade de São Paulo, é realmente muito grande e em vésperas de feriado ela fica incrivelmente lotada, já que na capital há pessoas de todo o país e nos feriados prolongados, como era o caso, as pessoas procuram viajar para suas cidades de origem.

Em grandes aglomerações sempre há problemas com os serviços de alimentação, segurança e saúde. Dada a minha experiência em viajar constantemente, eu nunca passo mal, sempre me sinto bem para viajar. Contudo, naquele dia mais movimentado e na maior rodoviária do país, eu não estava muito bem.

Eu havia ficado muito tempo sem comer, estava com muita fome, e uma hora antes do ônibus partir eu fiquei cerca de 30 minutos em uma fila para comprar um sanduíche que, possivelmente, não estava muito bom. Acho que, por causa da fome, eu não percebi, mas logo comecei a sentir dores abdominais que nunca havia sentido antes. Olhei para aquela multidão e me apavorei, pensei que se eu passasse mal ali seria muito difícil encontrar um lugar seguro para ser atendido.

Dirigi-me à farmácia e expliquei para o farmacêutico minha situação. Ele deduziu que eu estava com infecção urinária e receitou-me um remédio para isso, que tomei dois de uma vez, mas a situação só piorava. A dor aumentou. Eu tentava ficar mais calmo, mas ao olhar para aquela imensa multidão enquanto descia as escadas para me dirigir à plataforma onde se encontrava meu ônibus, tinha mais medo ainda.

Pensei em pegar um táxi e ir para o hospital mais próximo, mas sabia que naquela data os prontos-socorros estariam cheios, além, é claro, do medo de ser assaltado e perder até o dinheiro para voltar para casa depois. Decidi entrar no ônibus. Eu suava muito e bebia muita água e, quando consegui me sentar, eu tremia. Assim que o ônibus começou a se mover, antes mesmo que saísse da área da rodoviária, tive que ir falar com o motorista e perguntei a ele se havia algum hospital ali perto. Foi então que, novamente, fui surpreendido.

O motorista não estava interessado em responder às minhas perguntas, mas em cuidar do meu estado de saúde. Ele fez várias perguntas sobre como eu estava me sentindo e, enquanto dirigia, buscava me acalmar dizendo que pararia o ônibus em um lugar seguro após o viaduto para pegar um remédio que tinha em sua mala para que eu tomasse. Ele disse que também sofria com cólicas muito fortes e que tinha problemas de cálculos renais, mas eu nunca havia tido esse tipo de problema e pensei que o meu caso fosse completamente diferente.

O motorista me perguntou se eu aguentaria esperar para parar em um posto de atendimento na estrada, pois seria mais seguro do que parar em um pronto-socorro dentro de São Paulo àquela altura do campeonato. Ele também me orientou a ficar de pé ali na cabine com ele, pois era melhor do que ficar sentado. Como se fosse um médico com muita experiência no caso, orientou-me a beber muita água e me deu a sua.

Durante os primeiros quilômetros saindo de São Paulo, aquele motorista se tornou um psicólogo muito experiente, pois conversava comigo como um pai conversa com seu filho e buscava me distrair com histórias engraçadas e contando das vezes que teve que viajar sentindo cólicas renais.

Passamos por um posto de atendimento, ele diminuiu a velocidade e perguntou-me se eu queria parar ali. Eu disse que aguentava seguir adiante e ele disse que se eu conseguisse chegar em casa seria muito melhor para mim. Depois de mais algum tempo, quando estávamos na metade do caminho, tivemos uma parada para comer um lanche e eu já me sentia muito melhor. Fui para o meu lugar e descansei pelas próximas duas horas até chegar em minha cidade.

Agradeci muito por tudo o que aquele motorista havia feito por mim. Não fosse por ele, eu certamente estaria em algum pronto-socorro da capital até aquela hora e sentindo-me completamente inseguro.

Conheço vários outros motoristas e, pelo que sei, a maioria não faria o que aquele homem fez por mim. Mais uma vez, a grande lição foi a do amor philia, pois aquele homem se importou quando poderia pensar em seu próprio conforto, poderia ter me deixado lá na rodoviária mesmo, ou num hospital qualquer. Se estivesse pensando apenas em si mesmo, seria muito melhor não ter alguém passando mal por perto.

A capacidade do amor philia é justamente a capacidade de se importar e quando damos abertura para nos importarmos com o outro, não conseguimos deixar de amar, deixar de oferecer-lhes o que há de melhor em nós. Certamente aquele motorista não era um médico, mas havia sofrido situações semelhantes a minha e pôde colocar-se no meu lugar. Foi um amigo verdadeiro, mesmo que nunca houvesse me conhecido.

O amor philia une as pessoas independentemente dos laços afetivos que tenham, é o amor que torna a transformação do mundo possível. Mesmo não sendo um médico experiente, aquele homem acertou em seu diagnóstico. Depois de três meses daquela data e tendo feito alguns exames, descobri que o que tinha era sim um cálculo renal.

O AMOR NÃO INFARTA

Era o dia 27 de dezembro de 2012. O verão tropical fazia jus à sua fama naquele dia, estava muito quente e meu pai havia me telefonado pedindo que o pegasse no hospital bom pastor, no setor da oncologia. Era por volta do meio-dia e eu, prontamente, fui lá para ajudá-lo.

Ao chegar, percebi que o baiano estava muito nervoso: ele disse que seu exame para verificar o câncer na próstata não havia sido realizado porque a prefeitura não havia pagado as contas do hospital. Qualquer pessoa, com razão, ficaria muito irritada com a situação, pois o câncer não espera que as contas sejam pagas. Ele cresce, ele mata.

Meu pai havia iniciado seu tratamento para o câncer há cerca de dez anos, estava estável, mas seus últimos exames haviam dado sinais de que o câncer estava voltando novamente. Aquele último exame era primordial para saber qual era o estágio que ele havia alcançado naqueles últimos meses.

O homem de quem falamos aqui, meu pai, era um verdadeiro lutador. Seu estado de saúde era crítico: já tinha sofrido um infarto em 1984, feito três pontes de safena no coração em 1988 e tinha o câncer na próstata, além de problemas de coluna que lhe traziam muitas dores. Lá estava ele sofrendo mais uma vez pela incompetência do sistema de saúde.

Quando chegamos à sua casa, ele parecia mais calmo, mas não estava. Já aos seus 73 anos de idade, que havia completado no dia 23 daquele mesmo mês, decidiu descer as escadas e ir à farmácia e ao laboratório para comprar remédios e marcar outro exame. Esses locais eram próximos de sua casa e eu, particularmente, pensei que seria apenas mais um dia de estresse para ele que, como podem imaginar, era uma pessoa já muito nervosa.

Almocei e fui para a casa de minha irmã que estava grávida pela segunda vez, pois havia perdido sua primeira filha. Ela vivia uma gravidez de risco e requeria muito repouso e cuidados, então fui até lá com meus filhos pequenos, de 6 e 8 anos à época, fazer-lhe uma visita. Enquanto conversava com ela, recebo uma ligação da minha mãe muito assustada dizendo apenas o seguinte: "Vem pra cá agora, seu pai está caído na rua!".

"Meu Deus!" – exclamei mentalmente. Meu rosto possivelmente ficou pálido, olhei para meus filhos e para minha irmã e disse a ela que precisaria ir falar com a mãe. Perguntei se as crianças poderiam ficar com ela por algum tempo, mas não podia dizer-lhe que meu pai estava possivelmente morrendo, pois ela não podia sentir fortes emoções, já que tinha o risco de, novamente, perder o filho que estava esperando.

Praticamente voei para a frente da casa da minha mãe e, chegando lá, uma outra pessoa me telefona dizendo que os bombeiros haviam levado meu pai para o hospital. Então, fui ao hospital e lá encontrei minha mãe, meu cunhado, esposo da minha irmã, e meu pai, aquele velho lutador.

Entrei na sala de atendimento onde ele estava e o vi deitado em uma maca, com o corpo todo tremendo muito e com a respiração extremamente ofegante. Estava inconsciente, pois havia sofrido uma parada cardiorrespiratória, e os médicos estavam muito apreensivos. Imaginei que aquela seria a última vez que o veria vivo.

Liguei para o médico que havia cuidado dele nos últimos 30 anos e ele passou suas orientações à equipe do hospital. Coloquei minhas mãos na cabeça do meu pai e disse calmamente que estava ali com ele e que ele não precisava se preocupar. Meu pai foi internado e ficou no CTI por mais de 20 dias, retornando para casa depois de mais de um mês hospitalizado.

Mas, o que aconteceu naquele dia? Por que aquele homem cardíaco, de 73 anos, tendo mais uma parada cardiorrespiratória não morreu? Aos poucos, as notícias chegavam e ele, à medida que se recuperava, também se lembrava da situação. Tudo o que disse foi que lembrava de uma mulher.

Naquela hora do infarto, ele caiu na calçada e uma mulher tentou segurá-lo, mas devido ao seu peso, ela não conseguiu. Ele estava em frente a um prédio de consultórios médicos e uma senhora que saía com seu bebê de um consultório pediátrico o viu, entrou novamente correndo no consultório e perguntou se a pediatra poderia ajudar. A médica saiu voando para auxiliá-lo, fez massagem cardíaca e colocou sob a língua dele o remédio que ele havia comprado. Outra médica também se aproximou para ajudar e várias pessoas ligaram para o resgate.

Um amigo que passava e reconheceu meu pai ligou para o meu irmão, mas ao descobrir que ele estava em outra cidade preferiu não o assustar e não contou o que acontecia. Então, ele ligou para o meu cunhado, que foi para o local. Quando o resgate chegou, o coração do meu pai estava parado e tiveram que utilizar o desfibrilador ali mesmo, no chão da calçada, para ressuscitá-lo. Depois do ocorrido, os bombeiros disseram que ficaram impressionados em ver que meu pai havia se recuperado, pois nunca haviam pegado todos os sinais de trânsito abertos e nenhum carro atrapalhando seu caminho.

O infarto sofrido por meu pai o teria matado facilmente, não fosse aquele pequeno detalhe presente no coração das pessoas, aquele pequeno detalhe que não infarta, que não tem data de validade: o amor philia. As pessoas se importaram!

Aquela senhora que tentou segurá-lo e pediu ajuda, aqueles muitos que chamaram o resgate, aquela médica que deixou tudo para se dedicar a ele, todos podiam apenas olhar para aquele velho e lavar suas mãos, podiam apenas ter chamado o resgate e deixado que alguém tomasse conta dele, mas algumas pessoas não se conformam com o lugar do desamor.

Surpreso também fiquei quando me encontrei com a mesma médica que ajudou meu pai no CTI do hospital para visitá-lo. Ela não apenas havia salvado a vida dele, mas também queria saber como ele estava, pois se importava de verdade. Ela disse que havia vivido situações semelhantes com seu próprio pai.

O amor faz com que nos tornemos capazes de nos colocar no lugar do outro, de não fechar nossos olhos para o sofrimento do outro. Durante os dias que meu pai ficou no CTI, conversamos com diferentes médicos que revezavam no plantão e muitos não tinham esperança de que meu pai sobrevivesse.

Durante os dias em que ele ficou internado, meu irmão, minha mãe e eu nos revezávamos para lhe fazer companhia enquanto presenciávamos outros enfermos cujos parentes não lhes davam tanta atenção. O amor philia nada tem a ver com os vínculos de sangue, pois mesmo aquelas pessoas de quem mais se espera o cuidado e a atenção, mesmo elas podem optar por não amar. E aquela pessoa de quem menos se espera pode surpreender o mundo, transformando a vida ao seu redor.

Se meu pai tivesse morrido naqueles dias, temo que minha irmã tivesse sofrido de tal forma que afetasse também sua gravidez. Ela poderia ter perdido seu filho. O tempo passou e, poucos dias após meu pai ter saído do hospital, minha irmã deu à luz seu tão esperado e querido filho, Davi. Meu pai pôde olhar para o milagre de seu neto e todos nós pudemos olhar para o milagre de presenciar duas vidas que quase não puderam partilhar o mesmo tempo juntas: meu pai e meu sobrinho. Tudo isso foi possível porque uma pessoa desconhecida se importou de verdade!

Frequentemente, ouço as pessoas dizerem que nós não podemos mudar o mundo, mas eu discordo profundamente com essa triste afirmação. O mundo é transformado a cada dia que nos importamos com o outro, seja o outro que sofre do nosso lado, seja o outro que sofre no país vizinho, no mundo todo.

As políticas que governam o mundo são regidas por pessoas como cada um de nós. O comodismo e a acomodação são expressões que nos limitam, não permitem que o amor que há em nós aconteça, se expresse. O medo de nos importarmos com o outro não nos realiza, não traz sentido para nossa vida, ao contrário, embriaga-nos, entorpece-nos, deixa-nos estagnados e voltados apenas para o superficial.

Os atos de coragem trazem sentido e os atos de amor realizam, trazem aquela felicidade que tanto buscamos. Não importa o que aconteça na vida daquela mulher que salvou meu pai, sempre a recordaremos em nossas orações, sempre lembraremos que ela fez a diferença em nossas vidas.

Muitas pessoas dizem que procuram amar os outros por obrigação, como bons cristãos, muçulmanos, hindus ou judeus. Outros dizem que buscam amar por conta de um mandamento religioso, mas os mandamentos e exemplos religiosos não são regras sem sentido para a vida, ao contrário, deveriam representar o segredo para a felicidade, a indicação de um caminho para a realização humana, de uma vida em abundância.

Sendo assim, a forma como interpretamos os desígnios religiosos a respeito do amor deveria ser como um direito a trilhar esse caminho de felicidade e não um dever.

A perspectiva da obrigatoriedade, seja ela moral ou religiosa, exerce um efeito oposto ao que se propõe. Se por um lado tem-se o objetivo de que a humanidade viva o amor, por outro a obrigatoriedade é contrária ao princípio do amor, pois, se sou obrigado a amar alguém, não necessariamente o amo.

A obrigatoriedade me impõe regras de conduta que podem representar o bem para o outro e eu posso racionalmente me decidir a cumprir essas regras. Assim, eu posso fazer caridade para as pessoas, posso dar dinheiro para os mais pobres, posso ajudar uma senhora a atravessar a rua, posso construir um modo de vida totalmente voltado a ajudar as pessoas, mas isso não significa que eu as esteja amando.

E se faço tudo isso por uma obrigação imposta por um ser superior, minha atitude diante daqueles que não fazem o mesmo que eu poderá ser de protesto, pois se eu faço o sacrifício de obedecer à regra de "amar" e o outro não, então o outro não merece meu respeito.

A história está aí para continuamente nos provar que essa teoria é evidente. Quantos são os fundamentalistas de diferentes religiões que disseminam o ódio pelos que não seguem seu modo de viver e o que para eles significam regras divinas que devem ser seguidas por todos!

Uma religiosidade que impõe regras de "amor", ao final das contas, dissemina mais desamor do que poderia se objetivar. Por outro lado, uma religiosidade que auxilia a pessoa a transcender e a encontrar razões para vivenciar plenamente sua capacidade de amar, de forma genuína, no respeito à liberdade do outro, pode ser capaz de produzir verdadeiros heróis.

CAPÍTULO 09

UM MUNDO COMO VOCÊ NUNCA VIU

UM MUNDO COMO VOCÊ NUNCA VIU

São 20h de um sábado estrelado de verão e você e sua família decidem sair para fazer um passeio a pé no centro de São Paulo. Você sai despreocupadamente de casa com seus três filhos pequenos, sua esposa e um casal de amigos. Passando pelas ruas, algumas movimentadas, outras nem tanto, você não se preocupa com absolutamente nada, você se sente seguro e toda a sua atenção está na conversa que vocês estão mantendo sobre os diferentes estilos da arte moderna. Sua mente visita inúmeras lembranças de pinturas que você já viu da época da Renascença e reforça como você gosta das obras de Rafael Sanzio.

As ruas do centro de São Paulo estão repletas de arte. Pessoas sorridentes caminham com suas famílias e amigos a qualquer hora do dia ou da noite, sem hesitar em olhar para as outras pessoas com uma feição de boas-vindas. Expressões como, "boa noite", "olá" e "como vai?" são corriqueiras até mesmo para com os estranhos.

Há uma sensação de familiaridade, de intimidade, um sentimento de que todos fazem parte de uma mesma comunidade e, por isso, são amigos e podem ser amigáveis até mesmo com os estranhos, porque o que prevalece é a lei da amizade e suas experiências de muitos anos reforçam que isso é possível e que é natural que as pessoas se comportem dessa forma.

Nesse cenário, você jamais encontrará pessoas alteradas, embriagadas ou drogadas. Há uma atmosfera de sobriedade e respeito, na qual cada pessoa que você encontra sabe o valor que ela tem para si mesma, para as pessoas de sua família, para a sociedade em que ela vive e para o mundo em geral.

Alguém poderia dizer que esse cenário é utópico, que estamos negando aqui a natureza destruidora do ser humano. Será?

Muitos brasileiros se mudaram de nosso país justamente porque encontraram lugares assim. É comum ver relatos de pessoas que vivem em países que são considerados de "primeiro mundo". Existem várias cidades nos Estados Unidos, em vários países da Europa e em tantos outros lugares onde as pessoas encontraram uma forma amigável de conviver socialmente.

É possível fazer esse passeio a pé no centro de Berlim a qualquer hora, mesmo sendo uma capital que passou por tudo que passou. É possível fazer um passeio assim em Washington DC, mesmo sendo uma capital com milhares de pessoas de diferentes partes do mundo e também é possível fazer um passeio assim no centro de Nova York, a qualquer hora.

Certamente não existem lugares perfeitos, porque em toda parte vamos encontrar problemas, mas é fato que existem lugares muito melhores do que os que conhecemos ou estamos acostumados a viver e, se existem lugares melhores, isso significa que é possível construir esses lugares.

Em minha última visita aos Estados Unidos, me chamou bastante a atenção o clima amigável das pessoas em Washington DC, em diferentes lugares. Primeiramente, caminhávamos no bairro de Springfield quando um dos moradores abriu a porta de sua casa e saiu ao nosso encontro porque nos viu pela janela. Ele veio puxar conversa com muita alegria e nos contou sobre o tempo que vivia naquele bairro, ao mesmo tempo em que também procurou saber a nosso respeito.

Em outra situação, estávamos dentro de uma daquelas grandes lojas de departamentos, a Costco, e as pessoas sempre nos cumprimentavam e algumas até puxavam assunto, sem nunca terem nos visto antes. Também no centro de Washington, seja tarde da noite ou durante o dia, um comportamento amigável estava sempre presente.

Nada de idealismos utópicos! Os EUA também têm seus inúmeros problemas e os políticos por lá também são exemplo de como uma sociedade pode cometer muitos erros. Mas o fato é que as coisas podem ser melhores em todos os lugares. Há pessoas amigáveis por aqui também, nas cidades do interior e também nos grandes centros, mas não podemos negar que nas últimas décadas estamos criando uma sociedade individualista, que não pensa nos outros, estamos jogando veneno nas sementes da empatia e do amor fraterno e isso tem suas consequências.

Uma das principais causas do temor e da sensação de insegurança em uma sociedade está relacionada ao número de homicídios. Se você vê diariamente notícias de que pessoas estão sendo assassinadas em sua cidade, é evidente que você não se sentirá seguro. Mas, devemos pegar esses fatos e aceitá-los como uma verdade absoluta? Devemos entender o ser humano como propenso à violência e nos conformarmos que sempre uma boa porcentagem da população será violenta, criminosa e assassina? Se olharmos com atenção, veremos que não é bem assim.

Se pegamos alguns dados do Ministério Público do Estado do Paraná a respeito dos motivos que levam aos homicídios, por exemplo, veremos que cerca de 20% dos homicídios são causados por motivo fútil ou embriaguez, que cerca de 55% se devem ao tráfico de drogas e que cerca de 6% são decorrentes da violência doméstica. E por que razão as pessoas recorrem ao álcool e às drogas? Você vê pessoas felizes, amadas, carregadas de sentido em suas vidas e realizadas buscarem se entorpecer?

O fato é que uma maioria esmagadora dos motivos pelos quais as pessoas matam e provocam insegurança em toda uma sociedade está relacionada à falta de sentido na vida e, em última instância, à falta de amor nas famílias e na sociedade. Tiremos os jovens do caminho dos vícios, valorizemos suas qualidades, ofereçamos a eles um mundo de possibilidades no qual eles poderão desenvolver o melhor de suas capacidades e não apenas teremos mais segurança, como teremos também gerações inteiras produzindo mais, sendo mais felizes e realizadas, e contribuindo mais e melhor para o desenvolvimento do mundo.

Mas, verdade seja dita, essa mudança tem que começar em nós, ADULTOS. É muito fácil criticar as novas gerações e dizer que elas não sabem se colocar no lugar dos outros, que elas não têm empatia, que os jovens vivem em seus videogames e são individualistas. Contudo, é preciso que olhemos para nós mesmos, para o mundo que criamos e que oferecemos a eles.

Não podemos esquecer que os jovens assistem aos adultos em seu mundo e, a partir da observação, analisam se querem ou não fazer parte do mundo dos adultos. O que pensam os jovens quando veem constantes notícias de corrupção nos líderes políticos? Quando veem constantes pronunciamentos de desrespeito para com as pessoas? Quando veem discursos de ódio, intolerância e preconceito? Quando veem que para obter o poder as pessoas são capazes de tudo e o desrespeito e a falta de ética impera nas relações políticas e comerciais do mundo dos adultos?

A verdade é que achamos difícil educar as novas gerações porque não estamos dispostos a nos educar, a reeducar a nós mesmos em nosso modo de ver a vida e de agir em nossa hierarquia de valores. Tudo pode ser melhor, mas estamos dispostos a mudar a nossa perspectiva?

O MUNDO É SEU

Um dos principais aspectos que afetam a autoestima é a ideia de que nossa presença no mundo é bem-vinda, ou seja, precisamos sentir, desde os primeiros anos de nossa existência, que somos bem-vindos e esta é uma das funções fundamentais da família: certificar-se de que os novos seres humanos se sintam bem recebidos nesse mundo.

Existem incontáveis estudos que nos mostram o quanto a rejeição provoca consequências catastróficas no psiquismo de uma pessoa. Portanto, se sentir bem-vindo é fundamental!

Mas, bem-vindo a que? Que mundo é esse? De quem é esse mundo? Esse mundo pertence a Deus? Pertence aos adultos? Esse mundo tem dono? Como uma criança pode crescer e se desenvolver em um mundo que ela não conhece e sem saber qual relação ela deve estabelecer com esse mundo?

Quando você é convidado para ir em um jantar na casa de uma pessoa que você não conhece, por exemplo, do chefe da sua esposa, você segue várias regras de etiqueta e bons modos para causar uma boa impressão e, obviamente, não se sente à vontade, como quando você está em sua própria casa. De repente, no meio do jantar, você tem uma dor de barriga, uma vontade de ir ao banheiro, mas você não se sente confortável para ir ao banheiro e passar alguns minutos lá, porque, afinal, o que pensarão sobre você? Ou talvez o chefe da sua esposa diz várias coisas que você não concorda, mas você não se sente à vontade para contradizê-lo veementemente como gostaria. No final das contas, tudo o que você quer é ir para a sua casa, porque, por várias razões, você não se sentiu bem-vindo naquela casa.

O que acontece quando nossos filhos nascem e vão crescendo? Como os tratamos? Que imagem nós passamos a eles sobre como é o mundo e sobre de quem é esse mundo?

É muito comum vermos os pais nervosos com atitudes que são próprias das crianças com 3, 4 e 5 anos de idade, por exemplo. As crianças estão explorando o mundo, estão fazendo bagunça, estão sendo crianças, mas muitos pais estão preocupados com a impressão que os outros vão ter, com o que os outros vão pensar e, uma vez ou outra, vão verbalizar isso para seus filhos com falas do tipo: "não faça isso, o que a vizinha vai pensar?", ou "não faça isso, o que os outros vão pensar?".

É claro que existem parâmetros sociais e que precisamos cuidar para que os filhos não perturbem a vida das outras pessoas, mas isso não quer dizer que devemos impedir as crianças de serem crianças, os adolescentes de serem adolescentes, porque a mensagem que trazemos com nossa preocupação obsessiva sobre o que os outros pensam é a de que o mundo pertence aos outros e somente a eles, de que nossos filhos são apenas visitantes que não devem se sentir à vontade nesse mundo, que não devem ser eles mesmos. As consequências disso estão expressas no aumento dos casos de depressão, de vícios, de violência e suicídio entre os mais jovens.

"O mundo é seu!", diga isso aos seus filhos, "respeite-o, trate bem as pessoas que compartilham esse mundo com você, mas seja você mesmo, sinta-se em casa, faça de tudo para melhorar esse mundo, ele pertence a você, é um presente que herdamos das gerações passadas, de nossos antepassados que passaram por aqui. Seja livre, explore os lugares, conheça o máximo de coisas que puder, desenvolva suas habilidades, suas capacidades, estude, aprenda, aplique seus conhecimentos, compartilhe, interaja com os outros, ofereça o seu melhor!".

Essa não seria uma boa mensagem para repetir para seus filhos à medida que vão crescendo? De diferentes formas, é claro! Do jeito que possam entender quando têm 2, 3, 4 anos, do jeito que possam entender quando tiverem 11, 12, 15 ou 16 anos, ou até mesmo quando tiverem 20, 30 ou 40 anos. Talvez seja uma boa mensagem para você dizer diante do espelho, para você mesmo, pois durante todos esses anos, tudo o que você fez foi se sentir um visitante na terra, uma pessoa que não foi bem-vinda, você nunca se sentiu em casa, mas isso não é verdade, o mundo também é SEU!

CIVILIZAÇÃO DO
AMOR E ALDEIA GLOBAL

O filósofo canadense Herbert McLuhan criou o termo Aldeia Global para demonstrar que as novas tecnologias eletrônicas podem encurtar distâncias e, desta forma, o avanço tecnológico pode reduzir o planeta a uma situação semelhante que ocorre em uma aldeia. E como é uma aldeia? Um mundo em que todos estão, de certa forma, interligados. Ele foi o primeiro filósofo a tratar das transformações sociais provocadas pela revolução tecnológica do computador e das telecomunicações.

A obra que tornou termo Aldeia Global popularizado foi "A Galáxia de Gutenberg", de 1962. Naquela época ainda não existia a internet e nem mesmo os telefones celulares. Hoje, os avanços tecnológicos estudados por McLuhan estão potencializados. As crianças aprendem a manusear um celular ou um iPad com pouquíssimos anos de idade e muitos sabem bem mais que seus pais sobre como esses equipamentos funcionam.

Crianças e adolescentes nascidos depois do ano 2000 estão mergulhados no mundo da tecnologia, vivem conectados nessa aldeia global, aprendendo a falar inglês sem fazer curso de inglês em uma escola, aprendendo sobre construção nos videogames, sobre geografia, sobre história, sobre o estilo de vida de pessoas na Ásia, na Europa, nos Estados Unidos, na África, na Austrália e em diferentes partes do mundo. E, claro, aprendendo também muita coisa que não é boa, afinal, tudo está online, mas o fato é que a Aldeia Global existe.

Por que muitas coisas não dão certo? Por que muitas vezes os avanços da humanidade não são apenas bons? Poderíamos escrever este parágrafo apenas sobre as coisas maravilhosas que tem na internet – e existem milhares de coisas maravilhosas que aconteceram graças a esses avanços. Contudo, também existem os crimes online, as fraudes, as fake news, a Deep Web[67], a manipulação de dados pessoais, a invasão de privacidade, o tráfico de drogas, os crimes sexuais e muitas outras coisas.

A resposta está, certamente, na frente das telas, por trás dos aplicativos, no comando dos teclados e das conexões, a resposta está no coração do ser humano. Podemos evoluir tecnologicamente, podemos desenvolver os melhores meios de comunicação, as melhores ferramentas de acesso e conexão entre nós, mas se não cuidarmos do que existe dentro de nós mesmos, tudo será em vão.

Se existe a possibilidade da construção de uma Aldeia Global é preciso mais que o desenvolvimento tecnológico, é preciso o desenvolvimento humano. O que fazer?

A maioria das religiões propõe a construção de uma Civilização do Amor e muitos acreditam que grande parte do desenvolvimento em diversas áreas ocorrido no mundo nos últimos séculos está relacionado a essas mensagens de amor, especialmente pelo cristianismo que, entre outras coisas, prega a ideia da fraternidade e do sacrifício por amor aos outros e até mesmo aos inimigos. É fato que vivemos tempos difíceis e que enfrentamos muitos problemas na atualidade, mas temos que perceber que muitos progressos aconteceram ao longo dos séculos e talvez as religiões realmente tenham desempenhado um papel importante nesse sentido.

Também não podemos deixar de perceber que as religiões foram usadas para a perpetuação do ódio, da intolerância e do absolutismo. Muitas guerras aconteceram com pretextos religiosos, ainda que seja possível destacar que tais pretextos foram fruto de visões equivocadas sobre as mensagens religiosas. Afinal, não parece coerente que o Deus do amor eterno se dedique

---

67 *A deep web, web profunda, invisível ou escondida corresponde a partes da internet, da World Wide Web, que possuem conteúdos que não são indexados pelos padrões dos sites de busca. Assim, a produção de conteúdos fora da lei é facilitada.*

a propagar o ódio e a destruição entre os seres amados de sua criação.

Muitas coisas boas estão acontecendo em nosso mundo, e isso não está relacionado apenas às religiões, isso tem muito a ver com os movimentos das ciências, das artes e da tecnologia. No livro "Os anjos bons da nossa natureza", o psicólogo Steven Pinker[68] demonstra um grande número de estudos que comprovam a argumentação de que a vida está melhor nos dias atuais e que, apesar das más notícias, estamos vivendo o melhor tempo que a humanidade já viveu.

Em seu novo livro, "O novo iluminismo", Pinker também demonstra como os avanços da razão, da ciência e do humanismo proporcionaram e continuam proporcionando o desenvolvimento de uma sociedade melhor.

Ao longo da história, o ser humano deu passos importantes para a construção de um mundo melhor. A Declaração Universal dos Direitos Humanos, por exemplo, que foi escrita depois da maior guerra que a humanidade vivenciou, é uma preciosa iniciativa que reuniu os anseios mais profundos de seres humanos de todo o mundo. Em seu cerne está a proteção da vida, do direito à liberdade e do valor inalienável de cada pessoa.

A Organização das Nações Unidas, os tratados de paz, o desenvolvimento das ciências sociais e psicológicas, os avanços dos movimentos interculturais, os congressos internacionais que reúnem pessoas de diferentes culturas e regiões para discutir temas profissionais e sociais em diferentes áreas do saber, o boom das redes sociais conectando jovens, adultos e crianças do mundo inteiro em um compartilhamento de experiências e conhecimentos sem precedência na história, a admirável mobilização mundial para o acompanhamento dos Jogos Olímpicos, são todos sinais de que a humanidade caminha a passos largos

---

68 *Steven Arthur Pinker (1954) é um psicólogo cognitivo canadense e americano. É professor no Departamento de Psicologia da Universidade de Harvard e é conhecido por sua defesa da psicologia evolutiva e da teoria computacional da mente.*

para um lugar de maior tolerância e maior compreensão entre os povos.

Por outro lado, ainda existem muitos líderes sociais que caminham na paralela de sua própria existência e estão em lugares de poder, tendendo a buscar conflitos destrutivos para se auto afirmarem e utilizando o poder que possuem para incitar o ódio e promover a guerra. Contudo, a grande maioria da humanidade deseja viver o amor e a paz.

Immanuel Kant elabora um conceito de paz mundial que seria possível por meio de uma "república" única, capaz de representar as aspirações de paz de todos os povos e indivíduos. Hobbes postula sobre a necessidade de um contrato social para a estruturação de um Estado que proteja o direito de todos.

Quando construímos, ao longo da história, estruturas organizadas para proteger os interesses dos diferentes grupos sociais, não estávamos, de fato, dando passos para a construção dessa "república" única almejada por Kant? Os diferentes Estados, fundamentados na democracia e unidos em organizações internacionais, não representam a busca por uma proteção do direito de todos, como almejava Hobbes? Estamos construindo estruturas de respeito à vida e aos grupos, ainda que haja sempre indivíduos buscando remar na contramão.

Veja o metrô de São Paulo, por exemplo. Ele é utilizado por cerca de 3 milhões de pessoas todos os dias. São pessoas de todos os lados da cidade, de todas as classes sociais e de todos os tipos de profissão e interesses. Durante os horários de pico, você se surpreende em perceber quanta gente pode caber num espaço limitado de um vagão. O interessante é que essas pessoas conseguem conviver diariamente durante alguns minutos de seu dia com tantas outras pessoas e, ao mesmo tempo, ser de constantes gestos de gentileza, apesar dos limites de espaço.

Certa vez, ao entrar em um vagão do metrô, eu acabei errando o passo e minha perna varou no vão entre a plataforma e o trem.

Eu estava caindo e poderia me machucar muito, mas duas pessoas rapidamente seguraram meus braços e me ajudaram para que eu pudesse me levantar e me recompor. É possível também perceber algumas pessoas irritadas, nervosas, que muitas vezes não são tão educadas, mas a regra, o comum, o normal, é ver as pessoas se respeitarem e conviverem de forma harmoniosa nesse ir e vir nos túneis da grande metrópole.

Em qualquer lugar com aglomerações humanas de tais proporções, qualquer tipo de atitude violenta poderia desencadear uma série de reações desesperadas que se transformariam em uma catástrofe com elevado número de feridos e mortos, mas o que acontece é que as pessoas se protegem, elas se ajudam mutuamente e, mesmo quando alguém quer tirar vantagem de outra pessoa, sempre há a possibilidade de haver outro alguém para oferecer ajuda ao que necessita.

É fato que muitas vezes as pessoas não ajudam alguém que está sendo assaltado ou violentado. O que acontece aí não é uma tendência natural sendo respondida, mas um medo constituído por experiências prévias. Quando as pessoas não ajudam é porque estão com medo, e o medo de perder a própria vida também é uma condição natural.

Infelizmente, o que se vê na maioria dos telejornais da grande São Paulo são as notícias sobre os crimes, assassinatos, assaltos, furtos, corrupção. A ética do "bad News is good News" rege o jornalismo, oferecendo ao cidadão uma ideia de que o mundo piora, uma sensação de medo e insegurança, propiciando que se construa um ambiente no qual os bons pareçam ser fracos, incapazes e até mesmo minoria, e os maus pareçam ser mais fortes, mais eficazes e poderosos ao ponto de controlar os bons.

Mas, existem bons e maus? Vimos que todos temos a capacidade de amar e nascemos com uma tendência natural ao bem, mas nossa história de vida pode nos conduzir a uma vida de delinquência, ao crime, e nossos atos se tornam maus, pois não consideram o bem comum. É quando o amor é abafado pela insegurança e é controlado pela soberba, pelos sentimentos de ódio e por uma necessidade doentia de exercer poder sobre os outros.

Se um adolescente ressentido pela falta de amor em casa, que busca conquistar a atenção e o respeito do mundo e que não tenha recebido uma educação de princípios e valores para conviver em harmonia com as pessoas ao seu redor vê que as pessoas que recebem mais audiência na TV são os criminosos e que logo ali, na esquina de sua casa, tem um traficante lhe oferecendo proteção, dinheiro e oportunidade de poder, que de certa forma o valoriza, pode ser que ele ache razoável optar pela vida no mundo do crime.

A pessoa sempre é responsável por seus atos. A pessoa terá uma possibilidade de escolha, ainda que mínima, mesmo diante dos condicionamentos mais agressivos. Contudo, não podemos deixar de refletir sobre nossas responsabilidades como sociedade.

Os pais têm um papel determinante na educação e na transmissão de valores para os filhos. A escola e seus modelos educacionais exercem um papel de formação intelectual e cultural que influenciam também de forma determinante no desenvolvimento da criança e do adolescente. Os meios de comunicação, os governantes, as políticas públicas, os artistas, os desportistas, os vizinhos, parentes, colegas e amigos que convivem com o indivíduo, todos compartilham certo grau de responsabilidade sobre como as crianças e adolescentes desenvolvem suas capacidades para viver o bem e suas possibilidades para viver o mau.

A vida tem sentido e o sentido é projetado pela consciência de uma pessoa em uma perspectiva de futuro. Não somos seres do passado, nem mesmo seres do presente, a mobilização de nossa vida se movimenta para o futuro. Todos os exemplos de busca de sentido da vida descritos por Frankl estão relacionados a uma perspectiva futura, e todas se relacionam direta ou indiretamente ao vínculo com outras pessoas.

Somos seres capazes de amar, constituídos para amar, moldados para o convívio harmonioso com outras pessoas. Se perguntarmos a um pai que ama sua família o que lhe traz sentido, ele certamente falará de seus filhos, de sua esposa e de como ele projeta sua vida para o futuro tendo em vistas o bem-estar de sua família. Ele sempre buscará estar ligado à família.

Quando se pergunta a um jogador de futebol que ama o que faz sobre o que lhe traz sentido, entre sua família e outros amores, ele certamente falará que é o futebol, apresentará planos futuros de como defender seu time e fará de tudo para estar em um bom relacionamento com a equipe. Nossa mobilização futura em busca do sentido da vida está intrinsecamente relacionada aos nossos vínculos afetivos e à forma como convivemos com as pessoas.

O que representaria uma Aldeia Global baseada nos princípios do amor? Como poderíamos construir uma Civilização do Amor, partindo do pressuposto de que essa construção nos auxiliaria a superar os principais problemas sociais de preconceito, intolerância, violência e guerras?

Somos um grupo gigantesco de mais de 7 bilhões de pessoas e temos muitas coisas em comum, coisas que precisam ser valorizadas. É preciso ajudar as pessoas em todo o mundo a compreender que o planeta Terra, com sua natureza, o meio ambiente, as riquezas e recursos naturais, os avanços tecnológicos, a medicina, as ciências sociais, psicológicas, e todos os tipos de conhecimentos científicos, é uma riqueza que pertence a todos e que deve ser compartilhada por todos.

Contudo, a compreensão de que tudo é de todos não é o bastante para se fundamentar uma Aldeia Global fundamentada no Amor. É necessário a construção de objetivos em comum que não visem apenas à manutenção do grupo em si mesmo, pois o amor próprio, como vimos, representa uma preservação que só tem sentido quando voltada para o outro, ou seja, só faz sentido estarmos unidos se for para uma tarefa em comum que vá além da manutenção do que possuímos no presente.

A possibilidade de avanço nas ciências mobiliza e une cientistas do mundo todo, fundamentando a realização de congressos internacionais nas mais diversas áreas. Todos estão entusiasmados em produzir conhecimentos novos e compartilhá-los para se produzir mais e mais. Esses avanços no mundo das ciências podem unir pessoas do mundo todo, assim como no mundo das artes e do esporte.

Quanto mais pessoas receberem uma educação de alto nível, mais a humanidade estará projetada para um futuro de unidade planetária e para uma vida repleta de sentido, contribuindo para a construção dessa Civilização do Amor.

A luta contra a fome, embora em um primeiro plano pareça uma nobre mobilização humana em prol dos famintos é, de certa forma, uma manutenção de um status quo desumano, pois em nada transforma o cenário internacional. Em um mundo em que se desperdiça comida e recursos materiais, a alimentação de todos deveria ser dada como totalmente resolvida.

O que se deve buscar ardente e fervorosamente é a educação de todos, contribuindo para o desenvolvimento cognitivo e favorecendo o desenvolvimento emocional em estruturas familiares e sociais cada vez mais estáveis.

Ao vislumbrar a imensidão do universo nas imagens do Hubble e nas descobertas da astronomia, não podemos deixar de constatar que estamos atrasados em nossa perspectiva de existência. Nossa visão não parece tão diferente de nossos antepassados de séculos atrás, quando ainda a terra era considerada como o centro do universo, pois, ainda que tenhamos a noção de que somos uma parte minúscula de uma realidade universal muito maior, nada ou quase nada fazemos em relação a isso.

Pelo contrário, nos vemos perdidos em brigas mesquinhas por pequenas regiões do planeta, por insignificantes status de poder, por pequenas porções de recursos naturais e por ínfimas diferenças de poder econômico. Caminhamos cabisbaixos, com o olhar voltado para o nosso próprio umbigo, construindo uma sociedade que valoriza o individualismo e produz cada vez mais narcisistas patológicos, enquanto o universo lança um convite para que o exploremos e conheçamos a fundo o que existe além de nossos conhecimentos atuais.

Os investimentos em armamentos, em entretenimento e na virtualidade do mercado financeiro são gigantescamente maiores que o investimento em educação e quase que infinitamente maiores que os investimentos que a NASA e outras pouquíssimas agências de pesquisa espacial recebem em todo o mundo. Sem contar o ínfimo investimento que os institutos que pesquisam, por exemplo, a vida marinha, a fauna e a flora recebem.

Nosso comportamento como sociedade caminha na paralela de nossa existência real. Somos constituídos para amar e explorar o universo, unidos em uma relação de agentes da evolução humana com o mundo ao nosso redor, mas, ao contrário, estamos adoecidos, voltados para nós mesmos com uma ideia equivocada de que somos nossos próprios inimigos, de que somos constituídos para que lutemos uns com os outros.

A maioria dos grandes avanços da humanidade provêm do intercâmbio cultural e científico entre pessoas que desenvolveram seus conhecimentos por meio dos estudos. Essa é uma receita comprovada pela história e se queremos potencializar a evolução humana, não há dúvidas de que o melhor caminho é a educação e o intercâmbio cultural.

Os EUA descobriram o segredo do desenvolvimento ao oferecer um espaço favorável para estudantes do mundo inteiro. Até 2011, cerca de 28% dos estudantes de graduação eram estrangeiros e grande parte das maiores mentes que hoje desenvolvem pesquisas revolucionárias em diferentes áreas dentro dos EUA é composta por pessoas de outros países. Essa ideia deveria ser reproduzida em todo o mundo e promovida pela Organização das Nações Unidas.

O movimento que acontece na atualidade, referente aos refugiados de países em guerra, apresenta dois modelos distintos: de um lado, um modelo que deu errado, fundamentado em uma estrutura de poder dos mais fortes sobre os mais fracos, carregada de preconceitos contra a mulher e os que possuem crenças diferentes, e que acaba por obrigar as pessoas a deixarem seu país para buscar ajuda em outros lugares; do outro, um modelo que começou a dar certo, de países que estão aprendendo que todo ser humano é igual em dignidade e que é possível um convívio pacífico e harmônico, mesmo diante das diversas diferenças entre as pessoas.

O segundo modelo, portanto, tenta aceitar os refugiados, apesar de eles apresentarem uma educação e uma ideia de ser humano e de sociedade diferentes.

É interessante analisar o comportamento dos refugiados e imigrantes que partem de culturas nas quais a igualdade de dignidade das pessoas não é tida como princípio social e se mudam para países onde essa realidade se faz mais presente.

Embora alguns se deparem com dificuldades de adaptação, o fato é que a maioria que se abre para o princípio de igualdade regido na Declaração dos Direitos Humanos tende a se adaptar facilmente e não quer mais voltar para a terra de origem. Por quê? Por que essa maioria encontrou uma forma de se tornar parte dos fortes e, por isso, agora poderá se impor sobre os fracos?

Certamente não. A maioria não quer voltar para a terra de origem porque encontrou uma forma de viver sua liberdade como sempre esteve constituída para viver, encontrou uma forma de vivenciar sua capacidade de amar todas as pessoas ao redor de diferentes formas, livremente, como foi constituída para viver.

É certo que a comparação entre países que respeitam e que não respeitam os direitos humanos pode tender ao exagero, pois nenhum país é totalmente perfeito ou totalmente imperfeito, mas vale dizer que a tendência à preservação e à promoção do direito à liberdade e do princípio de igualdade entre os seres humanos é fundamental para o desenvolvimento humano saudável e para a evolução de nossa espécie.

UM SISTEMA QUE PROTEGE A HUMANIDADE

O amor muda tudo. Concentrar as forças em mudanças sociais por meio de um sistema de educação que prescinda da capacidade de amar é desperdiçar tempo e recursos, é desacelerar o desenvolvimento humano, é impedir que a vida flua na plenitude de suas potencialidades.

É quando a pessoa acessa sua capacidade de amar que ela é capaz de trabalhar pelo bem comum, é quando se ama que não se negligencia o valor da própria vida, ao contrário, ela é protegida e faz-se de tudo para que ela se desenvolva, porque o amor quer crescer e faz a pessoa crescer, é uma força tamanha que se inquieta diante dos desafios que a vida propõe. No amor não há espaço para a preguiça, tampouco para a violência. Desta forma a Psicologia do Amor deveria ser adotada na educação e como fundamento de políticas públicas.

É no apoio e na proteção dos ambientes comunitários e principalmente familiares que uma sociedade se desenvolve de forma saudável, é no desenvolvimento de políticas que defendam o convívio familiar e fomentem o desenvolvimento dos vínculos afetivos que a violência e a criminalidade tenderão a diminuir, dando lugar ao desenvolvimento juvenil, cultural, de avanços científicos e sociais.

SOBRE NOSSO ESTILO DE VIDA

Qual é o limite da liberdade? – pergunta um adolescente durante uma aula de literatura no Ensino Médio. A professora repete a já conhecida frase de que a nossa liberdade vai até onde começa a liberdade do outro. Embora esse princípio pareça simples, a pergunta que se levanta imediatamente é "onde começa a liberdade do outro?".

O que é a liberdade? É possível ser totalmente livre? É possível existir liberdade sem o respeito a tudo que está ao nosso redor? Se, de fato, acreditássemos que nossa liberdade é mais importante que a liberdade do outro, tornar-nos-íamos predadores, destruidores do meio em que vivemos. Mas o que acontece quando olhamos para a realidade em que vivemos atualmente?

Os líderes mundiais, há décadas, recebem comprovações da comunidade científica sobre o aquecimento global e sobre como alguns setores são grandemente responsáveis por esse aquecimento e, mesmo assim, não tomam uma atitude para diminuir a emissão de CO_2.

A Coreia do Norte alega ter feito, no dia 6 de janeiro de 2016, um teste com uma bomba de hidrogênio. Aqui no Brasil, a milhares de quilômetros, foi sentido um tremor de terra que chegou à magnitude de 5,1 graus enquanto o presidente da Coreia do Norte, Kim Jong-un, dava declarações de que o mundo precisava ver o poder que seu país possui. Tais atitudes, dadas até certo ponto como aceitáveis vindas de um adolescente que busca aceitação e autoafirmação, estão presentes em pessoas que chegaram a um status de poder, seja à frente de nações ou à frente de corporações multinacionais.

A política e o mundo corporativo são dois ambientes nos quais palavras como solidariedade e amor são prontamente e largamente ridicularizadas e, embora sejam os ambientes nos quais a humanidade mais pode se desenvolver, criando e construindo o futuro, são também os ambientes nos quais a humanidade mais pode regredir, em nada se diferenciando de nossos ancestrais mais primitivos, aliás, com uma agravante diferença: se outrora eram predadores por ignorância, hoje nosso comportamento predatório nada tem de ignorante, o que moralmente amplia a gravidade de nossas atitudes.

Esse problema não é, por outro lado, somente moral. Tais atitudes têm, como já vimos, consequências destruidoras para o ambiente e, consequentemente, para todos, inclusive para os predadores, tanto direta como indiretamente.

Tomemos o exemplo de uma casa. Imaginemos um homem que se comporta constantemente de forma intolerante com as atitudes da esposa, que não permite que ela descanse, que critica suas decisões em relação a suas roupas, ao seu trabalho, à forma como ela educa os filhos, que está sempre tentando se impor como a autoridade máxima sobre ela e todos em casa, não respeitando seu espaço, sua liberdade e, muito menos, sua dignidade.

Ele pode pensar que está exercendo seu papel de esposo e pai, talvez porque culturalmente foi educado assim e se fixou nesta atitude insegura, mas ele sofrerá as consequências de seus atos, pois sua esposa ou se separará dele, ou jamais agirá de forma natural em sua presença. Ela deixará de o admirar e, ao invés de amor, o sentimento que mais nutrirá a seu respeito será o medo.

Esse homem não experimentará o prazer de ser amado, de fazer outra pessoa feliz e de construir um lar de paz e felicidade. Como vimos anteriormente em outros capítulos, a ocitocina, que é liberada por meio do abraço e dos gestos de carinho entre duas pessoas, ajuda a nos sentirmos melhor, além de auxiliar na cura da depressão e de outros transtornos psicológicos.

Quanto mais harmonioso é o ambiente familiar, mais ele é favorável para o desenvolvimento humano em todos os aspectos, inclusive o cognitivo. Um comportamento predatório apenas mina o desenvolvimento humano e pode causar transtornos psicológicos.

A maior representação do amor está na família. Desde a Grécia antiga, o termo ágape é reconhecidamente designado ao mais sublime amor, sendo também citado na Bíblia, quando é feita referência ao amor de Deus, e comparável ao amor de uma mãe pelo filho. O amor ágape, presente por exemplo na mãe e, desejosamente, também no pai, pode nos ajudar a pensar o que faz bem para a saúde do ser humano. Podemos nos perguntar o que uma mãe mais espera para um filho e, certamente, a resposta é que ele cresça e se torne um adulto saudável e feliz!

Embora para muitos não seja fácil verbalizar detalhadamente tudo o que se espera para o filho, a felicidade certamente está em primeiro lugar. Contudo, muitas pessoas criaram a ideia ou foram educadas em uma cultura mergulhada na "ideia" de que ser feliz é ser rico, possuir muitos bens materiais, ter uma casa na praia, uma casa na montanha, vários carros na garagem, um helicóptero e poder viajar o mundo sem se preocupar com dinheiro.

Essa "ideia" está presente na maioria das pessoas que não tem dinheiro e que se dirige semanalmente às casas lotéricas na esperança de ganhar o prêmio da loteria. Contudo, quando perguntamos sobre o que é ser feliz para as pessoas que já têm tudo isso, elas dizem outra coisa. Os problemas delas geralmente estão relacionados aos vínculos afetivos, pois elas têm toda a condição financeira, mas estão preocupadas com o filho adolescente que está usando drogas, com o casamento que não anda nada bem e com a forma por meio da qual podem fazer com que as pessoas ao seu redor sejam mais felizes.

Cientistas da Universidade Califórnia realizaram uma pesquisa na qual chegaram à conclusão de que 50% de nossa felicidade depende de fatores genéticos, 10% de fatores ambientais e

40% de fatores intencionais. Em outras palavras, 90% de nossa felicidade depende de nós e 40% disso está na forma como intencionalmente vivemos nossas atividades do dia a dia.

Em uma neurose, por exemplo, é comum que a pessoa se coloque em uma posição de vítima, falando coisas do tipo "minha mãe me tratava de tal forma, por isso eu sou assim...", ou "fui criado dessa forma e, por isso, me tornei assim...". Essas frases são apenas exemplos dos inúmeros argumentos que se tornam muletas para explicar o estado negativo em que a pessoa se encontra e muitas terapias ou psicanálises podem incorrer no erro de reduzir-se a apenas isso, a encontrar as razões pelas quais a pessoa chegou a esse estado deplorável. Mas o que fazer agora? Estamos determinados pelas más decisões tomadas por nossos genitores?

Agora, sabemos que apenas 10% do que somos pode ser "culpa" da nossa mãe! E se apenas 10% é o que fica na conta da influência exercida pelo ambiente, então eu ainda sou livre para mudar o curso da minha vida. Por mais que recebamos incumbências ou missões veladas de nossos antepassados e nos sintamos no dever de honrá-las, só seremos seus reféns se assim quisermos.

Como a mulher que precisava se casar virgem porque quando, mesmo aos 30 anos e com 8 anos de namoro, pensava na possibilidade de experimentar uma relação sexual completa com seu noivo, entrava em crise e se desesperava. Mesmo tendo já realizado todas as possíveis carícias e prévias sexuais com seu noivo, não tendo apenas experimentado a penetração, ela se sentia na obrigação de honrar o desejo de sua mãe de se casar virgem.

Sua opção não era livre, consciente e feliz, como poderia fazer uma mulher que, por suas crenças religiosas, decide-se casar virgem, mas ao contrário, era uma decisão forjada no medo de contrariar sua mãe, o que resultou em problemas psicológicos para ela e problemas conjugais para os primeiros anos de seu casamento, até que pôde buscar ajuda psicológica.

Embora já na idade adulta, a maioria de nós precisa encontrar o caminho para a liberdade e a coragem para a responsabilidade. Esta dualidade jamais é ambígua, ou muito menos antagônica, sentir-se livre em relação aos antepassados, à família, aos amigos, aos colegas de trabalho, sentir-se livre para então responder, responder com bases no que há de mais essencial em si mesmo, às intuições mais profundas que perpassam os impulsos e os instintos.

Assim, só quando se é verdadeiramente livre poder-se-á tornar-se verdadeiramente responsável. Nessa infância noogênica, se assim podemos dizer, necessitamos de ajuda para amadurecer, e na psicoterapia isso pode acontecer de forma mais efetiva se o psicólogo enxergar para além dos sintomas, a dizer, enxergar as possibilidades presentes na pessoa.

Existem tantas formas de se viver o casamento quanto há pessoas casadas. Há cinco cores básicas, mas ninguém jamais pôde ver todas as suas combinações.

Quando falamos da importância dos pais no desenvolvimento psicológico dos filhos e tomamos referências da psicologia sistêmica e de estudos como os de John Bowby, por exemplo, podemos tender a pensar que essa importância é determinista, ou seja, que sem a presença e o apoio dos pais os filhos não poderão amadurecer saudavelmente.

Por outro lado, ao lançarmos olhar à teoria de Viktor Frankl vemos que o ser humano não é determinado pelo meio ambiente, mas é sempre livre para decidir sobre si mesmo, ainda que diante das mais difíceis circunstâncias.

Portanto, se olharmos apenas para a teoria de Frankl, corremos o risco de pensar que não importa o que aconteça na família durante o tempo de desenvolvimento, o que não deixa de ser um pensamento reducionista. Talvez a analogia que pode nos ajudar a compreender melhor a dinâmica da importância das boas relações na família e a independência saudável dos filhos seja, novamente, a do avião, citada ainda no início deste livro.

A pessoa que nasce no seio de uma família precisa ser preparada para que em sua maturidade possa lançar voo e desbravar novas terras, sendo verdadeiramente independente da família, ainda que saibamos que essa independência signifique autonomia, e não desvinculação total.

Na Embraer existem várias fases para se desenvolver um avião para que ele chegue ao final de sua montagem e esteja totalmente pronto para levantar voo. Primeiro, há os projetos. Depois, quando os projetos são aprovados, começa a fabricação de peças: várias peças vão sendo inventadas, projetadas, fabricadas e testadas. Assim também acontece na família. A criança que nasce em um ambiente dependente dos adultos começa a receber equipamentos para sua visão de mundo e, à medida que se sente confiante, vai dando passos de desenvolvimento.

Um avião Boing 777 leva 83 dias para ficar pronto. É esperado que uma pessoa saudável esteja madura por volta dos 21 anos de idade, ao menos fisicamente sabemos que é assim. Contudo, percebemos que a maturidade psíquica depende de outros fatores além dos biológicos. Muitos jovens de 21 anos não estão prontos para decidir qual faculdade fazer, não estão preparados para o casamento ou para serem pais, e dificilmente estão preparados para exercer cargos de liderança, como os de diretores de uma multinacional ou governadores e presidentes de um país.

O amadurecimento psíquico requer experiência, vivências tanto no campo cognitivo quanto no campo das relações interpessoais, sejam elas profissionais, acadêmicas, afetivas ou amorosas.

Qual é o papel dos pais nesse processo de desenvolvimento? Se na construção de um avião o processo conta com numerosos especialistas de diferentes áreas, como um pai e uma mãe poderão cuidar do complexo desenvolvimento de um ser humano?

A opção de se preparar ao máximo para compreender todas as diferentes áreas dos filhos é importante, mas na prática seria necessário que os pais estudassem medicina, psicologia, pedagogia, nutrição, farmacologia e, ainda assim, teriam dificuldades para enfrentar. Certamente, o que importa não são as especialidades dos pais, mas sim o que representam para os filhos e a forma como interagem com eles.

No campo biológico, parece estar claro qual é o papel dos pais, pois desde os primórdios há um processo claro que vem sendo passado de geração em geração. A necessidade do ser humano de trabalhar e ter acesso aos recursos materiais auxilia os pais a terem um norte sobre a educação dos filhos e a cuidar de sua alimentação e saúde física, para que sejam fortes para trabalhar e possam ter sua própria família. Assim, as diferenças entre a criação da mulher e do homem também eram claras, uma vez que as mulheres sempre foram educadas para serem boas mães e os homens bons provedores.

Com o desenvolvimento e a facilidade do acesso aos recursos aumentando, não apenas o homem com suas habilidades físicas pode conseguir recursos, mas também a mulher, e não apenas a mulher pode cuidar dos filhos, mas também o homem. Tendo acesso aos bens básicos com mais facilidade que outrora, o ser humano começou a se dedicar mais ao desenvolvimento de outras necessidades.

Seguindo os parâmetros desenvolvidos por Maslow em sua pirâmide de necessidades, poderíamos supor que hoje as pessoas têm muito mais tempo, oportunidade e ferramentas para se dedicarem aos valores de criação, justamente porque buscam a realização pessoal. Contudo, a busca não é apenas pela realização pessoal, mas também pelo sentido da vida que está presente em todos os momentos. Quando as necessidades básicas podem mais facilmente ser satisfeitas, é possível dedicar mais energia à socialização e à autorrealização.

Assim, o papel educacional recobra um sentido mais amplo. Os pais não são responsáveis pelo sucesso ou pelas respostas que o filho dará no futuro, mas podem influenciá-los de forma positiva ou negativa.

Um avião pode voar a uma pequena altitude por alguns quilômetros e poucos minutos com sua capacidade de motor, envergadura das asas e combustível, mas se um projeto recebe um maior investimento e mais atenção, o avião pode chegar a voar bem alto, por longas horas e a uma alta velocidade, além de poder levar muito mais passageiros com ele.

Podemos dar aos nossos filhos uma educação básica e não nos importarmos com seus sentimentos ou desenvolvimentos emocionais e, ainda assim, eles certamente encontrarão maneiras para sobreviver e levar a vida da melhor forma possível, mas também podemos oferecer-lhes o máximo de atenção, o máximo de investimento afetivo e educacional para que eles sejam capazes não apenas de serem bons homens e boas mulheres, mas também possam realizar, no máximo de suas potencialidades, aquilo que a vida vier a lhes pedir.

EXISTEM HERÓIS NA POLÍTICA?

Não há como pensarmos na possibilidade de uma mudança social e do estabelecimento de um sistema que proteje o ser humano sem envolver a política. Toda mudança social passa pela política e faz parte da política, mas será que entendemos o sentido da política? Até que ponto compreendemos o seu real valor e tudo o que pode ser feito por meio dela?

A política é um substantivo feminino que significa a arte ou ciência de governar, arte ou ciência da organização, direção e administração de nações ou Estados, é uma ciência política, é orientação ou método político; arte de guiar ou influenciar o modo de governo pela organização de um partido, influência da opinião pública, aliciação de eleitores, etc.; prática ou profissão de conduzir negócios políticos; cerimônia, cortesia, urbanidade; habilidade no relacionar-se com os outros, tendo em vista a obtenção de resultados desejados.

A etimologia da palavra política vem do grego politiké, que significa ciência dos negócios do Estado.

Em uma democracia, a pessoa que se dedica à política necessita da aprovação de um grande número de pessoas. Ela é escolhida e eleita para representar os interesses de um grande grupo de pessoas.

Uma vez que cada cidadão exerce um papel na sociedade por meio de sua profissão, atividade voluntária ou até mesmo no cuidado de sua casa e de sua família, é necessário que algumas pessoas cuidem da organização daquilo que é público, ou seja, que é do interesse de todos: o transporte público, a segurança pública, a saúde pública, a educação pública, a garantia de trabalho para todos, moradia, energia elétrica, água, saneamento básico, alimentação, assim como legislações para garantir que os direitos e deveres de todos sejam respeitados. A política é, portanto, uma tarefa de grande significado para uma sociedade.

Uma vez que uma pessoa se dispõe a exercer um trabalho público, ela abraça um compromisso que vai além de seus interesses pessoais e de sua família, ela se torna uma servidora pública com grandes poderes e, portanto, com grandes responsabilidades.

Cada Estado define como o político deve atuar e quais são seus direitos e deveres. No Brasil, cada político recebe seu salário, que geralmente está bem acima da média salarial da maioria da população, o que já representa uma valorização especial para aquelas pessoas que decidem se dedicar a tal missão diante da sociedade.

Além do salário, alguns cargos garantem também auxílio moradia, viagens, excelente plano de saúde e verbas para a manutenção de vários funcionários ao serviço do mandato que exerce no período de quatro anos e que pode ou não ser renovado, dependendo do número de votos que recebe a cada eleição.

Em países como o Brasil, a publicidade exerce um papel fundamental na campanha eleitoral, de modo que o político que mais tem recursos para aparecer nas mídias e estar presente com campanhas que tocam o emocional dos eleitores tende a ser mais facilmente eleito. Quanto melhor for o publicitário e quanto mais recursos para espalhar uma campanha, mais chances se tem de ganhar uma eleição.

As pessoas tendem a buscar o conforto e o poder. Nossos ancestrais sempre valorizaram o poder e os recursos, pois por meio deles é possível garantir boa alimentação, boa moradia e a possibilidade de desbravar o mundo com segurança. Não é difícil ouvirmos das pessoas que se elas ganhassem na loteria iriam parar de trabalhar e viajariam o mundo, comeriam bem, morariam em boas casas, em bons lugares e buscariam mais conforto. Assim é o ser humano, e assim também são os políticos.

Se ser político é sinônimo de ter bom salário, ter poder e status social de respeito que garante também a possibilidade de realizar trocas de favores, então muitas pessoas farão de tudo para entrar na política e estarão dispostas a fazer mais ainda para se manterem na política. Então a tendência natural é que todos nós busquemos o prazer do conforto e as possibilidades do poder, certo? Não exatamente!

Ainda que seja verdade que buscamos o prazer do conforto e as possibilidades do poder, há outros fatores que são tão importantes quanto e até mesmo mais importantes. Como vimos nos capítulos anteriores deste livro e podemos ver em toda a obra de Viktor Frankl, por exemplo, sabemos que o ser humano também busca o sentido da vida e que essa busca também está relacionada aos vínculos afetivos que são estabelecidos ao longo da vida. Assim, mesmo para o político que busca dinheiro e poder, existem pessoas a quem ele está vinculado, pessoas as quais ele ou ela não quer decepcionar.

Um político pode tentar enganar-se a si mesmo por meio dos pseudoamores, trilhando aquela estrada do paralelismo existencial, tentando se convencer de que uma propina que recebe é pelo bem de sua família. Contudo, no fundo há algo dentro dele que aponta para a verdade de que ele está desordenando sua missão, está criando problemas em um sistema que deveria preservar, está prejudicando empresários, trabalhadores e suas famílias que vivem segundo as normas do sistema que foi estabelecido por todos, de comum acordo, com a aprovação de uma Constituição Federal, por exemplo, e está tentando enganar-se a si mesmo. Mas isso é simplesmente uma tentativa, pois a voz da consciência não se engana.

Os atos de corrupção, ou qualquer ato de ilegalidade ou imoralidade, causam culpa e a pessoa pode responder a esse sentimento de culpa reparando seus erros, ou pode negá-lo, tornando-se uma pessoa fechada, amargurada, rígida consigo mesmo e com os demais ao seu redor. Uma consciência limpa é, ao mesmo tempo, livre e capaz de ser solidária.

A Psicologia do Amor tem a contribuir com a política justamente oferecendo bases de reflexão para que a atuação da pessoa que está na política seja uma atuação comprometida consigo mesma, com sua família e com a sociedade da qual faz parte.

Tendo claros seus compromissos, o político tende a encontrar um lugar de paz interior e de autorrealização, pois é justamente no reconhecimento das pessoas ao seu redor em relação ao trabalho que exerce que ele poderá experimentar a felicidade de encontrar o sentido de sua existência.

Entra para a história de forma positiva não o homem que, mergulhado em sua vaidade, busca o sucesso individual em detrimento do sucesso das pessoas ao seu redor, mas aquele que, mergulhado no seu compromisso com os outros ao seu redor, dedica-se a realizar o bem com todas as possibilidades que encontra ao seu alcance.

A política tende a ser pautada por uma visão econômica, mas não é apenas a economia que gerencia nossas vidas: somos motivados por nossa busca pelo sentido da vida, por nossos vínculos afetivos e pelo que podemos construir para as pessoas que amamos e também para nós mesmos.

Ainda que seja prazeroso o conforto, sabemos que a estagnação nos gera problemas psicológicos. A inércia pode ser um sintoma de depressão. Há em nossa estrutura uma mola propulsora, uma necessidade de movimento, um desejo de sair de nós mesmos para encontrar o outro, o olhar do outro, o bem do outro, e assim encontramos a realização, assim também obtemos prazer.

De certa forma, uma conduta baseada no compromisso com os demais estabelece o padrão de uma ética política verdadeiramente eficiente. Podemos fazer uma analogia com o futebol. Se em uma equipe cada jogador está preocupado apenas com seu sucesso pessoal, ele não passará a bola para seus companheiros, não contribuirá para o sucesso do grupo como um todo e dificilmente esse time conseguirá ser campeão.

Geralmente a corrupção não é uma falha apenas de uma pessoa. No futebol também pode haver grupos que jogam contra o clube, ou até mesmo todos os jogadores podem vender o jogo e prejudicar a diretoria do clube, os torcedores, os sócios, seus familiares e até outros times e todo o sistema, afetando direta e indiretamente todos os que estão, de alguma forma, relacionados ao futebol.

A teoria de Philip Zimbardo sobre a Psicologia do Mal revelou como pessoas consideradas boas pela família e por amigos podem ser capazes de cometer atrocidades quando estão envolvidas em um ambiente corrompido e têm sua identidade enfraquecida. As observações de Zimbardo a respeito das torturas realizadas em Abu Ghraib trouxeram conclusões de que aqueles soldados foram influenciados por seus superiores, pela motivação dos colegas que não transmitiram nenhum tipo de reprovação e pela sensação de estarem protegidos, agindo não em nome deles mesmos, mas em nome da instituição militar a que pertenciam, respaldados pelas autoridades.

A necessidade que nossos ancestrais tinham de se juntar a líderes mais fortes e corajosos, porque dessa forma era mais possível que sobrevivessem às difíceis realidades daquela época, também parece estar presente em nosso inconsciente, de forma que quando um líder político ou militar, exercendo um cargo respaldado por toda uma sociedade, dá ordens de se fazer algo que pareceria imoral em situações normais, as pessoas subordinadas tendem a obedecer tal ordem acreditando que estão fazendo o que é certo.

Um sistema é desenvolvido por meio do comportamento de cada um de seus membros. Se em um grupo de políticos a maioria está aberta a realizar ações imorais, a tendência é que, para não ser excluída do grupo, a maioria vá se abrindo para realizar os mesmos atos ou não demonstre sua desaprovação, tornando-se assim omissa diante do problema. É quando, por exemplo, a corrupção em um país ou instituição se torna sistêmica.

Nesse ponto, não adianta apenas trocar alguns membros do grupo. É necessário criar padrões de comportamento que busquem diminuir os comportamentos indesejáveis e promover os desejáveis. Da mesma forma que é importante para um político fazer parte do grupo de outros políticos, também é importante para ele fazer parte do grupo maior de cidadãos, por meio de sua família, amigos, da comunidade onde nasceu e dos grupos sociais que já participou.

Uma vez que a sociedade como um todo participa da vida política, fiscalizando, sugerindo, comentando, criticando, demonstrando sua satisfação ou insatisfação de forma direta que chegue aos seus representantes políticos e afete seu status social, o político se sentirá mais forte para se opor ao comportamento corrupto. Contudo, ainda que exista sua tendência a realizar o mal por influência do meio em que vive, o ser humano também tem dentro de si a capacidade de se opor, mesmo sem motivações externas, justamente porque tem a capacidade de discernir e responder de forma positiva à voz de sua consciência.

Nem sempre é fácil para uma pessoa se opor a um grupo do qual faz parte, o que explica o motivo pelo qual tantos adolescentes iniciam o uso de drogas. Mas os equívocos na adolescência são, de certa forma, justificados pelo fato de os jovens estarem em uma fase de amadurecimento, necessitarem ampliar sua rede de socialização e não possuírem experiências de vida suficientes para os convencer de que este ou aquele caminho podem não ser os melhores. Quando uma pessoa adulta tende a repetir comportamentos que são característicos da adolescência ela revela também sua imaturidade. Mas de que forma amadurecemos?

Da mesma forma como os pais de um adolescente já deveriam estar educando-o para a responsabilidade desde criança, assim também os adultos imaturos devem se responsabilizar por seus atos de forma individual. No final das contas, a responsabilidade sempre é individual. No caso da Segunda Guerra Mundial, por exemplo, quantos foram os alemães, militares ou não, que foram condenados no julgamento de Nuremberg justamente porque não se opuseram às ordens de Hitler.

Como definir o que é certo e o que é errado? Quais os parâmetros que temos para discernir sobre quais caminhos devemos seguir, quais decisões devemos tomar e como tomá-las?

Em uma análise simplista, tendemos a buscar respostas polarizadas. Em situações como dor e prazer, tendemos a pensar que o que causa dor é errado e o que causa prazer é certo. Contudo, em assuntos que envolvem a sexualidade, por exemplo, o prazer pode não ter a primazia sobre tudo que é certo, não porque seu contrário se manifesta como dor, mas porque a vivência do prazer pode trazer consequências. No caso do sexo, essas consequências podem ser uma gravidez, uma doença sexualmente transmissível ou até mesmo frustrações emocionais. Quanto mais profunda for a nossa análise, mais características que podem afetar uma decisão sobre o certo e o errado vamos encontrar.

Dessa forma, definir o que é certo e o que é errado deixa de ser uma tarefa simples, pois dependerá de cada situação e da disposição interna de cada pessoa. É também verdadeiro que o bem e o mal não são valores extremamente relativos. Em última instância, eles existem de fato e encontrá-los em cada situação é uma tarefa para cada ser humano.

Para uma pessoa religiosa, por exemplo, que não se preocupa muito em buscar argumentos para sua fé, basta-lhe o que está escrito nas sagradas escrituras, ou pelo menos, a forma como as interpreta, ou a forma como algumas pessoas as interpretaram e lhe disseram, como, por exemplo, líderes espirituais que são reconhecidos como autoridades para essa pessoa, de modo que, se para a religião dela matar é um pecado contra Deus, basta-lhe saber que não se deve matar porque Deus assim determinou.

Se essa pessoa, hipoteticamente, se encontrar em uma difícil situação em que um assassino está prestes a matar seu filho e ele tem uma arma ao seu alcance, levantar-se-á contra a determinação de Deus?

Tudo dependerá da forma como seus princípios estão estruturados em sua mente. Independentemente da decisão tomada, o que é inegável é que a vida lhe imporá uma questão e ela deverá acessar sua inteligência e refletir por si mesma, pois não terá tempo de consultar o diretor espiritual, o líder religioso ou o especialista nas sagradas escrituras.

Há alguns anos utilizei a expressão "terceirização da responsabilidade" em uma entrevista sobre o papel dos pais na educação dos filhos e como atualmente muitos tendem a entregar essa responsabilidade nas mãos dos professores e das escolas. Embora a expressão possa trazer diferentes reflexões no campo da moralidade, aqui a retomo para exprimir um comportamento sintomático, ou seja, quando uma pessoa terceiriza sua responsabilidade é um sinal de que ela não está profundamente consciente de suas potencialidades. Sim, destaco a palavra potencialidades justamente por ser o ponto chave de nossa reflexão.

ONDE NASCEM OS HERÓIS E OS VILÕES?

A princípio, é possível afirmar categoricamente que todo pai e toda mãe ama seus filhos e se estivessem devidamente conscientes de que terceirizar a responsabilidade de sua educação lhes traria algum tipo de prejuízo, possivelmente buscariam evitar essa atitude. Mais do que estar consciente dos possíveis prejuízos, nossa reflexão se dirige ao estar consciente das potencialidades, ou seja, das capacidades que todo pai e toda mãe possuem para se responsabilizarem pela educação de seus filhos.

Diante de uma tarefa da qual uma pessoa não tem o conhecimento necessário para executar, a tendência natural é que ela desanime logo no início e deixe de realizar a tarefa. Quando um pai diz a seu filho de dez anos que ele deve fazer todos os exercícios de matemática da apostila naquele final de semana, sem certificar-se de que ele realmente tenha tido aquelas aulas e as tenha assimilado devidamente, ele está dando um direcionamento que possivelmente seu filho não poderá cumprir. Presumir o conhecimento do outro é possivelmente o maior erro que cometemos em nossos relacionamentos.

Outro exemplo posso lhes oferecer a partir da terapia de casal. Como é comum ouvir dele ou dela frases como: "não é possível que ela não tinha percebido isso!", "o fato de ele não me compreender me irrita profundamente!", como se a outra pessoa tivesse tido as mesmas experiências na vida, como se a outra pessoa tivesse aprendido as mesmas coisas e ainda tivesse a mesma estrutura mental para chegar exatamente às mesmas conclusões, o que no caso dos casais heterossexuais é algo ainda mais complexo, pois a estrutura mental feminina se difere muito da estrutura mental masculina.

Como eu posso estar ciente de minhas potencialidades se ao longo de minha existência não tive acesso a elas, ou não encontrei ninguém que me pudesse ensinar a acessá-las, ou ainda se nunca ninguém me ajudou a acreditar que eu as tivesse? Não ter acesso e não encontrar alguém que lhe ensine está relacionado aos aspectos práticos da aprendizagem, enquanto acreditar está relacionado ao aspecto existencial da consciência ou, poderíamos dizer, a uma consciência existencial.

Quanto mais nossa consciência acessa a grandiosidade de nossa existência, desvelando o sentido transcendente de nossa própria vida, mais nos revestimos de coragem para assumir nossa responsabilidade. O inverso também se faz verdadeiro e poderíamos dizer que quanto menos conscientes estamos da grandiosidade do sentido de nossa existência, menos disposição teremos para assumir nosso papel no mundo, ou seja, nossa responsabilidade.

"Pode-se definir o amor como poder chamar alguém de você e também poder aceitar-lhe positivamente; em outras palavras: compreender uma pessoa em sua essência, tal como é, em sua singularidade e peculiaridade, mas não só em sua essência e tal como é, mas também em seu valor, em seu dever ser e isto quer dizer aceitar-lhe positivamente. E assim se volta a mostrar que não é em absoluto correto afirmar que o amor é cego, ao contrário, o amor devolve a vista; e mais, inclusive é profético; visto que o valor que o amor faz ver e resplandecer não é ainda realidade, mas uma mera possibilidade; algo que ainda não existe, mas que se desenvolve, pode e deve desenvolver-se. É próprio do amor uma função cognitiva" — Viktor Frankl.

Se por meio do amor somos capazes de enxergar o "dever ser" de uma pessoa, se o amor devolve as vistas ao contrário de tornar uma pessoa cega, certamente esse mesmo amor possui um efeito não apenas na pessoa que está o experimentando em si mesma, não apenas na pessoa que está amando, mas de alguma forma na pessoa que está sendo amada.

O psicanalista francês Jacques Lacan fala de uma fase do espelho que se dá entre o sexto e o décimo oitavo mês da criança, quando ela desenvolve seu ego a partir das características que vai percebendo em seus pais, como que em um espelho. É percebendo a imagem que ela vê no pai e na mãe que ela vai se construindo. Sem entrar nas explicações mais complexas da teoria de Lacan, podemos nos ater ao argumento de que, de fato, a construção da identidade do ser humano passa por seus vínculos afetivos e por sua capacidade cognitiva, assim como afirma também Viktor Frankl. O bebê olha para aqueles que lhe oferecem o cuidado e o amor e estabelece com eles um vínculo de identificação, a partir do qual ele se estrutura.

Podemos imaginar que quando um pai e uma mãe vivem em um ambiente de ódio e violência, até essa fase do espelho pode ser prejudicada à medida que traz para a criança não uma construção positiva, uma visão positiva da vida, mas uma visão de angústia, de tensões geradas por sentimentos negativos, de mecanismos de defesas constantemente acessados para lidar com as situações de violência.

Quanto mais desestruturado o ambiente familiar, mais desestruturada poderá ser a psicologia de uma criança e, consequentemente, do adulto que ela se tornará.

É fato que, ainda que sejamos condicionados por nossa história de vida, a teoria de Viktor Frankl nos ajuda a compreender que não estamos determinados por essa história. Para uma criança que tenha vivido em circunstâncias penosas de desestrutura familiar, é muito provável que haja também prejuízos em sua estrutura psíquica, mas essa probabilidade não é determinada.

O LADO ESCURO DO PODER

O termo Nação significa um agrupamento humano cujos membros são ligados por laços históricos e culturais. Em uma nação, como em todo grupo humano, a lógica que prevalece é a dos vínculos afetivos. O ser humano sempre deseja ser aceito pelos grupos em que está inserido, mas não apenas aceito, deseja ser importante para o grupo, ter um papel ativo. De certo modo, esse desejo é também um desejo pelo poder que, quando unido ao respeito pelo bem comum, é sempre positivo.

Alfred Adler, psiquiatra vienense, afirmava que a maior busca do ser humano é a busca pelo poder. Sabe-se também que quando uma pessoa se sente rejeitada, sua busca pelo poder tende a ser maior e muitas vezes desequilibrada.

Em uma democracia, homens e mulheres são livres a apresentarem-se como candidatos ao serviço público, a assumirem a missão de governar. Quando a política é vivida apenas como exercício do poder em detrimento do bem-comum, ela se torna doentia e traz severas consequências para a sociedade.

O Brasil, como muitos países do mundo, é uma nação jovem que teve suas raízes na miscigenação de povos indígenas, europeus, africanos e, ao longo de sua história, também de povos da Ásia. Sergio Buarque de Holanda dizia, em sua obra Raízes do Brasil, que o brasileiro é um homem cordial. Referia-se à cordialidade não pela educação ou gentileza, mas sim pela emoção, pela tendência de agir sempre com o coração.

Um povo cordial pode ser considerado um povo "bom", e o brasileiro é assim, todo estrangeiro que visita o país fica maravilhado com a gentileza e a alegria com que é recebido. O brasileiro é generoso, solidário, e é reconhecido assim também na política internacional.

Contudo, nem tudo é bondade nessa forma brasileira de se viver a vida. A cultura é paternalista e patrimonialista. O que isso significa? Paternalista porque as pessoas sempre esperam que alguém resolva seus problemas. O governo é visto como um pai que tem a obrigação de pagar as contas, resolver os problemas e interferir nas decisões pessoais. Quanto mais o governo absorve o papel paternal, menos livre e independente são as pessoas. Patrimonialista porque valoriza quem tem mais dinheiro, mais posses. Ainda como uma herança da Monarquia, o brasileiro carrega a ideia de que algumas pessoas são mais especiais que outras e, por isso, merecem o poder.

Assim, há os filhos dessa cultura que, de alguma forma, encontraram o caminho para o poder. A história da maioria dos líderes políticos que hoje configuram o cenário nacional teve seu início com um desejo, na maioria das vezes legítimo, de exercício do poder para o bem-comum. Muitos deles eram pobres, operários e sonhadores que almejavam construir um novo país, livre dos problemas de sua época. Porém, quando conseguem a confiança do povo para assumir o governo e deparam-se com um sistema frágil, eles, que outrora eram pobres, agora se percebem em uma situação confortável, com inúmeros recursos ao seu dispor e com muito dinheiro no caixa.

Em suma, o líder político tem um salário altíssimo, muito distante da realidade das pessoas que o elegeram, com todo tipo de regalia e, o pior, sem a fiscalização do povo. Por quê? Porque o povo "cordial" está preocupado em trabalhar para sustentar a família e aproveitar a vida – e pensa que, se escolheu alguém para representá-lo, já não precisa se dar ao trabalho de o fiscalizar. A busca pelo poder, embora seja natural, torna-se doentia quando se distancia do respeito ao outro! O Brasil formou políticos doentes pelo poder!

Ao longo do tempo, muitos partidos tiveram casos de corrupção. Hoje, observa-se uma corrupção diferente. Se outrora as pessoas não tinham acesso às informações e por isso não "se davam conta" do que acontecia, hoje todos sabem o que acontece e a mídia contribuiu muito para essa conquista.

Contudo, a doença do poder trouxe consequências ainda mais preocupantes. O político que se afastou da realidade do povo e não mais busca o bem-comum sofre os seguintes sintomas:

1) Dissimulação - Nega todo e qualquer tipo de realidade que ameace seu poder a fim de se proteger das críticas e continua agindo como se nada tivesse acontecido. Sua preocupação não é mais o exercício da política para o bem-comum, mas sim a manutenção de seu status quo. A mentira é uma parte constitutiva de seus atos, a manutenção positiva de sua imagem e o convencimento das pessoas de que ele é bom e está correto é seu principal objetivo. Invariavelmente, criará e manterá o discurso de que inimigos grandiosos trabalham para lhe destruir, provocando em seus interlocutores o sentimento de compaixão e a vontade de protegê-lo;

2) Soberba - Acredita piamente estar em seu direito e o voto que recebeu do povo lhe dá o poder para fazer o que bem entende. Ele nega o fato de que a política é um serviço para o bem-comum, trata as pessoas com indiferença e se aproveita da cultura paternalista para subjugar ainda mais as pessoas que confiaram nele, sendo capaz de convencer seu eleitor que o serviço que exerce é um favor digno de elogios e jamais aceita qualquer tipo de crítica ou oposição;

3) Paranoia - Acredita que todos os que tentam fiscalizar suas ações querem, na verdade, destituí-lo do poder a qualquer preço ou tomar o seu lugar. Assim, nenhuma crítica é aceita e todos os que ousarem se colocar contra suas vontades e ações devem ser punidos. Ele busca elaborar leis para se proteger de toda e qualquer acusação ou investigação.

A pior consequência da doença do poder é a sua disseminação. Ela ocorre como uma epidemia quando os três principais sintomas se espalham e tomam todo um grupo. A paranoia faz com que esse grupo se torne ainda mais fechado, hermético, e se fortaleça gerando até nos grupos opositores a sensação de que devem agir também como ele, assumindo os mesmos sintomas. Assim, a democracia adoece e toda a sociedade se vê ainda mais subjugada e enfraquecida em sua liberdade.

Todo ser vivo que adoece tem suas defesas, anticorpos poderosos que se colocam em ação para curar o corpo. As manifestações que acontecem no Brasil são a resposta daqueles que estão saudáveis, daqueles que não se esqueceram dos vínculos afetivos que formam a nação. São homens e mulheres, pais e mães de família, jovens, adolescentes e até crianças que amam ser brasileiros, que têm orgulho de levar as cores de sua bandeira para todas as partes do mundo. Eles são a resposta de um povo que sabe que sua "cordialidade" tem limites.

Embora muitos ainda não creiam, o povo brasileiro tem sim capacidade de se indignar e de se mobilizar sem ser manipulado, pois essa é também uma capacidade humana e é justamente por seres humanos que é formada uma nação.

Codinome fome

A fome está com sede e a água
Quer ser bebida
Comer pode ser bom
Mas o que vale é o que acontece na barriga

Lá a gordura se quebra
É como um doce sentimento de prazer
Ser um com a coisa
Que se comeu, se desejou, se apossou

Comer é luxo de pobre
Miséria é status da dor
Quem nunca comeu bolo de barro num pode falar não

Quem nunca bebeu água do ribeirão
Eita sertão, eita calor, num sei por que falo
Vou economizar palavra, força, vou viver minha dor

VOCÊ PRECISA
CRESCER

O mundo precisa de você, você não nasceu por acaso, sua existência não é um acidente no universo. Ao ocupar seu lugar no tempo e no espaço, sua existência passou a ter um valor inestimável e é preciso que você cresça e utilize todas as suas potencialidades para contribuir com o mundo. Você ouvirá todo tipo de conselho e de teorias sobre como se tornar melhor e obter sucesso e muitas delas lhe dirão que você deve competir com os outros. Será que esse é o melhor caminho?

Um time de amigos entra em quadra. O objetivo deles é vencer o jogo, o desafio é superar seus próprios limites, limites estes que foram conhecendo ao longo da vida: limites pessoais, relacionados às suas habilidades, suas técnicas, sua forma de enxergar o jogo, o espaço, o tempo. Contudo, outro desafio é enfrentar o diferente, um outro time, de outro país, de outra cultura, com outra história, outros limites e outras qualidades. Na análise de um jogo de futebol, por exemplo, levantamos duas questões importantes: a competição consigo mesmo e a competição com o outro.

É necessário se concentrar na superação dos seus próprios limites. Viktor Frankl dirá que o sentido saudável do esporte está justamente quando competimos com nossos próprios limites. Assim, vencer ou não o adversário será uma consequência que não dependerá apenas de nós mesmos. Se, por outro lado, nos concentrarmos apenas no adversário, nos tornaremos não apenas mais frágeis e suscetíveis ao erro, mas também mais ansiosos, pretendendo controlar aquilo que não está sob nosso controle.

Certa vez, ao orientar uma estudante que se preparava para o vestibular e enfrentava muita ansiedade em relação à alta concorrência que enfrentaria, propus-lhe esta analogia: você está em uma estrada dirigindo seu carro, subindo uma serra, e há caminhões à sua frente. Em determinado momento, você percebe que sua velocidade está bem maior que a dos caminhões à frente, pois seu carro tem mais potência no motor, é mais leve e é muito fácil para você ultrapassá-los. Então, você pega a pista da esquerda e inicia a ultrapassagem. Se, ao invés de olhar e se concentrar à frente do seu carro, você ficar olhando para as rodas dos caminhões que está ultrapassando, é bem provável que você fique com medo, medo do caminhão vir para o seu lado, medo de ser fechada, medo de sofrer um acidente grave.

A verdade é justamente esta: quando consideramos demais os adversários, além da conta, deixamos de perceber nossas potencialidades. Competir é manter o pensamento no que nos espera, no nosso próprio caminho, acreditando em nossas potencialidades.

Ainda que tenhamos que estar atentos ao mundo ao nosso redor, o sucesso só será possível se nosso pensamento estiver centrado na superação de nós mesmos. No fim das contas, a competição que mais importa é com nossas próprias limitações.

Algumas empresas crescem muito por diversos fatores, muitos deles obviamente relacionados ao mercado, à lei de oferta e demanda, à qualidade de um produto e ao custo-benefício do que é produzido, mas basta um olhar rápido pela forma como gerenciam seus colaboradores para ver que a grande maioria das empresas poderia ter muito mais sucesso, poderia produzir muito mais e com muito mais qualidade.

O método administrativo implantado por muitos departamentos de Recursos Humanos ainda se baseia em uma competição com o outro, seja por meio da premiação ou dos planos de carreira que, embora auxiliem a pessoa a superar seus próprios limites, tendem a promover uma competição exagerada entre os membros de uma mesma equipe. A motivação deveria ter como fundamento a busca que uma pessoa exerce pela possibilidade de oferecer o melhor de si.

Tomemos como exemplo uma pessoa que trabalha no setor de produção de uma fábrica de carros. Ali, ela exerce um papel operacional. Muitos carros passam à frente dela diariamente e ela é responsável por acoplar um determinado mecanismo neles. Poderíamos pensar em várias razões que pudessem levar essa pessoa a passar cerca de oito horas diárias ou mais nesse mesmo lugar, ao longo de cinco ou seis dias por semana.

Essa pessoa necessita do dinheiro para poder sustentar sua família e realizar seus desejos, mas essa motivação só pode garantir que ela efetue o mínimo necessário em suas atribuições. Ela não fará o máximo de si apenas para garantir o dinheiro no final do mês.

Uma vez que o ser humano é sociável e está sempre buscando um sentido para sua vida, essa pessoa sempre vai observar os demais ao seu redor e construir pontes de relacionamentos com essas pessoas, ao passo que sua motivação estará também em como ela vive boa parte de sua vida ali, dentro daquela fábrica.

Ela poderá entrar em uma disputa por poder que a levará a aprimorar suas habilidades políticas e conquistar a atenção dos seus líderes em busca de promoções, e a forma dessa disputa depende de qual tipo de liderança seus superiores valorizam.

Se o perfil valorizado for o do autoritarismo, da imposição do medo e da punição sobre os outros colaboradores, a tendência é que essa pessoa e todos os que desejam galgar o poder naquela fábrica executem o mesmo modelo e busquem provar que são bons em exercer uma liderança autoritária e impositiva.

Assim é criada uma cultura motivacional negativa, pois já se é sabido que esse modelo pode até mostrar resultados a curto prazo, mas não se sustenta pelo alto grau de energia que é dispensado e pela insatisfação constante dos colaboradores, que não suportam trabalhar muito tempo sob pressão e sem benefícios de valorização pessoal.

Obter muito dinheiro no trabalho só tem sentido se esse dinheiro for revertido em algum tipo de qualidade de vida que auxilie a pessoa a experimentar convivências mais harmoniosas com as pessoas que estão ao seu redor.

Se o perfil valorizado na fábrica for o da cooperação, então os que desejam galgar o poder buscarão desenvolver suas habilidades de cooperação e se mostrarão melhores que os outros para exercer funções de liderança. A pergunta que proponho, contudo, tem uma outra vertente de análise: sempre haverá alguém que buscará cargos de poder?

Os cargos de poder são realmente mais importantes que os demais? As pessoas que buscam os cargos de poder o fazem por serem de fato mais aptas para exercer a função, ou apenas por desejarem receber os salários mais altos que são oferecidos a esses cargos? Uma vez que todos possuem um espaço importante no processo de fabricação dos veículos, todos deveriam receber o mesmo nível de motivação. Ainda que os salários possam variar de um cargo para outro, as diferenças não deveriam ser grandes demais.

Assim, embora seja razoável pensar que uma pessoa que estudou por muitos anos, investiu em MBAs, doutorados e outros cursos deva receber compensações por sua trajetória de esforço voltada ao desenvolvimento pessoal que agora é revertido em desenvolvimento para a empresa. Estando claras as bases de motivação, todos se verão motivados a buscar desenvolvimento pessoal para também receber sua parte compensatória relacionada aos estudos dentro da empresa.

Uma psicologia de amor como fundamento para as políticas motivacionais dentro do ambiente corporativo depende de que as bases de valorização estejam claras e bem definidas. Uma empresa pode contratar inúmeros serviços de consultoria, realizar muitos treinamentos motivacionais e até trazer os maiores palestrantes do momento para falar para seus colaboradores, mas se os líderes não possuírem uma visão madura de cooperação e não estiverem dispostos a criar uma cultura que dê valorização global e responsabilidade mutua, tudo não passará de desperdício de tempo e recursos.

Volta

Volta a frase da ode
Ode para o bode que esconde
Que sofre como um bonde, sobe e desce
Carregando quem não merece

Volta a frase do cão
Cão que ladra e não morte
Morte que fala e não avisa,
Aparece como quem não tem destino

Volta do calo que sarou
Pois se sarou não poderia voltar
Mas calo é bandido, volta mesmo quando apanha do marido

Volta do céu que calou
Quem pensou que havia sumido se enganou
Parou para tomar fôlego, o céu não tem trégua

Volta da mãe que amamentou
Leite forte que formou o exército da nação
Leite forte que fortificou e no final caiu ao chão

Volta da laranja que rolou
Se esmagou, se deu, se ensucou...
Volta do antigo que outrora estava perdido
E o novo o achou...
Volta do perdido que outrora era tido como antigo
E que a moda resgatou...

Volta, volta dos bons e dos maus hábitos
Do pão dos ricos e dos sem-salários
Volta da manha e da manhã,

Volta pra hoje o que poderia ter sido,
Volta pra hoje o que será bom,
Volta pra hoje o que era,
E que o hoje não demore...

O PODER DA AMIZADE

Quantos amigos você tem? Certamente você já ouviu essa pergunta e passou pela situação de ter que pensar antes de responder. A primeira dúvida que vem à mente é sobre o significado da palavra amigo. Alguns nomes surgem e você se pergunta se este ou aquele realmente podem ser considerados amigos. Quais os critérios que você utiliza para definir quem são seus amigos?

De fato, por mais que pensemos, geralmente escolheremos chamar de verdadeiros amigos aqueles em quem podemos confiar de verdade. Você pensa em todos seus segredos, seus sentimentos mais íntimos, as situações de risco em que já esteve e que poderá um dia estar, e se pergunta para quem pode ligar e com quem pode contar.

A amizade, ao contrário dos vínculos de sangue, pode ser escolhida. Ao mesmo tempo, por mais que você tente encontrar um verdadeiro amigo, perceberá que o que faz com que você esteja ligado, vinculado a alguém pela amizade, é a sua própria capacidade de ser amigo. E o que é ser amigo? Como vimos, cito aqui novamente as palavras de Epicuro:

"A necessidade de não ser agredido determina um contrato que instaura uma segurança calculada; isto é o direito, que rege a não-agressão recíproca entre pessoas, que, precisamente, não são amigas. A amizade é outra coisa completamente diferente: ela não é contratada, sendo mais essencial do que o cálculo. Ela também proporciona segurança, naturalmente, e bem maior do que aquela que é proporcionada pelo pacto social. Entre amigos, a noção do justo não tem mais lugar; não por irrupção da injustiça, é claro, mas pela superação do cálculo sobre o qual se fundam os contratos".

A amizade é um vínculo que reside na capacidade humana de amar. Ela está além da lógica do cálculo e muito além do direito, pois suas raízes não estão no material, mas no espiritual. O amor que rege a amizade era concebido pelos gregos pelo termo philia, um amor solidário.

O amor é capaz de captar o outro em sua essência e percebe não apenas o que se vê, ou como o outro se mostra, mas enxerga além, vê as potencialidades da pessoa e faz de tudo para que o amigo venha a ser tudo, ou quase tudo, que pode ser.

Talvez, por isso, ao continuar nosso exercício mental de encontrar quais são os nossos verdadeiros amigos, percebemos que algumas vezes aquele a quem consideramos amigo cometeu erros, infidelidades e nem sempre foi o amigo que queríamos. Assim, compreendemos que os verdadeiros amigos não são as melhores pessoas do mundo, mas aquelas a quem aprendemos a amar e, por isso, podemos perdoar e escolhemos confiar.

A amizade parte de nós. Não somos agraciados pela vida por merecermos um amigo, mas pelo fato de encontrarmos alguém para amar, pois, no fundo, o que buscamos no outro é que ele considere nosso amor e aceite nossa amizade. É assim que nos realizamos como pessoas.

"A amizade está além do acordo contratado. Ela é uma lei do ser-sábio. Ela implica que cada um encontre nela o desabrochar de sua própria sabedoria, na companhia de vários indivíduos, iguais, tornados homogêneos por uma felicidade comum" — Epicuro.

Há alguns dias, recebi uma mensagem de um antigo amigo de infância, Eduardo Henrique, que me pedia para lhe enviar meu número de celular para criar um grupo no Whatsapp com nossos amigos daquela época. Fomos melhores amigos, pelo menos entre os meus 10 e 15 anos de idade. Ao criar o grupo de Whatsapp com os queridos Marcos, Marco Antônio, Tiago, Isaque, Anderson, Breno, Eduardo e eu, tivemos uma experiência impressionante: todos os dias alguém lembrava de uma diferente história de aventura que vivemos juntos naquela época.

Hoje, 25 anos depois, reencontrar esses amigos online me possibilitou reabrir algumas caixas de minha memória que eu nem fazia conta que estavam lá dentro. Pudemos recordar das corridas de tampinha nas pistas de terra que fazíamos na casa do Breno, desenhadas como réplicas das pistas de Fórmula 1; dos longos campeonatos de jogo de botão que realizávamos na casa do Marco Antônio; dos jogos de futebol na rua; dos piques de esconde-esconde; das vezes que pulamos alguns muros para entrar em casas abandonadas; das peripécias ao construirmos carrinhos de rolimã; dos momentos na piscina da casa do Eduardo; dos vizinhos estranhos que tivemos; dos campeonatos que participamos com outras equipes; e de tantas situações que vivemos juntos sem jamais deixarmos de ser amigos.

É interessante constatar que, mesmo depois de tantos anos, reviver esses momentos é como se os tivéssemos vivido ontem mesmo. A amizade é sempre presente e pode nos ajudar a recordar nossa história e a lembrar de quem realmente somos, dos momentos que fomos mais felizes e dos momentos em que pudemos lidar de diferentes formas com os sofrimentos que enfrentamos. Como as pessoas entram em nossas vidas e nunca saem, pois ficam gravadas em nossa consciência como vínculos permanentes que estabelecemos, podemos compreender como é possível construir pontes de amizade com um grande número de pessoas.

Assim como pude experimentar a amizade marcante desses amigos de infância, também pude construir outras amizades no Santos Anjos, colégio no qual estudei o primário e a primeira parte do Ensino Fundamental. Pude fazer outras amizades no Afonso Pena, colégio no qual estudei a segunda parte do Ensino Fundamental, outras no Catanduvas, meu colégio do Ensino Médio. Paralelamente a isso, fiz amigos também nos grupos de jovens da igreja, nas bandas de música, na família de minhas namoradas, com os amigos delas e nas comunidades em que vivi.

Além de todas essas amizades, fiz outras na UNINCOR, em Três Corações, na UNIFENAS, em Varginha, na SOBRAL, Sociedade Brasileira de Logoterapia, em São Paulo, na PUC do Paraná, na USP e no tempo em que estudei nos EUA e conheci pessoas de diferentes partes do mundo. Não posso deixar de contar, também, os amigos que fiz em cada bairro ou em cada cidade em que vivi ao longo desses anos, os amigos de minha esposa, os amigos que meus filhos vão fazendo... e continuo fazendo novas amizades, hoje, no Conselho Internacional de Psicólogos, na Rede Global de Psicólogos pelos Direitos Humanos e em tantos outros lugares.

Todos nós estamos constantemente inaugurando novas possibilidades de amizades em nossa vida e tudo isso depende de como estamos dispostos a desempenhar nosso papel de amigos.

Estamos sempre diante da possibilidade de fazer laços com as pessoas, criar vínculos, ainda que sejam vínculos pequenos, pois nem todas as pessoas que conhecemos se tornarão grandes amigos. Não conseguimos ter intimidade com todas as pessoas, mas podemos semear uma relação amigável com todas as pessoas que conhecemos, podemos ser gentis e demonstrar nossa atenção e carinho para com as pessoas que nos cercam, sejam elas os colegas de trabalho ou de escola, sejam elas a balconista da padaria ou o frentista do posto de gasolina.

Ser amigo não é apenas ter grandes amigos que estão sempre do nosso lado, é ter uma atitude amigável com a natureza, com o ambiente, com os animais e principalmente com as pessoas que passam em nossas vidas.

A filósofa Edith Stein[69], em sua obra "O problema da empatia", demonstra como a presença das pessoas ao nosso redor não deve ser ignorada.

"O fenômeno da vida psíquica alheia está aí e é indubitável. O fenômeno de um indivíduo psicofísico que se distingue nitidamente de uma coisa física. Este não se dá como corpo físico, mas como corpo vivo que sente e ao que pertence um eu, um eu que sente, pensa, padece, quer, e cujo corpo vivo não está meramente incorporado a meu mundo fenomenal, mas que é o próprio centro de orientação de semelhante mundo fenomenal; está frente a ele e estabelece relação comigo" — Edith Stein

A vida das pessoas ao nosso redor não é algo relativo que pode ou não ter a nossa atenção e respeito. O outro é, em sua mais profunda representação, um ser vivo que sente e que se assemelha comigo em diferentes e diversos aspectos. Ser amigável não é uma atitude motivacional para fugir de alguma frustração da vida, mas uma atitude existencial para se conectar com a realidade da vida que nos cerca. A não-amizade, o desrespeito, o desprezo pelo outro, isso sim se revela como fuga do real, em um processo de ensimesmamento próprio de uma personalidade imatura.

Quantas são as pessoas que constantemente estão viajando para outros países e não se importam em ficar hospedadas na casa de pessoas que nunca conheceram antes. São incontáveis os testemunhos dos mochileiros, dos frequentadores do couchsurfing, de tantas pessoas que experimentam no encontro com diferentes culturas a possibilidade de estabelecer vínculos fraternos que poderão se perpetuar por toda a vida.

---

69 *Edith Stein (1891-1942) foi uma filósofa alemã judia que se converteu ao catolicismo e se tornou Carmelita Descalça. Foi canonizada como mártir e santa da Igreja Católica. Foi discípula do filósofo Edmund Husserl e escreveu sua tese sobre a Empatia, com a qual recebeu o doutorado em filosofia com a honra summa cum laude.*

Quanto mais uma pessoa conhece diferentes culturas e diferentes realidades, mais ela está aberta a construir uma civilização do amor, mais ela está propensa a aceitar o fato de que todos nós – não importa nossa raça, nacionalidade, crença ou status social – fazemos parte de um só povo, uma só raça, uma só equipe, uma única família, a família humana. Dificilmente, uma pessoa que visitou diferentes partes do mundo com o interesse de conhecer de perto a vida das pessoas que ali habitam terá a iniciativa de declarar guerra contra esse ou aquele país.

Como vimos, os atos de violência representam muito mais um problema instaurado no desenvolvimento histórico de uma pessoa do que uma concepção lógica cujas causas podem ser razoavelmente justificadas. Se temos o sentimento de ódio contra um certo grupo de pessoas, é porque não os conhecemos a fundo, e se encontramos alguns grupos de pessoas ao redor do globo que nutre um ódio contra nós, é porque eles não nos conhecem bem.

A melhor coisa a se fazer não é destruí-los antes que eles nos ataquem, mas sim fazer com que nos conheçam antes que nós os destruamos.

Quantas vezes algum amigo o impediu de fazer o mal, ou lhe disse o quanto você estava enganado por nutrir sentimentos negativos contra alguém? Quantas vezes algum amigo protegeu você de uma briga, ou de viver situações que o colocariam em risco?

Se pensarmos sobre quem são os heróis de nossa existência, poderemos dizer, sem sombra de dúvidas, que eles são todos aqueles que encontraram um sentido para a vida a partir de possibilidades de viver plenamente sua capacidade de amar, de serem verdadeiros amigos de seus amigos e amigos da humanidade como um todo. Eles são defensores da paz e propagadores do desenvolvimento humano saudável e sustentável.

Quando alguém lhe perguntar quantos amigos você tem, antes de pensar em quem você pode confiar, pergunte-se quantas pessoas confiam em você!

GRANDES PERSONALIDADES

A história está repleta de grandes personalidades, de pessoas que não se conformaram com o status quo. Talvez, esta seja uma das principais características de uma personalidade forte, "o não conformismo".

"Não ser ninguém exceto você mesmo, num mundo que se esforça dia e noite para torná-lo igual a todo mundo, é lutar a pior das batalhas que todo ser humano pode enfrentar e nunca deixar de lutar" — Mark Schwahn[70].

Algumas abordagens da medicina e até mesmo da psicologia falam de uma necessidade de se conformar com a realidade, a dita busca pela homeostase que, como vimos anteriormente, não encontra respaldo nem mesmo na biologia. Ainda que o objetivo destas orientações seja diminuir a ansiedade doentia, o que é bom, ela pode ser compreendida de forma equivocada.

As pessoas precisam de desafios, estamos psiquicamente estruturados para enfrentar desafios, para construir, desenvolver, evoluir. A vida é movimento e a busca pelo infinito está presente.

Pense um pouco. Quem são as pessoas que você admira?

70 Mark Schwahn (1966) é um roteirista, diretor e produtor americano. Roteirista de filmes como o famoso 'Coach Carter'.

Tomemos como exemplo um artista como Leonardo da Vinci, que realizou consideráveis estudos nas áreas da anatomia humana, escultura, óptica, matemática, arquitetura, engenharia civil, entre outras. Cerca de 10 milhões de pessoas visitam o Museu do Louvre, em Paris, todo ano, 80% dessas pessoas vão exclusivamente para ver a "Mona Lisa", a pintura de Leonardo da Vinci que hoje vale mais de R$5,5 bilhões. Poderíamos dizer que da Vinci é umas das personalidades mais apreciadas da história? É possível que sim.

Da Vinci tinha uma personalidade forte, incansável, inconformada. O interessante é que, ao final de sua vida, ele disse que havia falhado com Deus e com as pessoas porque não havia atingido a perfeição de suas potencialidades.

Ao longo dos anos, muitas de nossas teorias psicológicas, filosóficas e medicinais se fundamentaram em um estilo de vida sem tensão, sem pressão, sem estresse, sem ansiedade, sem dor, sem sofrimento. É claro que o sofrimento não é desejável, mas um grau de tensão faz parte da dinâmica humana, um grau de estresse e até mesmo de ansiedade faz parte da vida.

A história e os fatos do presente nos mostram que personalidades admiráveis são dotadas de inconformidade e de uma tensão positiva.

Uma das mentes mais brilhantes dos últimos tempos, Stephen Hawking, tinha esclerose lateral amiotrófica, uma doença neurodegenerativa que paralisa progressivamente os músculos do corpo. Ele viveu grande parte da vida sem ter movimentos, mas não deixou de contribuir com a humanidade no máximo de suas potencialidades.

Um dos maiores compositores da história da música, Beethoven[71], foi perdendo sua audição ao longo da vida e quando sua audição estava em sua pior situação ele escreveu uma de suas mais belas obras, a Nona Sinfonia. Há relatos de que no dia em que apresentou essa sinfonia pela primeira vez, ele continuou a condução mesmo depois de ela ter acabado, sem ao menos ter ouvido os aplausos fervorosos atrás dele.

Os grandes nomes da ciência, das artes, do esporte ou da política, todos eles encontraram resultados positivos a partir de tensões positivas, de lutas interiores, de aplicação e disciplina, de busca pelo algo mais, por um sentido da vida que não lhes foi dado gratuitamente, por algo que estava além do peculiar, além dos limites impostos pelas convenções.

A construção de uma mente forte, uma personalidade admirável em uma existência heróica, consiste num processo de desenvolvimento, de autoconhecimento, de busca pelo sentido da vida que é sempre pessoal, de abertura para os acontecimentos do mundo e para a relação saudável com as pessoas, em que se administre a tensão constante entre a tendência ao conforto e o desejo pelo autodesenvolvimento, o ser e o dever-ser.

A dicotomia entre felicidade e dever é uma ideia equivocada, na dinâmica psíquica estas realidades não são opostas, muito menos se excluem, muito pelo contrário, são interdependentes. Ao entregar-se para uma missão, na realização de tarefas por amor a alguém, a pessoa encontra a felicidade.

O ser humano é, desde o momento que nasce até o entardecer de sua história, uma força vital que irradia sua energia para o mundo. Como uma lâmpada acesa que não é jamais invadida pela escuridão, assim se concebe a energia vital propagada, de modo especial, pela capacidade de amar.

Todo ser humano pode experimentar momentos de vazio existencial ou do que podemos também chamar de vácuo existencial, quando a própria luz interior do sentido da vida parece

---

71 *Ludwig van Beethoven (1770-1827) foi um compositor e pianista alemão. Ele foi uma figura crucial na transição entre as eras clássica e romântica na música clássica e é considerado ser um dos maiores compositores de todos os tempos.*

estar bloqueada por diferentes condicionamentos biopsíquicos. As leis da física nos auxiliam a enriquecer esta analogia, pois em um vácuo não se pode ouvir sons, a única coisa que pode se propagar em um vácuo é a luz. Este vácuo existencial que tantas pessoas experimentam, em que a vida pode parecer sem sentido, em que tudo pode parecer sem sentido, a luz do amor pode prevalecer. Seja, quando a pessoa recebe o amor, seja quando ela acessa sua capacidade de amar e desbloqueia o caminho para que sua própria luz se propague.

Um estudante é um recipiente de conhecimentos e sua aplicação para os estudos é necessária e louvável, mas é quando ele aplica seus conhecimentos que tudo que aprendeu ganha sentido. Quando alguém precisa ensinar outra pessoa, ele se aplica ainda mais, pois ensinar implica o sentido da vida de outra pessoa, desta forma o senso de responsabilidade é impregnado pela dinâmica relacional do amor. Quem recebe se sente engrandecido e quem doa se sente realizado.

As linhas de um livro revelam o trabalho do autor para transformar suas inspirações em uma linguagem acessível de forma que sejam compreendidas pelo leitor. A comunicação é um movimento de conexão entre seres que vivem uma realidade de coexistência e interdependência. As experiências pessoais e profissionais, as teorias aprendidas, tudo só tem sentido quando compartilhado e transformado em algo que possa influenciar positivamente as pessoas. Findando a segunda edição deste livro, desejo que as sementes lançadas aqui se transformem em frutos e sigamos vivendo esta dinâmica de engrandecimento e realização.

Hoje, privilegiados moradores do planeta terra do início do século 21, nossas mentes se voltam para aqueles que tornaram nossa existência possível, para aqueles que descobriram o impensável, desenvolveram o inimaginável, superaram os limites. A história, por sua vez, se volta para cada um de nós, repletos de gratidão, e nos interpela: qual é o seu papel nesse mundo?

CAPÍTULO 10

2020 HERÓIS DA PANDEMIA

Há muitos anos, na Rua Silva Bittencourt, em Varginha, vários adolescentes se reuniam para passar o tempo juntos, jogávamos vídeo-game, o famoso Atari, também jogávamos futebol, muito futebol, na quadra, ou na rua, às vezes formávamos times, às vezes jogávamos gol à gol, às vezes brincávamos de cruzamentos, um toque, 'debaixo das pernas é lixa', também jogávamos Bete ou bandeira, corrida de tampinhas, jogo de botão, adedanha ou stop, e muitas vezes, especialmente quando nos juntávamos com amigos de outras ruas, brincávamos de pique esconde ou, como é mais conhecido, esconde-esconde.

Costumávamos estipular o limite de espaço de acordo com o número de participantes, quando eram poucos, o limite era apenas uma rua do quarteirão, certa vez, tínhamos tantas pessoas participando que o limite foi o bairro todo. Quando você brinca de esconde-esconde, você precisa se proteger, seguir as regras e fazer de tudo para não ser pego. A pessoa que foi pega primeiro será a próxima a ter que procurar todo mundo, então, dizemos que agora está com ela, essa pessoa tem que fechar os olhos e contar até 10 ou 30, ou no nosso caso, até 100. Depois de algum tempo brincando, aprendemos a contar em altíssima velocidade, u do te ca cin se sé oi no de on dô tre catô qui zessei zessé zoi znov vin..... e aí por diante.

No início de janeiro de 2020, ouvimos falar de um vírus que havia contagiado um grande número de pessoas na China e levado outros tantos à morte. Vimos pela TV como o governo chinês fechou a cidade de Wuhan e fez com que todas as pessoas ficassem em casa, colocaram drones nas ruas para fiscalizar se as pessoas estavam com máscaras, construíram um hospital muito grande em apenas 10 dias. Vimos tudo isso, cada um fazendo seu próprio julgamento sobre aquela realidade tão distante.

Em fevereiro, vimos a Itália ser atingida por uma onda devastadora do mesmo vírus, enquanto muitos outros países eram afetados pela mesma onda, porém não com proporções tão letais quanto a Itália.

Milhares de pessoas começaram a morrer em pouquíssimos dias, os hospitais não davam conta de receber e atender as vítimas do vírus. Os médicos tinham que escolher quem iria ser salvo porque não havia respiradores para todos, nem espaço, nem médicos. Foram tantos mortos em tão pouco tempo, que não havia lugares nos cemitérios, não haviam caixões, nem profissionais suficientes para buscar os corpos nas casas e o medo do contágio se alastrava ainda mais.

Nas redes sociais, o mundo se espantava com a força do vírus, aqui no Brasil pulávamos o carnaval como há muito tempo não fazíamos, os blocos de São Paulo nunca estiveram tão cheios, cantávamos, nos divertíamos e vivíamos o prazer de estarmos distante da grande ameaça.

Março chegou, assim também chegou a grande onda nos Estados Unidos, em poucas semanas Nova York se tornou o epicentro do vírus no mundo, a onda começou a chegar no Brasil e um áudio do Dr. Jatene viralizou no WhatsApp dizendo que milhares de pessoas morreriam em São Paulo e não haveriam leitos de UTI nem respiradores o suficiente. Na semana seguinte entramos em Quarentena. Começamos a entender que agora fazíamos parte do Esconde-Esconde Nível Mundo!

Quando brincávamos de esconde-esconde, víamos situações interessantes, sempre tinha aquele que se achava mais esperto e se arriscava para chamar a atenção, geralmente eram pegos, havia aqueles que não se divertiam porque tinham tanto medo de ser pegos que ficavam em lugares impossíveis de serem encontrados e só saíam depois que todos haviam desistido por que muito tempo passou.

Também haviam as crianças, os irmãos pequenos que não podiam ficar em casa e vinham acompanhar os mais velhos, as crianças faziam o que os maiores faziam, mas sempre queriam chamar a atenção e acabavam sendo pegas. Também tinham aqueles que chegavam e nunca haviam brincado e não sabiam as regras, eles ficavam tomando sorvete enquanto a pessoa contava com os olhos fechados, eles não corriam, eles eram pegos logo.

De janeiro até Março, o Brasil escutou o coronavírus contar até 100, ele contou muito, alguns se protegeram, outros não, mas neste período todo o país começou a discutir o problema. Os meios de comunicação se dividiam no foco que davam, de um lado aqueles mais alarmistas que queriam que todos se isolassem o mais rápido, por mais tempo e da forma mais radical possível, de outro lado aqueles que negavam categoricamente os riscos do vírus.

O presidente chegou motivar uma manifestação contra os outros poderes no início da quarentena, muitos saíram às ruas. Dias depois o presidente, sob pressão popular e panelaços, reconhecia a necessidade do isolamento social, enquanto se defendia dizendo que estava promovendo a segurança das pessoas, pensando na economia.

O governo se dividiu, a mídia se dividiu, aqueles que buscavam popularidade se expuseram e motivaram outros a se expor, alguns não sabiam as regras, não entenderam o que estava acontecendo na Itália, na China, nos Estados Unidos, na Espanha, e agiam como se nada tivesse acontecido. Alguns correram aos supermercados e compraram papel higiênico para todo o ano, um número exagerado de suprimentos para a quarentena, me lembro que enquanto estava na fila do caixa de um supermercado, o gerente falava ao microfone "Os fardos de leite longa vida estão limitados à apenas um por cliente, por favor, contamos com a colaboração e a humanidade de todos!", depois ele frisou novamente, 'sim, temos que contar com a Humanidade, senão estamos perdidos!', não era uma fala que se ouviria em dias normais em um supermercado.

Dizem que quando damos poder a uma pessoa é quando ela mostra quem ela realmente é, talvez isto também seja verdade, mas há outra forma de se conhecer uma pessoa e isto é em meio a uma crise, quando todos se sentem frágeis e indefesos, é aí que conhecemos quem realmente somos.

Rapidamente a política tomou conta dos noticiários, prefeitos, governadores, presidentes de vários países, deputados, senadores, vereadores, todos tinham uma solução, em sua maioria, uma solução diferente da solução de seus oponentes políticos. Como é difícil buscar um caminho comum entre os que lutam pelo poder!

Com a mídia também divida, os pais e mães de família, os jovens, as crianças, os cidadãos do país não tinham certezas, muito pelo contrário, ficavam ainda mais inseguros. As redes sociais demonstraram sua importância, ainda mais visitadas, demonstravam os vídeos compartilhados por vítimas do vírus, por profissionais da saúde de outros países, os relatos de cientistas, de pessoas que estavam vivendona própria pele as consequências do contágio, tudo se disseminou de forma ainda mais poderosa e mais rápida que o próprio vírus.

Uma onda de compartilhamentos, contendo orientações, sugestões, questionamentos buscando a cura, a vacina, o tratamento, a proteção e a segurança de todos, se expandiu, chegando nas casas do cidadão comum, a hashtag Estamos Juntos era mais forte que os discursos políticos!

No dia 2 de abril, o médico Mathew Bai, do Hospital Monte Sinai, em Nova York, postou um vídeo em que relatava como nunca havia visto uma situação semelhante no hospital, como haviam tantos doentes, tantas pessoas sofrendo e, ao mesmo tempo, recursos tão limitados para atendê-los.

No dia anterior haviam mais de 60 pacientes esperando por um leito. Infelizmente seu vídeo teria sido mais um entre tantos que eu havia visto nestas semanas, de profissionais da China e especialmente da Itália, mas uma coisa me chamou a atenção, algo me tocou ainda mais. Mathew disse que no fim de semana sua esposa e ele haviam decidido que ela e sua filha de 17 meses iriam para outro lugar, para longe daquele ambiente de risco e ele dizia que naquela manhã havia se despedido de sua esposa e filha sem saber quando as veria novamente, pois elas retornariam apenas quando tudo tivesse acabado.

No dia 24 de maio, o Padre Giuseppe Berardelli, de 72 anos, morreu por conta do coronavírus, sua morte teria sido mais uma que passaria desapercebida no cenário mundial, não fosse o fato que ele havia cedido o respirador, que seus paroquianos haviam comprado para ele, para um paciente mais jovem que ele não conhecia. Heróis! Enquanto uns lutam pelo poder, o que fazem os heróis?

Durante a quarentena, empresários foram à mídia, se expuseram, alguns para demonstrar quanto dinheiro estavam doando para a compra de respiradores, de máscaras, de álcool em gel, muitos contribuíram, muitos fizeram doações anônimas, outros se manifestaram para dizer que todos voltassem ao trabalho logo senão as consequências econômicas seriam ainda mais catastróficas que o próprio vírus. O mundo se viu diante de um grande paradoxo, fazer de tudo para salvar as vidas agora e colocar em risco a saúde econômica do futuro ou salvar a economia e colocar em risco a vida de algumas pessoas no presente.

Tal paradoxo poderia parecer fácil de resolver se não analisássemos todas as variáveis possíveis. A economia é uma ciência da área de humanas, embora esteja muito relacionada aos números da matemática, ela é governada pelo comportamento humano. Se todos trabalham e fazem sua parte a economia caminha, se alguns não trabalham a economia é afetada, se muitos não trabalham a economia adoece.

A economia tomou conta do debate social, impondo um peso muito grande em todos, como se todos tivessem os mesmos recursos materiais para serem igualmente responsabilizados. Poderíamos falar da heroicidade sem tocar nos aspectos econômicos, mas isto não seria real. Ao final, os países mais ricos foram capazes oferecer soluções mais seguras para a população. Enquanto que no Brasil, principalmente por conta das décadas de corrupção, os recursos para cuidar do povo são escassos.

A pandemia revela as fragilidades de cada um e também da humanidade, como um todo e uma das grandes fragilidades é como compartilhamos os recursos que temos. De acordo com o Credit Suisse Global Wealth Databook de 2017, 3,4 bilhões de adultos possuem uma riqueza de até 10 mil dólares, isso corresponde à 70,1% de pessoas adultas no mundo que possuem 3% do patrimônio global da riqueza. Esta riqueza corresponde a um montante de 7,6 trilhões de dólares.

Cerca de 1 bilhão de pessoas possui uma riqueza entre 10 e 100 mil dólares, este número de pessoas corresponde à 21,3% do total de pessoas adultas no mundo e sua riqueza total correspondia a um montante de 32,5 trilhões de dólares, ou seja, 11,6% do patrimônio global da riqueza.

Cerca de 391 milhões de adultos que correspondem à 7,9% do total de adultos no mundo, possuem 111,4 trilhões de dólares, que corresponde à 39,7% do patrimônio global da riqueza.

36 milhões de adultos, 0,6% da população, concentram 128,7 trilhões de dólares, o que corresponde à 45,9% do patrimônio global da riqueza.

Tudo isso significa que 85,6% do patrimônio global da riqueza está nas mãos de 8,5% da população de adultos e que 91,5% da população de adultos no mundo possui apenas 14,4% da riqueza.

Considerando estes números, é justo dizer que a decisão diante de uma pandemia a respeito de salvar vidas e proteger a economia seja um paradoxo? Possuir riqueza não é algo imoral, buscar o crescimento pessoal envolve a busca pelos recursos materiais e sempre alguns possuirão mais que outros, porque somos diferentes e temos prioridades, sonhos, habilidades e dons diferentes, mas possuir bens também significa possuir responsabilidades.

Em meio à pandemia, alguns empresários vieram à público para pedir que as pessoas voltassem ao trabalho e saíssem da quarentena, pois elas perderiam o emprego e eles seriam obrigados à demitir milhares de pessoas. Infelizmente, muitos destes empresários não se ofereceram para doar um pouco do que lhes sobravam para ajudar os que mais precisavam.

Há aqueles que se arrepiam quando se fala em desigualdade social, pois pensam que isto seria uma desculpa para promover o comunismo, e também há aqueles que pensam que o comunismo seria a solução para esta desigualdade. Mas, a solução para os 'paradoxos' humanos repousa sobre a liberdade que falta no comunismo, a responsabilidade que requer solidariedade e que é difícil em todos os sistemas.

A solução repousa na evolução da consciência, tanto no conhecimento de que todos dependemos uns dos outros e portanto precisamos todos fazer a nossa parte para contribuir com o bem comum, quanto na percepção de que nossos dons e habilidades são diferentes e portanto para sobreviver temos que nos ajudar mutuamente.

A segunda pessoa mais rica do mundo é o empresário Bill Gates, ele defende que os mais ricos paguem mais impostos, ele criou uma fundação, a Bill & Melinda Gates, que possui cerca de 46 bilhões de dólares, cujo lucro é usado em várias iniciativas para erradicar doenças, resolver os problemas sanitários, incentivo à pesquisas e outras obras de caridade. Gates, que possui um patrimônio de mais de 108 bilhões de dólares, alega que deixará apenas 10 milhões para cada filho e que doará todo o resto à caridade.

Eu sei que em cada pessoa que ganha um salário mínimo para sobreviver pode existir um sentimento negativo quanto aos ricos, mas há uma pergunta importante a se fazer, será que você, possuindo tanto dinheiro, também se preocuparia em dedicar tantos recursos para o bem comum?

Bill Gates também se tornou notícia durante a pandemia por causa de um Ted Talk que havia apresentado em 2015 em que dizia que nosso maior inimigo era um vírus, que investíamos muito dinheiro em armamentos nucleares e muito pouco em um sistema para parar uma epidemia. Ele disse categoricamente, "não estamos preparados para a próxima epidemia". Ninguém o escutou.

Ao longo deste livro, vimos que o heroísmo não depende dos recursos materiais, que pessoas pobres ou ricas são capazes de atos heróicos e que a base de nossa heroicidade está no quanto nos importamos com as pessoas ao nosso redor, tanto as que conhecemos como as que não conhecemos. Cada pessoa pode se aplicar à contribuir com o desenvolvimento humano da sua forma, com o que possui de melhor.

A pandemia do covid-19 parou o mundo, parou as grandes potências mundiais, os países mais ricos e mais pobres, colocou em quarentena um mundo todo, um vírus invisível ao olho nu, um inimigo em comum nos trouxe lições que deverão ser aprendidas e transformadas em ações para a proteção da vida humana:

1 - Não importa o tamanho de nossas fronteiras e de nossos muros, estamos todos conectados. Milhões de pessoas de todo o mundo viajaram da região de Wuhan para várias partes do mundo. Somos um só povo.

2 - Nem todos possuem os mesmos costumes de higiene e os mesmos hábitos alimentares. Precisamos criar sistemas de educação alimentar e de higiene globais que protejam a todos os seres humanos.

3 - Nem todos possuem a mesma compreensão sobre como tratar os animais selvagens, quais os tipos de interações podemos ter e como estas interações podem resultar na disseminação de mais vírus que afetam os seres humanos. Precisamos criar sistemas legais globais que auxiliam a todos a desenvolver interações saudáveis com o mundo animal.

4 - Nem todos possuem os mesmos recursos para se proteger de ameaças como o coronavírus, a grande maioria não possui. É necessário que governos se unam para criar um sistema de saúde global em que os protocolos de defesa de ameaças como o covid-19 sejam devidamente seguidos e que todos os seres humanos do planeta tenham acesso aos medicamentos, às formas de proteção e aos

equipamentos necessários, tais como os respiradores que poderiam ter salvo à vida de milhares de pessoas nesta pandemia.

5 - Descobrimos que os políticos não são tão poderosos, que em meio às crises, muitos seguem lutando por si mesmos, assim como grandes conglomerados de comunicação, grandes partidos, grandes líderes, muitos revelam suas fragilidades e suas atitudes confundem a sociedade. Precisamos promover a educação, o espírito cívico, a autonomia da sociedade para que dependam minimamente das atitudes dos seus governantes.

6 - Em momentos de crise os heróis demonstram empatia, compreendem os medos, apontam as soluções e enfrentam com coragem os desafios. O covid-19 mostrou a heroicidade dos profissionais da saúde, dos que livremente se sacrificaram pelo bem de pessoas desconhecidas. Precisamos criar sistemas que estejam protegidos das fake news, que proporcionem o compartilhamento de dados confiáveis entre os cidadãos de todas as nações, redes globais de solidariedade cujo objetivo é o bem comum, reforçando as atitudes positivas de cada pessoa.

O ator e diretor John Krasinski iniciou um canal do Youtube chamado 'Some Good News' com o objetivo de promover notícias boas durante a crise. No Episódio 1 do SGN, Krasinski mostra várias notícias boas que os espectadores lhe enviaram e encerra o episódio com uma notícia que me provocou lágrimas nos olhos. Uma menina de 15 anos da Califórnia voltava de sua última quimioterapia e os seus vizinhos, em quarentena, saíram todos à rua em frente suas casas, com faixas, balões, promovendo uma festa gigantesca para dar-lhe as boas vindas! Estes vizinhos estavam preocupados em se proteger e fazer de tudo para proteger os outros do vírus, mas também estavam preocupados em dizer para essa jovem de 15 anos que eles estavam felizes por ela estar superando a luta contra o câncer.

As pandemias nos aplacarão, as grandes ameaças do mundo e da vida humana seguirão, e o que deixaremos marcado em nossa história? Quem somos e quem seremos? Que história as próximas gerações contarão a nosso respeito? Poderemos entregar às novas gerações um país rico, um patrimônio familiar invejável, mas terão as próximas gerações preferido viver em um mundo mais igual do que em um mundo em que, possuindo muito, elas não se sentirão seguras, mas sim solitárias?

A Pandemia nos jogou no chão, mas para nos levantarmos precisamos estar unidos. Que os heróis se apresentem, o mundo espera pelo melhor de cada um de nós.

O despertar do herói

Ruídos de longe me alcançam,
dentro de mim o silêncio inquieta.
Heróis? Eu pergunto, que história é essa?

Ao meu redor, o mundo tem pressa
e tudo isso é pão, é baile, por vezes guerra.
Essa vida, narrada por muitos, que vida é essa?

Me esbarro em andarilhos,
Pergunto se sabem pra onde vão
Cada um aponta para um lado. Tudo é em vão!

Como será o amanhã?
Catástrofes, imagens de guerra, epidemias...
Medos, covardias, alienações e fantasias

O amanhã pertence aos bravos,
aqueles que não hesitam,
Aos pequenos confiantes,
aos grandes amantes,

Heróis? Eu pergunto.
Ante os anos que virão, ante as crises que verei,
Dizem os entendidos que só a morte é certeza,
Mas, entre medos e ruínas o que busco é um pouco de beleza.

Quando clamo por ajuda, alguém me puxa, me empurra,
Contra a parede me pressiona e olhando nos
meus olhos me confronta,
Coragem! Ele diz, Heróis de outros mares não virão,

Tua história, tua vida, tua alma, teu coração,
Por que não enfrentas teu destino?
Por que não aceitas tua missão?

O soar dos sinos de longe me alcança
Dentro de mim, a consciência inquieta

Heróis! Onde estão? Me convidem! Tenho pressa!

REFERÊNCIAS BIBLIOGRÁFICAS

BAARS, Conrad W. & Anna A. Terruwe. Healing the Unaffirmed: Recognizing Emotional Deprivation Disorder. Rev. ed. Suzanne M. Baars and Bonnie N. Shayne (eds.) Staten Island, NY: ST PAULS/Alba House, 2002.

BOWLBY, John. Formação e rompimento dos laços afetivos. São Paulo: Ed. Martinsfontes, 2006.

HARARI, Yuval. Sapiens. L&PM, 2015.

IZZO, John. The five secrets you must discover before you die. San Francisco: Berret Keholer Publishers, 2008.

FRANKL, Viktor. El hombre en busca de sentido. Barcelona: Herder, 2001.

FRANKL, Viktor. Em busca de sentido. São Leopoldo: Vozes, 1985.

FRANKL, Viktor. Fundamentos antropológicos da psicoterapia. Rio de Janeiro: Zahar Editores, 1978.

FRANKL, Viktor. Logoterapia y análisis existencial. Barcelona: Herder, 1990.

FRANKL, Viktor. Psicoanálisis y existencialismo. México: FCE, 1978.

FRANKL, Viktor. Psicoterapia e sentido da vida. 4. ed. São Paulo: Quadrante, 2003.

FRANKL, Viktor. Teoria y terapia de las neurosis.

Barcelona: Herder, 1992.

FRANKL, Viktor. The doctor and the soul. From psychotherapy to logotherapy. Nova York: Vintage Books, 1986.

FRANKL, Viktor. The unheard cry for meaning. Psychotherapy and Humanism. Nova York: Touchstone books, 1978.

FRANKL, Viktor. The will to meaning, foundations and applications of the logotherapy. Nova York: Meridian, 1970.

LUKAS, Elisabeth. Prevenção Psicológica. Petrópolis: Sinodal, 1992.

PINKER, Steven. O novo iluminismo. Companhia das Letras, 2018

PINKER, Steven. Os anos bons da nossa natureza. Companhia das Letras, 2013

PINTOS, Cláudio Garcia e cols. Frankl por definición. Buenos Aires: San Pablo, 2007.

SCHELER, Max. On the eternal in man. New Jersey: Transaction Publishers, 2010.

SMITH, Adam. A riqueza das nações: Investigação sobre sua natureza e suas causas. São Paulo: Nova Cultura, 1985.

SOUZA, Rosana Mantilla; RAMIRES, Vera Regina. Amor, casamento, família, divórcio... e depois, segundo as crianças. São Paulo: Summus editorial, 2006.

STEIN, Edith. El problema de la empatía. Trotta, 2004.

STERNBERG, Robert; STERNBERG, Karin. The new psychology of love. Nova York: Yale University Press. 2008.

www.elisonsantos.com
www.buscasentido.com

@elison.san
/ElisonPsicologo
/ElisonSantos

Conheça os Projetos:
Heróis na Escola e
Heróis no Esporte